植物新品种保护与维权实务

阙旭强　冯万伟　主编

中国农业出版社
北京

图书在版编目（CIP）数据

植物新品种保护与维权实务 / 阙旭强，冯万伟主编
. —北京：中国农业出版社，2024.2
ISBN 978-7-109-31775-8

Ⅰ.①植… Ⅱ.①阙… ②冯… Ⅲ.①作物－品种－
知识产权保护－中国 Ⅳ.①D923.4

中国国家版本馆 CIP 数据核字（2024）第 044190 号

中国农业出版社出版
地址：北京市朝阳区麦子店街 18 号楼
邮编：100125
责任编辑：郑 君 文字编辑：张斗艳
版式设计：王 晨 责任校对：吴丽婷
印刷：北京通州皇家印刷厂
版次：2024 年 2 月第 1 版
印次：2024 年 2 月北京第 1 次印刷
发行：新华书店北京发行所
开本：700mm×1000mm 1/16
印张：20.75
字数：362 千字
定价：78.00 元

主　　编：阙旭强　　冯万伟

副主编：陈　浩　　宋学林　　梁嘉鸣

参　　编：许蒙蒙　　靳银玉　　王思云　　金福建

　　　　　靳宏艳　　曹　立　　籍　强　　王亚男

　　　　　李可可　　蒋一萍　　周晓艳

　　强国必先强农，农强方能国强。农业强国是社会主义现代化强国的根基。党的二十大在擘画全面建成社会主义现代化强国宏伟蓝图时，明确提出"加快建设农业强国"。种业是国家基础性、战略性核心产业，强农必先强种。习近平总书记多次强调要下决心把我国种业搞上去，抓紧培育具有自主知识产权的优良品种，从源头上保障国家粮食安全。他还强调要把当家品种牢牢攥在手里，用中国种子保障中国粮食安全。2021 年 7 月，中央全面深化改革委员会第二十次会议审议通过《种业振兴行动方案》，今年是种业振兴"三年打基础"的关键之年。中央把种源安全提升到关系国家安全的战略高度，并明确提出要实现种业科技自立自强、种源自主可控的目标要求。从世界范围看，种业技术高度集成、资源高度集约、资本高度集中、人才高度聚集的特征日趋明显。谁拥有了突破性的创新品种，谁就拥有了种业竞争的主动权。要想在国际种业竞争格局中赢得主动，自主创新是关键。抓紧培育具有自主知识产权的优良品种，应当成为农业科技创新的重中之重。

　　当前，我国正在从知识产权引进大国向知识产权创造大国转变，知识产权工作正在从追求数量向提高质量转变，种业开始进入科技自立自强新阶段，对加强种业知识产权保护提出更高要求。实现种业振兴关键要靠科技创新，科技创新需要营造良好的环境与氛围。习近平总书记指出，保护知识产权就是保护创新。加强种业知识产权保护，是实现高水平农业科技自立自强的关键。新品种培育是个漫长过程，一般需要 8 到 10 年之久，投入大、风险高，且对新品种权的侵权违法现象时有发生。只有建立高水平植物新品种保护制度，才能为自主创新保驾护航，助力种业强国建设。

　　1997 年国务院颁布《中华人民共和国植物新品种保护条例》，正式建立植物新品种保护制度。1999 年我国加入国际植物新品种保护联盟（UP-OV），开始受理国内外植物新品种权申请。经过 20 多年发展，我国植物新品种保护事业从无到有、由小到大，发展迅猛。2022 年我国植物新品种权申请量再创新高，占全球 46%，年申请量连续 6 年居世界第一，成为名副其实的植物新品种保护大国。经过多年努力，我国植物新品种保护发展迅猛，成效显著。

一是法规制度不断完善。20 多年来，植物新品种保护相关法律法规不断完善。特别是 2015 年修订《中华人民共和国种子法》，将植物新品种保护专章列入，提升法律位阶。此外，明确将特异性、一致性和稳定性（DUS）测试作为品种管理的法定要求和技术依据等。2021 年修改《种子法》，首次建立实质性派生品种制度，鼓励和保护育种原始创新。扩大品种权人的权利范围和受保护环节，有利于品种权人维护权利。进一步加大侵权赔偿力度，有效维护品种权人的权利。目前，农业农村部会同有关部门正在积极修订植物新品种保护条例及配套规章。这些法规制度密集出台，彰显了我国保护知识产权、严厉打击侵权行为、优化营商环境、促进种业自主创新的信心与决心。

二是技术支撑体系不断健全。近年来，农业农村部科技发展中心持续完善办公自动化信息系统，实现品种权在线申请和审查。不断创新审查机制，首次在海南自贸港设立农业植物新品种审查协作中心，根据需要对特色植物实行现场审查制度。在全国建立一个植物新品种测试中心、27 个测试分中心和 6 个专业测试站，研制完成 300 余项测试指南或技术标准以及 20 多个 DNA 分子鉴定标准，构建包含 6 万多个品种分子指纹、表型性状和图像的数据库，有力支撑植物新品种授权和维权工作。

三是社会公众保护意识不断提高。通过制作宣传片，编写辅导资料，广泛开展宣传培训，不断宣讲品种权基础知识和典型案例。在我国加入 UPOV 十周年和二十周年之际表彰一批全国植物新品种保护先进集体和先进个人，着力营造知识产权保护良好氛围。农业农村部自 2018 年以来连续发布农业植物新品种保护十大案例，以案释法。最高人民法院成立知识产权法庭，修订出台最新司法解释，在北京、上海、广州、深圳和海南成立知识产权法院，加大侵权案件审理和宣传培训力度，全社会植物新品种保护意识不断提升。

四是国际合作交流不断深入。作为 UPOV 成员，我国认真履行国际义务；持续跟踪国际动态，不断发出中国声音；多次参加或组织召开技术工作组会议，探索开展植物新品种保护涉外培训。近年来，我国积极参加品种权国际申请平台建设，务实推动中文成为 UPOV 工作语言，选派人员到 UPOV 办公室实习，支持我国专家首次当选 UPOV 理事会主席。经过 20 多年不懈努力，我国与 UPOV 及其成员之间的合作交流日益深化，国际话语权和影响力不断提升。

随着我国植物新品种保护快速发展，品种权申请和授权数量连创新高，相应地品种权侵权案件也有所增加。为帮助品种权人提高维权能力，阙旭强和冯万伟牵头编写完成《植物新品种保护与维权实务》一书。本书系统介绍了我国植物新品种保护制度的建立、植物新品种权保护范围、权利归属、申请与授权条件、品种权实施、新品种引进与植物检疫等内容，详细阐述了品种保护与品种审定和登记、与专利保护和商业秘密保护之间的关系等。特别是重点介绍了植物新品种应用中常见的违法行为、品种权维权取证、行政执法和司法保护工作程序与典型案例等，内容详实、信息量大、可操作性强。本书对全面了解我国植物新品种保护制度与实施有很大帮助，是从事植物新品种保护相关工作的重要参考资料。本书编者长期从事植物新品种保护打假维权具体事务，掌握大量第一手信息，实践经验丰富。相信本书能够为广大品种权人开展维权提供一定的指导与帮助。

农业农村部科技发展中心原总农艺师、
国际植物新品种保护联盟（UPOV）理事会主席　崔野韩

2023 年 11 月

CONTENTS
目　录

第一章 植物新品种保护概述

国以农为本，农以种为先。植物新品种保护不仅关乎人民群众的"米袋子""菜篮子"，也关乎国家长治久安。《国家知识产权战略纲要》明确将植物新品种与专利、商标、版权、商业秘密、特定领域知识产权及国防知识产权定为七大战略专项任务。2013年，习近平总书记在中央农村工作会议上指出，要下决心把民族种业搞上去，抓紧培育具有自主知识产权的优良品种，从源头上保障国家粮食安全。2018年，习近平总书记在海南视察南繁育种基地时强调，十几亿人口要吃饭，这是我国最大的国情。良种在促进粮食增产方面具有关键的作用，要下决心把我国种业搞上去，抓紧培育具有自主知识产权的优良品种，从源头上保障国家粮食安全。国务院政府工作报告也多次提及要注重种业创新，大力发展现代种业。实现种业现代化，必须加强对植物新品种的保护。

第一节 植物新品种保护制度构建

一、植物新品种保护制度的起源

植物新品种保护是知识产权保护的重要组成部分。1474年威尼斯共和国颁布了世界上第一部"专利法"《发明人法规》，该法仅针对工业发明，未考虑农业科研。1833年罗马教皇发布了在技术和农业领域授予所有权的宣言：利用其智力并在工业上发现新产品，发明、改进或引进新文化或新的技术解决方案或应用新方法的人应当在科学、文学和艺术方面对其研究和发现享有被奖励权。自1826年9月23日起，对科学、文学工作的成果，对涉及农业进步及更加可靠的技术和更加高效的方法成果授予专有权。[①] 这是早期对农业领域的技

---

① 马世青、郑学莉主编：《植物新品种保护基础知识》，蓝天出版社，1999年版。

术进步以类似保护专利的方法加以保护，并非对植物新品种的保护。

1865 年奥地利植物遗传学家孟德尔发现植物遗传规律，即后人所称的"孟德尔遗传规律"。该遗传规律的发现和应用可谓是植物育种的革命，植物育种不再是仅凭农民在田间观察进行简单选择，而是通过将科学理论和田间观察相结合，选育优良品种。西方发达国家纷纷调整农产品生产的技术方案，利用遗传规律创造出更加优质的农产品，推动了植物品种贸易的发展，使得植物新品种走进人们的视野，植物新品种保护的重要性由此更加凸显。从此，农业进入了一个崭新的时代。

在知识产权保护体系中，对技术发明的保护首推《专利法》。传统理论认为植物新品种具有不同于其他客体的生物活性，其繁育的稳定性和一致性容易受到自然环境的影响[1]，不具备专利授予的条件。因此，传统的专利制度一直都将植物新品种排除在外。直至 1930 年，美国颁布了《植物专利法》，该法为无性繁殖的植物发明提供专利保护，这是世界上首部以专利形式保护植物新品种的法律。1952 年，美国在《植物专利法》的基础上，颁布《专利法》进一步明确："任何人发明或发现，和利用无性繁殖培植出任何独特而新颖的植物品种，包括培植出变形芽、变体、杂交及新发现种子苗（但不包括由块茎繁殖的植物或在非栽培状态下发现植物）者，可以按照本编所规定的条件和要求取得对该植物的专利权。本编中有关发明专利的规定，除另有规定者外，适用于植物专利。"基于此，美国在专利法框架下给予植物新品种以植物专利和普通专利相结合的两种保护形式。1970 年，为适应《UPOV 公约》的要求，美国又通过了《植物新品种保护法》，对有性繁殖的材料授予植物新品种保护证书，该法的颁布标志着美国植物新品种保护制度的"三足鼎立模式"形成。

德国专利局于 1934 年首次对人工培育的新植物授予专利权，此事引起轩然大波，于是德国政府另辟蹊径，于 1953 年制定《种子材料法》对育种者的权利进行专门保护。

当前，国际上对植物新品种的保护主要有三种模式：①品种权模式，是以德国为代表的采取专门法对植物新品种予以保护的模式；②专利权模式，是指采取专利制度来保护植物新品种的模式；③混合权模式，是以美国为代表的既采取专门法也兼用专利法来保护植物新品种的模式。

---

[1] 吴汉东：《无形财产权基本问题研究》，中国人民大学出版社，2013 年版。

二、我国植物新品种保护制度的建立

我国虽然是农业大国，但我国的植物新品种保护制度较其他国家起步晚。纵观我国植物新品种保护发展历程，经历了从无到有，从"摸着石头过河"到"构建完整体系"的过程。

1. 立法探索阶段：立法模式的论证

1984 年 3 月，我国发布了《中华人民共和国专利法》（下称《专利法》），该法仅对非生物学培育方法授予专利权，对动物植物品种等物质成果不授予专利权。但是我国并未放弃对植物新品种保护的立法探索，该阶段主要围绕借鉴国际现有立法模式对我国植物新品种进行保护，具有代表性的理念主要有两个。第一，可以参照国际惯例（如美国的植物发明专利模式等），根据国情制定一部专门的植物新品种保护条例，从而达到保护植物新品种的目的。条例由两部分构成：第一部分为植物新品种知识产权的保护，包括授予植物新品种专利权的条件，植物新品种专利的申请、审查和批准，植物新品种专利权的期限、终止和无效等；第二部分包括植物新品种专利实施和专利保护，这部分应能调节育种者、制种者（繁殖者）、经营者和使用者四者的利益与关系[1]。第二，通过修改《专利法》第二十五条的相关规定赋予植物新品种专利保护[2]。1993 年 4 月，时任国务院副总理的朱镕基到湖南视察，在听取科技人员关于我国植物新品种保护立法空白问题的汇报后，对植物新品种保护工作作了重要批示，要求有关部门加强对农作物品种保护立法调查研究，揭开了我国植物新品种保护立法的序幕。

2. 制度创设阶段：构建植物新品种保护的法律框架

该阶段以 1997 年 3 月我国颁布《中华人民共和国植物新品种保护条例》（下称《植物新品种保护条例》）为起点，以 2015 年修订《中华人民共和国种子法》（下称《种子法》）为制度确立标志。为促进我国农林业现代化进程，也为满足 TRIPS 协议第 27 条第 3 款（b）项对植物新品种予以知识产权保护的要求，1997 年 3 月我国颁布《植物新品种保护条例》；1999 年 4 月我国加入《国际植物新品种保护公约》（1978 年文本）[3]，以植物品种权的形式对植物新品种予以保护；2015 年 11 月我国对《种子法》进行修订，将植物新品种保护

---

① 方志辉、王雨时：《植物新品种知识产权保护中的问题与对策》，载《知识产权》，1995 年第 3 期。

② 朱义坤、刘咏海：《试析植物新品种的专利保护》，载《政治与法律》，1990 年第 3 期。

③ 本书中凡涉及我国加入的 UPOV 公约及 UPOV 公约后未标注年份文本的均指《国际植物新品种保护公约》（下称"UPOV 公约"）（1978 年文本）。

单列一章，明确国家实施植物新品种保护制度，提升了植物新品种保护的法律地位。

在这期间，我国陆续出台了《中华人民共和国植物新品种保护条例实施细则（农业部分）》[下称《实施细则（农业部分）》]、《中华人民共和国植物新品种保护条例实施细则（林业部分）》[下称《实施细则（林业部分）》][《实施细则（农业部分）》与《实施细则（林业部分）》合称《实施细则》]、《农业部植物新品种复审委员会审理规定》（2001 年）、《最高人民法院关于开展植物新品种纠纷案件审判工作的通知》（2001 年）、《最高人民法院关于审理植物新品种纠纷案件若干问题的解释》（2001 年）、《农业植物新品种权侵权案件处理规定》（2003 年）以及 11 批农业植物品种保护名录和 9 批林业植物新品种保护名录，初步确立植物新品种保护的标准性规定，搭建了植物新品种审查授权、行政执法和司法保护体系。

3. 制度完善阶段：建成植物新品种保护的社会主义法律体系

该阶段从《种子法》（2015 年修订）实施至今，该阶段重点完善植物新品种保护制度。2020 年 5 月颁布的《中华人民共和国民法典》（下称《民法典》）将植物新品种作为重要的知识产权客体予以保护，开启了我国植物新品种保护的新纪元。2021 年通过修改《种子法》扩大植物新品种权的保护范围及保护环节，建立实质性派生品种制度，明确植物新品种权所有人惠益分享机制，强化种子检验检疫机制，完善植物新品种侵权赔偿和行政处罚制度，加强种质资源保护等。这些彰显了我国推进种业改革、简政放权、保护农民利益的决心，提升了植物新品种保护的法律地位，也加大了对违法行为的惩罚力度。我国植物新品种保护进入法治新时代。这一阶段植物新品种申请数量稳定增加，涌现了一批具有重要影响力的植物新品种，植物新品种权诉讼案件数量也呈"井喷式"上升。

2020 年 9 月，最高人民法院颁布《关于审理侵犯商业秘密民事案件适用法律若干问题的规定》，将植物新品种的繁殖材料作为商业秘密予以保护；2020 年 11 月，最高人民法院颁布《关于知识产权民事诉讼证据的若干规定》；2020 年 12 月，最高人民法院颁布《最高人民法院关于修改〈最高人民法院关于审理侵犯专利权纠纷案件应用法律若干问题的解释（二）〉等十八件知识产权类司法解释的决定》，对《最高人民法院关于审理植物新品种纠纷案件若干问题的解释》《最高人民法院关于审理侵犯植物新品种权纠纷案件具体应用法律问题的若干规定》进行了修改；2021 年 3 月，最高人民法院颁布《最高人民法院关于审理侵害知识产权民事案件适用惩罚性赔偿的解释》；2021 年 7 月，最高人民法院颁布《最高人民法院关于审理侵害植物新品种权纠纷案件具体应用法律问题的若干规定（二）》；2022 年 3 月，最高人民法院印发《最高人民法院关于进一步加强涉种子刑事审判工作的指导意见》；2022 年 3 月，农业农村部、最高人民法院等七部门联合发布《关于保护种业知识产权打击假冒伪劣套牌侵权营造种业振兴良好环境的指导意见》。

目前，我国已经建成了以 UPOV 公约为蓝本，以《民法典》《种子法》为支撑，以《植物新品种保护条例》及相关《实施细则》为操作规范、以《最高人民法院关于审理植物新品种纠纷案件若干问题的解释》等相关司法解释为保障的植物新品种保护法律体系。

三、我国植物新品种保护存在的主要问题

1. 对植物新品种保护的重要性认识不足

广大生产者和基层农业行政主管部门部分人员对植物新品种保护重要性认识不足，植物新品种保护方面普法力度不够，主要表现在以下几个方面：

第一，一些农业行政主管部门对《种子法》《植物新品种保护条例》等相关法律法规重视度不够，没有把植物新品种保护作为推动农业技术创新的一项重要工作来抓，没有建立起相应的植物新品种保护体系，甚至有的地方连植物新品种保护工作机构、人员和活动经费至今仍未落实。

第二，一些生产者对植物新品种保护产生错误认识，他们认为科研单位育种花的是国家的钱，其育种成果应由社会来分享，而不应该实施保护，否则会影响植物新品种的技术推广。

第三，一些地方执法部门对植物新品种保护缺乏清醒的认识，甚至采取抵制态度。有些地方执法部门明知某些种子公司和种子管理站在经营种子的过程中存在侵犯他人植物新品种权的行为，却采取敷衍了事的态度，甚至还公开为其求情调解，大事化小，小事化了，严重阻碍了植物新品种保护的发展。

第四，有些地方的司法机关，尤其是部分法官对植物新品种保护存在偏见。涉植物新品种侵权案件的行为人多为专业合作社、种子经销商，而且多发生在区县乡镇，且某一区域植物新品种权侵权案件往往并不是一起，而是数起甚至数十起。一旦进入诉讼程序，部分承办法官担心其裁判可能会导致被告因诉返贫而影响当地的乡村振兴大局，因此对案件久拖不判，或做出赔偿过低的判决，甚至出现判赔金额低于权利人维权开支的现象，这也不利于我国植物新

品种保护工作的推进。

2. 植物新品种审查测试工作面临挑战

我国植物新品种权申请量逐年增加，且近年来增幅不断变大，这意味着植物新品种权的审查与测试工作量也不断增大。据统计，在农业植物新品种权申请方面，2017 年申请量为 3 842 件，授权量为 1 486 件；2018 年申请量为 4 854 件，授权量为 1 990 件；2019 年申请量为 7 032 件，授权量为 2 288 件；2020 年申请数量 7 913 件，授权量达 2 549 件；2021 年申请数量 9 721 件，授权量达 3 218 件；2022 年申请数量 11 199 件，授权量达 3 375 件；2023 年申请数量 14 278 件，授权量 8 385 件。这给审批单位和测试机构带来很大的工作压力，也是目前以及未来一段时间内植物新品种保护工作最具挑战性的任务。

3. 我国是植物新品种权申请大国并非强国

（1）品种同质化严重

虽然 2021 年修改的《种子法》明确我国建立实质性派生品种制度，但是由于实质性派生品种制度的实施步骤和办法目前尚未确定，因该制度并未真正建立。由于缺乏实质性派生品种制度，他人只需要通过基因技术等改变个别性状，就可以在别人育成品种基础上轻松获得新的品种权。通过简单改造就能获得新品种权的行为严重影响了企业投资育种创新积极性，也致使我国品种同质化问题严重。

（2）缺乏前瞻性的植物新品种战略布局

我国育种者的植物新品种权申请还基本局限在国内，我国向国外申请品种权的数量非常有限。从 2000 年至 2020 年，国内向国外申请植物新品种权的数量约 300 件，授权数量约为 100 余件，而蔬菜花卉王国——荷兰每年到国外申请品种大概是在上千件；此外，境外企业向我国农业部门申请品种权的数量从 2017 年至 2022 年一直保持在每年 300 件左右。

（3）品种权结构欠合理

我国植物新品种权的申请中，水稻、小麦、玉米，这几大作物的申请量大概占到了 75%，具有较高经济附加值的蔬菜、花卉、果树占比都低于 10%，茶叶、食用菌、中草药占比更少，仅为 1% 左右。而美国、荷兰、日本等种业发达国家，园艺作物申请量占比最多在 80% 以上[①]。

---

① 杨雄年：《加大植物新品种保护力度　打好种业翻身仗》，载《现代农产品销售与消费》，2021年第 22 期。

4. 植物新品种侵权现象严重

植物新品种权的权利核心是品种权人对该权利的合法垄断。国家支持和保护这种垄断是为了鼓励科研单位和企业自觉运用知识产权保护制度，促进技术创新和自身发展，将技术优势转化为竞争优势。但是，自《种子法》《植物新品种保护条例》实施以来，从全国范围来看，侵犯植物新品种权的案件有逐年上升的势头，植物新品种权复审案件也在逐年增加，这极大地损害了品种权人的合法权益。

目前，侵犯植物新品种权的方式多种多样：从实施侵权行为的主体类型上来看，既有自然人，也有法人和其他组织；从侵权主体所有制性质上来看，既有国有单位，也有私营企业；侵权方式既有公开的，也有非常隐蔽的；侵权行为既有线下的，也有线上的；侵权的客体既有杂交一代和常规品种的种子，也有育种亲本材料。由于繁殖材料本身所具有的特征以及侵权方式不断演进，植物新品种权维权打假难度亦不断增加。

第二节 植物新品种与植物新品种权

一、植物新品种

1. 育种学上植物新品种的内涵

作物育种学上将作物品种定义为在一定的生态和社会经济条件下，根据生产和生活需要而创造的一定作物群体。它具有相对稳定的遗传性状，在生物学、经济上和形态上具有一定的一致性，与同一作物的其他群体在特征、特性上有所区别；这种群体在一定地区和耕作条件下种植，在产量、品质、适应性等方面符合生产和生活的需要。作物品种虽然也隶属于一定的种和亚种，但不同于植物学上的变种。变种是自然选择、自然进化的产物，一般不具有上述特性和作用。①

2. UPOV 公约中植物新品种的内涵

UPOV 公约第六条第一款规定："（a）不论原始变种的起源是人工的，还是自然的，在申请保护时，该品种应该具有一个或数个明显的特性，有别于已知的任何其他品种。（b）（Ⅰ）该品种尚未经育种者同意在该国领土内提供出售或在市场销售，若该国法律另行规定，则不能超过一年。（Ⅱ）藤本、林木、

---

① 张天真主编：《作物育种学总论》，中国农业出版社，2019 年版。

果树和观赏树木的品种，包括其根茎，经育种者同意在任何其他国家提供出售或已在市场销售不超过六年，其他植物不超过四年。（c）就该品种的有性或无性繁殖特性而言，必须是充分均质或一致的。（d）该品种的基本特性必须是稳定的，即经过重复繁殖，或在育种者规定的特定繁殖周期中的各个周期结束时，品种的基本特性仍与原来所描述的一致。（e）该品种应按第十三条的规定命名。"此处的"品种"应该是指"植物品种"，但是公约并没有对"品种"的含义进行具体界定。

UPOV 公约（1991 年文本）对"品种"的界定加以补充，"品种"是指已知最低一级的植物分类单位内的单一植物类群，该植物类群必须满足以下条件：能够通过某一特定基因型或基因型组合决定的性状表达进行定义；能够表现出至少一个上述性状表达，以区别于任何其他植物类群；并且作为一个分类单元其适用性经过繁殖不发生变化。

3. 我国现行法律中植物新品种的内涵

我国于 1999 年 4 月加入 UPOV 公约，1997 年制定的《植物新品种保护条例》在给植物新品种下定义时也以公约文本为基础，即植物新品种是指经过人工培育的或者对发现的野生植物加以开发，具备新颖性、特异性、一致性和稳定性并有适当命名的植物品种。

2015 年修订的《种子法》将品种界定为"经过人工选育或者发现并经过改良，形态特征和生物学特征一致，遗传性状相对稳定的植物群体"。该界定包括三层含义：第一，以"品种"的概念为基础，而品种的概念又是以植物分类系统为基础的，因此实际上植物新品种的概念还是以植物分类体系为基础；第二，"品种"的概念包含人工劳动的因素，区别于自然条件下的各种变异；第三，"植物新品种"是法律上的概念，而"品种"除了作为法律上植物新品种的上位概念，同时在农业生产中被使用，因此对品种的判定会因为不同国家和地区的科技水平等体现出地方特色。[①]

我国种业法律体系下的"品种"必须具备五个条件：第一，新颖性，即申请植物新品种权的品种在申请日前，经申请权人自行或者同意销售、推广，在中国境内未超过一年，在境外木本或者藤本植物未超过六年，其他植物未超过四年；第二，特异性（可区别性），即一个植物品种有一个以上性状明显区别于已知品种；第三，一致性，即一个植物品种的特征（相关的特征或特性）除

---

① 侯仰坤：《植物新品种权保护问题研究》，知识产权出版社，2007 年版。

可预期的自然变异外，群体内个体间相关的特征或者特性表现一致；第四，稳定性，即一个植物品种经过反复繁殖或者特定繁殖周期结束时，其主要性状（相关的特征或特性）保持不变；第五，适当的命名，即该品种的命名应当符合相关法律规定。

二、植物新品种权

1. 植物新品种权的界定

我国现行法律并未对植物新品种权作出明确定义。学界对其界定也并不统一，归纳起来主要有以下几种：第一，植物新品种权，国外又称植物育种者权利，是育种者对其研发和培育的植物新品种所获得的一种专有权，它是一种独立的、自成一类的专门用于植物新品种的保护形式[①]；第二，植物新品种权是选育植物新品种的单位和个人依法享有的，在一定时期内生产、销售和使用所选育品种繁殖材料的专有权利[②]；第三，植物新品种权是品种权人[③]对满足法律法规规定授权条件的植物新品种排除他人干预而独自享有的一种农业知识产权[④]。此外，也有将植物新品种权定义为：一种与农业有着密切联系、由国家权力机关依照法定条件和审查程序，授予育种者在一定期限内对其培育的植物新品种所享有的独占权[⑤]。

2. 植物新品种权法律特征

植物新品种权是知识产权的一部分，具有以下四个特征。

（1）无形性

知识产权的客体是知识产品（或称为智力成果），是一种没有形体的精神财富。客体的非物质性是知识产权的本质属性，也是该权利与传统意义上所有权的最根本区别。[⑥] 知识产权的无形性并非指知识产权不能以任何特定的形体出现在人们面前，是指出现在人们面前的任何形体并不是知识产权本身，而是知识产权的载体。[⑦] 知识产品虽然是精神产品，但可以通过一定形式的表达而

---

① 吴汉东：《无形财产权基本问题研究》，中国人民大学出版社，2013年版。
② 牟萍：《植物新品种权研究》，法律出版社，2011年版。
③ 品种权人，即植物新品种权所有人。本书根据文意表达的需要，同时使用"植物新品种权所有人"、"植物新品种权人"和"品种权人"三种表述。
④ 艾玉荣：《论植物新品种权及其表现》，载《才智》，2011年第31期。
⑤ 牟萍：《植物新品种权研究》，法律出版社，2011年版。
⑥ 吴汉东：《知识产权法》，中国政法大学出版社，1999年版。
⑦ 李贻伟：《知识产权侵权与救济的再认识》，载《知识产权》，2007年第3期。

取得外部的"定在",即精神产品可以有"直接"和"外在"的载体。知识产权的无形性决定其客体具有不发生有形控制的占有、不发生有形损耗的使用、不发生消灭知识产品的事实处分与有形交付的法律处分的特征。此外,知识产权的无形性还表现为同一知识产权可以通过不同的有形载体加以体现,同一知识产权可同时存在于多种不同的载体上。

植物新品种权作为知识产权的重要部分,其具备知识产权的一般特征。植物新品种权的无形性还表现在,当植物新品种权受到侵犯,品种权人只能要求侵权人停止侵权行为、赔偿经济损失、支付品种权人为制止侵权行为而支付的合理开支等,而无法要求侵权人"恢复原状"。[①]

（2）专有性

植物新品种权作为一种知识产权,具有其专有性。专有性,又称垄断性、独占性或排他性,是指植物新品种权专属权利人所有,即植物品种权人对该权利在法定期限内享有垄断的权利,自己独占并排斥他人占有和使用。所谓独占,是指品种权人对其权利客体享有占有、使用、收益、处分的权利;所谓排他,是指未经品种权人许可,任何单位或个人不得为商业目的生产或销售该授权品种的繁殖材料,不得为商业目的将该授权品种的繁殖材料重复使用于生产另一品种的繁殖材料,否则将被追究侵权责任。此外,植物新品种权具有唯一性,即一个植物新品种只能授予一项植物新品种权,同一客体不会存在完全相同的两项植物新品种权。

（3）地域性

植物新品种权具有一定的地域性,即在一个国家授予的植物新品种权仅在该国领域内有效,受该国法律保护,而对其他国家不发生效力。通俗来讲该植物新品种权在其他国家是不被确认与保护的,如果品种权人希望在其他国家享有植物新品种权,则必须依照他国法律另行提出申请。一般而言,除本国已经加入的国际条约或者双边协定另有规定之外,任何国家都不承认其他国家或者国际性知识产权机构所授予的植物新品种权。在这一点上,植物新品种权与有形财产权是截然不同的。一般来说,有形财产所有权没有地域上的限制,只要作为权利客体的物质财富不灭失,无论财产转移到哪里,都为权利人所有。

（4）时间性

植物新品种权的时间性是指植物新品种只在一定期限内受保护。植物新品

---

① 胡潇潇:《植物新品种权法律基础》,知识产权出版社,2018年版。

种权是一种依国家法律确认的无形财产,其财产效力具有时间性,在法律规定的有效期限内权利人才享有该专有权,超过该期限就会进入公共领域,任何人都可以使用,它与有形财产不同。植物新品种权的时间性是一种平衡机制,通过对专有权设立期限来防止因长期垄断而导致社会公共利益受损。UPOV 公约规定,植物新品种保护期限自授权之日起,藤本植物、林木、果树和观赏树木为 20 年,其他植物为 15 年。而 UPOV 公约(1991 年文本)明确,植物新品种保护期限自授权之日起,藤本植物、林木、果树和观赏树木为 25 年,其他植物为 20 年。我国《植物新品种保护条例》规定,植物新品种的保护期限自授权之日起,藤本植物、林木、果树和观赏树木为 20 年,其他植物为 15 年。

3. 植物新品种权的内容

植物新品种权是国家对符合规定的植物新品种授予的专有权利。植物新品种权基本权能包括占有权、使用权、收益权和处分权,权利内容完整。UPOV 公约规定了植物新品种权的具体内容,各个成员可以根据本国或本地区实际情况作出一些特殊的规定。第三人对受保护的品种进行下列行为时,应当先征得育种者同意:以商业销售为目的生产繁殖材料;提供出售繁殖材料;在市场销售繁殖材料。UPOV 公约(1991 年文本)增加了育种者为繁殖而进行驯化的权利、出口权、进口权及贮备权等权利。

1997 年制定的《植物新品种保护条例》规定,任何单位或个人未经品种权人许可,不得为商业目的生产或销售该授权品种的繁殖材料,不得为商业目的将该授权品种的繁殖材料重复使用于生产另一品种的繁殖材料。2021 年修订的《种子法》二十八条第二款规定:"任何单位或者个人未经植物新品种权所有人许可,不得生产、繁殖和为繁殖而进行处理、许诺销售、销售、进口、出口以及为实施上述行为储存该授权品种的繁殖材料,不得为商业目的将该授权品种的繁殖材料重复使用于生产另一品种的繁殖材料;本法、有关法律、行政法规另有规定的除外。"据此,在我国,品种权人主要享有以下五项权利。

(1)生产权

对品种权人生产授权品种繁殖材料专有权的保护,是世界上实施植物新品种保护制度的国家的普遍做法。生产权系指品种权人有权禁止他人未经其许可,为商业目的生产该授权品种的繁殖材料。在农业方面,繁殖材料是指可繁殖植物的种子和植物体的其他部分。在林业方面,则是指整株植物(包括苗木)、种子(包括根、茎、叶、花、果实等)以及构成植物体的任何部分(包括组织、细胞）。

（2）销售权

对授权植物新品种的繁殖材料的销售行为需要经过品种权人的许可。销售是实现品种权人经济利益的重要方式之一，品种权人有权禁止未经其许可销售、许诺销售、进口、出口该授权品种的繁殖材料的行为，有权禁止销售未经许可使用授权品种的繁殖材料而获得的收获材料的行为。

（3）使用权

享有使用权系指品种权人有权禁止他人未经许可实施生产、繁殖和为繁殖而进行处理以及为实施前述行为储存该授权品种的繁殖材料的行为，禁止他人为商业目的将该授权品种的繁殖材料重复使用于生产另一品种的繁殖材料，禁止他人未经许可对实质性派生品种实施前述行为。使用权又可以细分为权利人自己使用和权利人许可他人使用。

（4）转让权

育种者或品种权人具有依法将植物新品种的申请权和植物新品种权转让给他人的权利。依据《植物新品种保护条例》第九条规定，我国的单位或者个人，就其在国内培育的植物新品种向外国人转让申请权或者植物新品种权的，应当经审批机关批准；国有单位在国内转让申请权或者植物新品种权的，应当按照国家有关规定，报经有关行政主管部门批准；转让申请权或者植物新品种权的，当事人应当订立书面合同，并向审批机关登记，由审批机关予以公告。

（5）名称标记权

品种权人有权在自己的授权植物新品种包装上标明植物新品种权标记的权利。根据《植物新品种保护条例》及《实施细则》，植物新品种命名不得有以下情形：仅以数字组成；违反国家法律或者社会公德或者带有民族歧视性；以国家名称命名；以县级以上行政区划的地名或者公众知晓的外国地名命名；同政府间国际组织或者其他国际国内知名组织及标识名称相同或者近似；对植物新品种的特征、特性或者育种者的身份等容易引起误解；属于相同或相近植物属或者种的已知名称；夸大宣传等①。

综前所述，植物新品种与植物新品种权这两个概念之间既有联系又有区别。植物新品种是指经过人工培育或对发现的野生植物加以开发，具备新颖性、特异性、一致性和稳定性并有适当命名的植物品种。植物新品种权是指完

---

① 吴汉东：《无形财产权基本问题研究》，中国人民大学出版社，2013年版。

成育种的单位或个人对其授权的品种享有排他的独占权。植物新品种是植物新品种权的客体，我国的植物新品种权制度是一种"有效的特殊制度"。

三、植物新品种权与植物专利的区别

专利权是指国家机关依照《专利法》授予发明人或者设计人对某项发明创造在法定期限内的专有权[①]。本书主要从以下几个方面探讨植物新品种权与专利权的区别。

1. 保护的客体不同

植物专利的客体为植物新品种的生产方法，而植物新品种权保护的客体即对象是植物新品种。根据《专利法》第二十五条的规定，我国对于植物和动物本身不授予专利权，如果人工技术的介入对该方法所要达到的目的或效果起了主要的控制作用或决定性作用，则这种方法不属于生物学的方法，可以授予专利权。这里所说的专利权是指对育种方法可以授予专利。

2. 授权的条件不同

植物专利保护的授权条件是新颖性、创造性和实用性。植物新品种权的授权条件是：该品种应当属于国家植物品种保护名录中列举的植物种或者属，并且具备新颖性、特异性、一致性和稳定性，并有适当命名。新颖性的区别：植物新品种的新颖性强调的是"商业销售上的新颖性"，即在申请保护前没有商业化，或者没有被推广；专利新颖性则表现为"首次公开"，包括出版物公开、使用公开以及以其他形式公开等，该发明或实用新型不属于现有技术，也无任何人就同样的发明在申请日前向专利局提出申请，并记载在申请日之后公布的专利申请文件或公告的专利文件中。实用性的区别：植物新品种不具有再现性（以杂交种为例，虽然利用同一亲本组合可以配制出同一杂交种，但杂交种不属于品种）；而提交专利申请材料，法律要求发明专利的权利要求书，应当以说明书为依据，说明书应当对发明作出清楚完整的说明，所属技术领域的技术人员依据说明书能够实现该专利。所属技术领域的技术人员能够再现该专利且该技术具有实用性，是发明专利受保护的要件。法律没有要求发明专利的申请人必须提供专利产品，专利产品不是发明专利权保护的要件。[②] 植物新品种的特异性和专利的创造性也有很大的区别。植物新品种的特异性是指申请植物新

---

① 黄勤南主编：《新编知识产权法教程》，中国政法大学出版社，1995年版。
② 武合讲：《植物新品种权和发明专利权的区别》，载《中国种业》，2011年第6期。

品种权的植物明显区别于递交申请以前已知的所有品种。植物新品种只能在原始品种上加以改造，不可能创造出以前没有的植物类群。植物品种专利的创造性是指与现有技术相比，该专利具有进步性。

3. 提交的材料不同

植物新品种权申请需要提交的材料分为两部分：一部分是书面材料，申请植物新品种权时应当提交符合要求的请求书、说明书及相关照片；另一部分是繁殖材料，提交的繁殖材料要符合数量和质量的要求。而专利产品不是发明专利保护的要件，只需要提交书面材料即可。

4. 审查的方式不同

植物新品种权的审查方式为书面审查与田间测试相结合，而植物专利保护只需要书面审查。植物新品种保护申请的材料提交至植物新品种保护办公室进行书面审查，符合要求的收到受理通知书，并提交书面材料；田间测试是对"三性"的审查，根据相应的测试指南进行实验室实验和田间观察评价的过程。专利保护审查对这些并不作要求。

5. 保护的时间不同

专利的保护时间自申请之日开始计算，发明专利保护的时间是 20 年。我国植物新品种权的保护期限是自授权之日起开始计算，藤本植物、林木、果树和观赏树木为 20 年，其他植物为 15 年。

第三节　植物新品种权保护范围

1. UPOV 公约关于植物新品种权保护范围的规定

UPOV 公约规定，对于受到保护的植物新品种，未经品种育种者的允许，不得为了商业目的，生产、销售同一品种植物、用于观赏植物或切花生产中的繁殖材料，或反复利用它生产其他植物品种。UPOV 公约（1991 年文本）将植物新品种权的内容扩大到所有相关"繁殖材料"的生产和销售行为，同时明确"材料"为与某一品种有关的下列材料：①任何种类的繁殖材料；②收获材料，包括整株和植株的部分；③任何直接由收获材料制成的产品。此外，不仅不以"商业销售目的"为前提条件，还延及"收获材料直接制作的产品"，农民购买的植物新品种所培育的"繁殖材料"（例如种子），用于自己种植也要受到上述植物新品种权的限制，并增加了育种者对植物新品种的进出口权。

2. 我国现行法律框架下的植物新品种权保护范围

1997 年制定的《植物新品种保护条例》规定，完成育种的单位或者个人对其授权品种，享有排他的独占权。任何单位或者个人未经品种权所有人许可，不得为商业目的生产或者销售该授权品种的繁殖材料，不得为商业目的将该授权品种的繁殖材料重复使用于生产另一品种的繁殖材料。2015 年修订的《种子法》规定，完成育种的单位或者个人对其授权品种享有排他的独占权。任何单位或者个人未经植物新品种权所有人许可，不得生产、繁殖或者销售该授权品种的繁殖材料，不得为商业目的将该授权品种的繁殖材料重复使用于生产另一品种的繁殖材料；但是《种子法》、有关法律、行政法规另有规定的除外。但二者均未对"繁殖材料"做进一步解释。

《实施细则（农业部分）》第五条规定："《条例》所称繁殖材料是指可繁殖植物的种植材料或植物体的其他部分，包括籽粒、果实和根、茎、苗、芽、叶等。"《实施细则（林业部分）》第四条规定："《条例》所称的繁殖材料，是指整株植物（包括苗木）、种子（包括根、茎、叶、花、果实等）以及构成植物体的任何部分（包括组织、细胞）。"《进境植物繁殖材料检疫管理办法》第四条规定："本办法所称植物繁殖材料是植物种子、种苗及其他繁殖材料的统称，指栽培、野生的可供繁殖的植物全株或者部分，如植株、苗木（含试管苗）、果实、种子、砧木、接穗、插条、叶片、芽体、块根、块茎、鳞茎、球茎、花粉、细胞培养材料（含转基因植物）等。"2019 年农业农村部办公厅出台的《关于种子法有关条款适用的意见》明确了我国现行法律体系下植物新品种的保护范围，即包括籽粒、果实、根、茎、苗、芽、叶、花及用于繁殖的花粉等。

2020 年最高人民法院制定的《关于审理侵犯商业秘密民事案件适用法律若干问题的规定》将植物新品种的繁殖材料作为商业秘密予以保护。

2021 年修订的《种子法》将植物新品种保护范围由授权品种的繁殖材料延伸到未经许可使用授权品种繁殖材料获得的收获材料，并进一步扩大到授权品种的实质性派生品种。

我国种业法律体系下，植物新品种权的保护范围包括植物新品种繁殖材料、未经许可使用授权品种繁殖材料获得的收获材料及授权品种的实质性派生品种。需要注意的是，虽然植物体的籽粒、果实和根、茎、苗、芽、叶等都可能具有繁殖能力，但其是否属于植物新品种权保护范围的繁殖材料，有赖于所涉植物体繁殖出的植物的一部分或整个植物的新个体是否具有与该授权植物新品种相同的特征特性。判断是否为繁殖材料需要具备三项要素，即在生物学上必须同时满足以下条件：属于活体，具有繁殖能力，并且繁殖出的新个体与该授权品种的特征特性相同。

◢ 典型案例

蔡某光诉广州市某商业有限公司
侵害植物新品种权纠纷案①

【案情摘要】

'三红蜜柚'系蔡某光选育的植物新品种。蔡某光于 2009 年 11 月 10 日向农业农村部申请品种保护，2014 年 1 月 1 日农业农村部授予蔡某光该三红蜜柚植物新品种权，品种权号为 CNA20090677.9，保护期限为 20 年。农业农村部植物新品种保护办公室作出的农业植物新品种 DUS 测试现场考察报告载明，品种暂定名称'三红蜜柚'，植物种类柑橘属，品种类型为无性繁殖，田间考察结果载明，申请品种的白皮层颜色为粉红，近似品种为白，具备特异性。考察结论为该申请品种具备特异性、一致性。所附照片载明，'三红蜜柚'果面颜色暗红、白皮层颜色粉红、果肉颜色紫，红肉蜜柚果面颜色黄绿、白皮层颜色白、果肉颜色红。

蔡某光于 2018 年 3 月 23 日向广州知识产权法院提起诉讼，主张广州市某商业有限公司（下称"A 公司"）连续大量销售'三红蜜柚'果实，侵害其获得的品种名称为'三红蜜柚'的植物新品种权。

A 公司辩称其所售被诉侵权蜜柚果实有合法来源，提供了甲方昆山某商业有限公司广州黄埔分公司（下称"B 公司"）与乙方江山市某食品有限公司（下称"C 公司"）签订的合同书，B 公司与 C 公司于 2017 年 7 月 18 日签订 2017 年度商业合作条款，合同第六条第五款载明，在本合同签订日，双方已合作的有 6 家门店，包括 A 公司。2018 年 1 月 8 日，C 公司向 B 公司开具发票以及销售货物或者提供应税劳务、服务清单，清单载明货物包括三红蜜柚 650 公斤。C 公司营业执照副本载明，C 公司为有限责任公司，成立于 2013 年 2 月 22 日，注册资本 500 万元，经营范围为预包装食品批发、零

---

① 该案入选最高人民法院发布的第 28 批指导性案例之四。

售；水果、蔬菜销售。C 公司食品经营许可证载明，经营项目为预包装食品销售；散装食品销售。该许可证有效期至 2021 年 8 月 10 日。

【裁判结果】

广州知识产权法院于 2019 年 1 月 3 日作出（2018）粤 73 民初 732 号民事判决，驳回蔡某光诉讼请求。宣判后，蔡某光不服，向最高人民法院提起上诉。最高人民法院于 2019 年 12 月 10 日作出（2019）最高法知民终 14 号民事判决，驳回上诉维持原判。

【案例指引】

（1）植物新品种权的保护范围是什么？

植物新品种的遗传特性包含在品种的繁殖材料中，繁殖材料在形成新个体的过程中进行品种的繁衍，传递了品种的特征特性。遗传信息通过繁殖材料实现了代代相传，表达了明显有别于在申请书提交之时已知的其他品种的特性，并且经过繁殖后其特征特性未变。如果该植物体繁殖出的植物的一部分或整个植物的新的个体，具有与该授权品种相同的特征特性，则该植物体属于植物新品种权保护范围的繁殖材料。

（2）植物新品种繁殖材料判定标准是什么？

判断是否为某一授权品种的繁殖材料，在生物学上必须同时满足以下条件：属于活体，具有繁殖的能力，并且繁殖出的新个体与该授权品种的特征特性相同。案例中被诉侵权蜜柚果实是否为三红蜜柚品种的繁殖材料，不仅需要判断该果实是否具有繁殖能力，还需要判断该果实繁殖出的新个体是否具有果面颜色暗红、果肉颜色紫、白皮层颜色粉红的形态特征。如果不具有该授权品种的特征特性，则不属于三红蜜柚品种权所保护的繁殖材料。

（3）授权品种权的保护范围是否仅限于申请人申请品种保护时采取的繁殖方式获得的繁殖材料？

随着科学技术的发展，不同于植物新品种权授权阶段繁殖材料的植物体也可能成为育种者选用的种植材料，除枝条以外的其他种植材料也可能被育种者们普遍使用。在此情况下，该种植材料作为授权品种的繁殖材料，应当纳入植物新品种权的保护范围。因此，植物新品种权的保护范围不仅包括以嫁接方式获得的繁殖材料，也包括以其他方式获得的繁殖材料。

第四节　植物新品种权期限、无效与终止

植物新品种权的时间性决定了其受法律保护具有一定的期限性。申请人获得植物新品种权后只在一定的时间内具有垄断权，期限届满后即成为人类社会共有的财产，任何人都可以不受限制地无偿使用。植物新品种权同专利、商标等知识产权一样，在一定的条件下，也存在权利被宣布无效和权利终止等情形。

一、植物新品种权的期限

植物新品种权的期限性既有助于保证育种人和申请人从品种推广应用中收回成本，也有利于植物新品种更好地涌向市场，成为社会公共财富，任何人均可以无偿使用。UPOV（1991 年文本）第十九条第一款明确："育种者权利的授予应有固定期限。"

UPOV 公约第八条规定："育种者所得权利有一定期限。自授予保护权之日起，保护期限不少于十五年。藤本植物、林木、果树和观赏树木，包括其根茎，保护期为十八年。"公约的 1991 年文本延长了植物新品种保护期限："该期限应自授予育种者权利之日起不少于二十年，对于树木和藤本植物，该期限应自所述之日起不少于二十五年。"我国 1997 年颁布《植物新品种保护条例》，建立植物新品种保护制度，1999 年加入国际植物新品种保护联盟，在保护期限上也采用的是公约的 1978 年文本。《植物新品种保护条例》第三十四条规定："品种权的保护期限，自授权之日起，藤本植物、林木、果树和观赏树木为 20 年，其他植物为 15 年。"

需要说明的是，目前国际上多数国家对草本植物品种保护期限在 25 年左右。借鉴国际通行做法，结合我国国情种情，立法部门于 2022 年 11 月公布的《中华人民共和国植物新品种保护条例修订草案（征求意见稿）》对品种权保护期限适当延长，木本、藤本植物由 20 年延长到 25 年，其他植物由 15 年延长到 20 年，既能体现加大保护力度，也有利于逐步与国际接轨。

二、植物新品种权的无效

申请品种经审批机关初步审查和实质审查合格后，审批机关将发布拟授权公告，对于在公示期内没有异议的品种颁发品种权证书，并予以正式公告。自

审批机关公告授权品种权之日起，任何单位和个人认为授权品种不符合新颖性、特异性、一致性和稳定性条件的，可以向植物新品种复审委员会提出书面申请，请求宣告植物新品种权无效。宣告品种权无效或者更名的决定，由审批机关登记和公告并通知当事人，当事人对植物新品种复审委员会的决定不服的，可以自收到通知之日起15日内向人民法院提起诉讼。被宣告无效的品种权视为自始不存在。

1. 植物新品种权被宣告无效的情形

根据《植物新品种保护条例》及《实施细则》的有关规定，自审批机关公告授予品种权之日起，植物新品种复审委员会依据职权或依据任何单位或个人的书面请求，可以对具有下列情形之一的品种权宣告无效：①被授予品种权的新品种不属于国家植物新品种保护名录范围内的植物；②被授予品种权的新品种属于可能危害公共利益、生态环境的品种；③被授予品种权的新品种属重复授权的；④被授予品种权的新品种不符合授权条件新颖性的要求；⑤被授予品种权的新品种不符合授权条件特异性的要求；⑥被授予品种权的新品种不符合授权条件一致性的要求；⑦被授予品种权的新品种不符合授权条件稳定性的要求。

2. 登记和公告

植物新品种权无效宣告的审查决定，审批机关除通知当事人外，应当予以登记和公告。若无效宣告请求人在规定的期限内向人民法院起诉的，待人民法院作出的判决生效后再视情况予以登记和公告。

三、植物新品种权的终止

植物新品种权的终止一般分为两种情况：一种为保护期限届满；另一种为其他原因导致自动失去效力。主要有以下几种情形：①品种权人以书面声明放弃品种权的；②品种权人未按规定缴纳年费的；[①] ③品种权人未按审批机关的要求提供检测所需的该授权品种的繁殖材料的；④经检测该授权品种不再符合被授予品种权时的特征和特性的。需要注意的是，任何情况下，植物新品种权的终止，都应当由植物新品种权审批机关进行公告。

---

① 根据《财政部　国家发展改革委关于清理规范一批行政事业性收费有关政策的通知》（财税〔2017〕20号），自2017年4月1日起，植物新品种权申请停征年费和申请费，因此，在2017年4月份之后这一项已经暂时不会导致品种权终止。需要说明的是，该文只是停征年费，并非取消，因此，修订中的《植物新品种保护条例》仍将"品种权人未按规定缴纳年费"作为品种权终止的原因。

典型案例

深圳某种业有限公司请求宣告玉米 '南甜糯 601' 品种权无效复审案[①]

【案情摘要】

被请求宣告品种权无效的玉米品种'南甜糯 601',品种权申请日为 2019 年 7 月 26 日,授权日为 2020 年 12 月 31 日,品种权人为南京某农业发展有限公司。另一涉案品种为'农科糯 336',品种权申请日为 2017 年 2 月 10 日,授权日为 2021 年 6 月 18 日,品种权人为北京市农林科学院、深圳某种业有限公司。

2021 年 2 月 5 日,深圳某种业有限公司(下称"请求人")向农业农村部植物新品种复审委员会(下称"复审委")请求宣告南京某农业发展有限公司(下称"被请求人")的'南甜糯 601'品种权无效,理由是经 SSR 分子检测,'南甜糯 601'与'农科糯 336'判定为极近似或者相同品种,由于'农科糯 336'品种权申请在先,'南甜糯 601'不具备特异性,应宣告'南甜糯 601'品种权无效。

复审委受理后,通知请求人补正材料,并要求被请求人陈述相关情况。被请求人陈述,涉案品种'南甜糯 601'由其自主选育,确认一个品种是否为新品种、是否具备特异性的依据是 DUS 测试结果,而不是 DNA 检验报告,并提交张掖国家级玉米种子生产基地种子质量监督检验中心品种真实性检验报告(NO.ZGZ20210863),该报告显示'南甜糯 601'与'农科糯 336'具有明显差异,不属于同一品种。

复审委审理认为,被请求人提交的 NO.ZGZ20210863 检验报告中使用的样品非官方保藏的标准样品,报告结论不具备证明力。复审委调取并采纳了农业农村部植物新品种保护办公室(下称"品保办")相关鉴定结果,品保办从农业农村部植物新品种保藏中心提取'南甜糯 601'与'农科糯 336'的标准样品,在农业农村部植物新品种测试中心和江汉大学生物基因检测鉴

定中心分别进行 SSR 和 MNP 分子检测，结果显示上述两个品种为极近似品种或相同品种；在农业农村部植物新品种测试上海分中心和济南分中心进行田间对比种植，结果显示上述品种无明显差异。复审委审理认为，'南甜糯601'通过绿色通道虽先获授权，但与在先申请的'农科糯 336'差异不明显，不具备特异性，依法宣告玉米'南甜糯 601'品种权无效。

【案例指引】

如何判断一个品种是否具备特异性？

本案是关于授权品种不具备特异性而被宣告品种权无效的典型案例。特异性是品种权授权条件之一，根据《植物新品种保护条例》第十五条，特异性是指申请品种有一个以上性状明显区别于申请日以前的已知品种。根据《种子法》第九十条可知，已知品种是指已受理申请或已通过品种审定、品种登记、新品种保护，或者已经销售、推广的植物品种。一个品种一旦通过了保护、审定、登记，从申请之日起即视为已知品种，或者一个品种自推广销售之日起即成为已知品种。

本案'农科糯 336'较'南甜糯 601'先申请保护，在'南甜糯 601'的特异性审查中应将'农科糯 336'作为已知品种进行比对。请求人虽然提交了上述品种为不同品种的 DNA 检测报告，但由于样品不是来自官方标准样品库，结论没有被采纳。复审委采纳了'南甜糯 601'和'农科糯 336'标准样品开展的鉴定结果，依法宣告了'南甜糯 601'品种权无效。

本案也提醒育种者要注重品种权管理和维护，关注进入保护、审定、登记环节的品种是否有与自己品种极近似或者相同的，是否属于自己品种的实质性派生品种，是否使用自己品种作为亲本等，并及时主张权利。必要时，可交由专业团队管理、经营品种权，最大限度实现品种权的市场价值。

第五节　植物新品种审定与登记

我国除了品种权保护制度外，为了便于行政管理，对于主要农作物和主要林木实行品种审定制度，对部分非主要农作物实行品种登记制度。

我国在 20 世纪 30 年代就进行了品种试验，开始了农作物品种管理工作。为了加强农作物品种管理，加速利用育种新成果，充分发挥优良品种的增产作用，促进农业生产发展，我国建立了主要农作物品种审定制度。为了鼓励育种创新，保护植物新品种权，鼓励培育和使用植物新品种，我国建立了植物新品种保护制度。主要农作物品种审定制度和非主要农作物品种登记制度与植物新品种保护制度是两类并行的制度，在各自的轨道上为我国种业发展保驾护航。

一、我国主要农作物品种审定制度

我国是农业大国，种子是我国农业的"芯片"，品种审定是保证"芯片"良性运转的重要手段；品种审定也是品种管理链条上的重要一环，事关种业振兴全局。为了保证品种在各地种植的适应性，也为了保障农业生产用种安全，20 世纪 80 年代，农业主管部门推出了主要农作物品种审定制度。

1. 主要农作物品种审定制度的建立

品种审定是国家或者省级农业行政部门的品种审定委员会根据申请人的请求，对新育成的品种或者新引进的品种进行区域试验鉴定，按照规定程序进行审查，决定该品种能否推广并确定其推广范围的一种行政管理措施[1]。我国的主要农作物品种审定制度大致也经历了从无到有到逐步完善的过程，简单梳理可以分为以下三个阶段：

（1）制度探索阶段：从盲目引种到成立品种审定委员会

该阶段以 1954 年全国种子工作会议提出"认真进行品种区域性审定"[2]为起点。由于尚未建立品种审定制度，我国品种推广的目的性不是很强。当时承担种子收购、调运和供应工作的是粮食、商业和供销三个部门，在调运过程中与农业部门衔接不畅，加上农业部门缺乏经验，技术指导力度不够，又有点操之过急，大量研发培育的种子没有经过区域审定，就直接被国家和地方农业管理部门进行调种或者越区推广，这样不仅没有增产，反而出现大面积减产，给农业生产带来严重困扰。因此，1954 年国家制定了《推广农作物优良品种管理试行办法》《粮食、棉花、油料作物品种改良办法》，同时要求把开展评选良种活动作为加快普及良种的重要手段，做到"就地遗留，就地串换，就地繁殖，就地推广"。[3]

1981 年 12 月 22 日，农业部成立了全国农作物品种审定委员会，标志着我国国家级农作物品种审定制度的建立。1982 年，农牧渔业部颁布了《全国

---

① 陈如明、杨旭红、陈红：《植物品种保护与品种审定》，载《作物杂志》，2005 年第 2 期。

② 中国种子协会编著：《中国农作物种业（1949—2005）》，中国农业出版社，2007 年版。

③ 耿月明、付云海、王世才等：《品种审定制度要创新规范：中国种业发展问题研究之五》，载《中国种业》，2009 年第 8 期。

农作物品种审定试行条例》，规定了："国家和省、市、自治区分别设农作物品种审定委员会。地、县可根据需要设农作物品种审查小组。"同时该条例也规定了报审品种应当满足的条件：经过连续二至三年的地区以上区域试验和一至二年生产试验，在试验中表现性状稳定，综合性状优良；在产量上，要求高于当地同类型的主要推广品种原种的10%以上；等。从第一届品种审定委员会设立到2000年之间，全国共审定农作物品种66类902个，该时期的品种审定制度的结构特点是"四化一供"。[①]

（2）品种审定写进立法：实现了主要农作物品种审定制度有法可依

该阶段以《种子法》的颁布为起点。2000年7月8日全国人民代表大会常务委员会通过的《种子法》第十五条明确："主要农作物品种和主要林木品种在推广应用前应当通过国家级或者省级审定，申请者可以直接申请省级审定或者国家级审定。对省、自治区、直辖市人民政府农业、林业行政主管部门确定的主要农作物品种和主要林木品种实行省级审定。"自此，主要农作物品种审定制度作为品种管理的主要措施和手段之一被写进法律。《种子法》第七十二条明确："主要农作物是指稻、小麦、玉米、棉花、大豆以及国务院农业行政主管部门和省、自治区、直辖市人民政府农业行政主管部门各自分别确定的其他一至二种农作物。"为进一步促进农作物品种审定的规范化，适应产业发展要求，农业部在2001年发布了《主要农作物品种审定办法》。

（3）主要农作物品种审定制度日臻完善：从存废之争到一锤定音

随着《种子法》（2000年版）实施和种子市场化，越来越暴露出主要农作物品种审定制度的弊端阻碍了新品种迅速转化为生产力。我国品种审定制度也暴露出了一些问题，诸如科学性、严谨性不够；潜规则异化为权力寻租；区域性划分缺乏科学性；评价标准不明晰；品种审定时间偏长；审定速度过快、数量过多；国审、省审不协调等问题。一时间主要农作物品种审定制度存废之争成为讨论焦点。全国人大常委会委员对品种审定制度做了专题调研，征求意见中涉及品种审定的824条，其中，认为应保留审定制度对其进行改革完善的有513条，占62.3%，建议将审定改为登记或者取消审定制度的有311条，占37.7%。[②] 2015年修订的《种子法》从以下三个方面完善了我国主要农作

---

① 宫国安、张宝纯：《变革品种审定制度为现代种业服务》，载《农业科技通讯》，2012年第12期。

② 刘法钊：《品种审定制度的演变》，载微信公众号《农财网种业宝典》，2019年4月19日，网址：https://mp.weixin.qq.com/s/LkmGngCbLUri-GiDwoqEew。

物品种审定制度：

第一，缩小主要农作物品种审定范围，取消原先关于国务院和省级人民政府农业行政主管部门可以分别确定1～2种主要农作物品种的规定，需要审定的主要农作物品种由原来的28种减少到5种，大大减少了行政审批事项。

第二，将品种的特异性、一致性、稳定性测试作为品种审定的依据，规定制定审定标准应充分听取育种者、用种者、生产经营者和行业代表的意见；建立包括申请文件、审定试验数据、种子样品、专家个人审定意见和审定结论等内容的审定档案制度，规范和约束审定机关权力行使。

第三，对经认定的"育繁推一体化"种子企业实行"绿色通道"，允许其对自主研发品种自行完成试验，但企业应对试验数据真实性负责，并建立试验数据可追溯制度，以减轻国家和省级审定压力，提高审定效率；约束品种测试、试验数据造假行为，加大处罚力度，规定取消测试、试验资格的情形；规范通过审定的主要农作物和主要林木品种的引种行为。

为了有效解决品种同质化问题，激励育种原始创新，2021年，国家农作物审定委员会公布了《国家级稻品种审定标准（2021年修订）》《国家级玉米品种审定标准（2021年修订）》《国家级大豆品种审定标准（2023年修订）》，也明确适时推进小麦、棉花品种审定标准修订，适当提高DNA指纹检测差异位点数、产量指标和抗性指标。为了畅通国家和省级品种审定绿色通道及加强联合体试验监管，国家建立健全品种试验主体资质评价和退出机制，规范同一适宜生态区引种备案，依法加大审定品种撤销力度。为了与2021年修订的《种子法》相匹配，农业农村部于2022年修改了《主要农作物品种审定办法》，使我国主要农作物品种审定制度得到了进一步完善。

2. 主要农作物品种审定要求

（1）主要农作物审定的申请

《种子法》明确规定主要农作物为稻、小麦、玉米、棉花、大豆。品种审定是一种行政许可，是市场准入制度，由相关行政机关依照法定程序对品种进行审查，决定是否给予该品种进入市场的资格，并确定推广应用范围的过程。品种审定为强制行为，品种审定证书是一种在一定区域内生产、销售许可证书，属于法律规定的审定作物范围的品种必须经过审定后方可进入生产、推广、销售。品种审定的申请受理、审查和授权由国家级和省级农作物品种审定委员会共同负责。申请品种审定的单位、个人（下称"申请者"），可以直接向国家农作物品种审定委员会或省级农作物品种审定委员会提出申请。申请者可以单独申请国家级审定或省级审定，也可以同时申请国家级审定和省级审定，还可以同时向几个省、自治区、直辖市申请审定。申请转基因主要农作物（不含棉花）品种审定的，应当直接向国家农作物品种审定委员会提出申请。

（2）申请品种审定的条件

申请者申请审定的品种应当具备下列条件。①人工选育或发现并经过改良。②与现有品种（已审定通过或本级品种审定委员会已受理的其他品种）有明显区别。③形态特征和生物学特性一致。④遗传性状稳定。⑤具有符合《农业植物品种命名规定》的名称。⑥已完成同一生态类型区 2 个生产周期以上、多点的品种比较试验，其中：申请国家级品种审定的，稻、小麦、玉米品种比较试验每年不少于 20 个点，棉花、大豆品种比较试验每年不少于 10 个点，或具备省级品种审定试验结果报告；申请省级品种审定的，品种比较试验每年不少于 5 个点。

（3）申请品种审定所需材料

申请者申请品种审定的，应当向品种审定委员会办公室提交以下材料：①申请表，包括作物种类和品种名称，申请者名称、地址、邮政编码、联系人、电话号码、传真、国籍，品种选育的单位或者个人（下称"育种者"）等内容；②品种选育报告，包括亲本组合以及杂交种的亲本血缘关系、选育方法、世代和特性描述，品种（含杂交种亲本）特征特性描述、标准图片，建议的试验区域和栽培要点，品种主要缺陷及应当注意的问题；③品种比较试验报告，包括试验品种、承担单位、抗性表现、品质、产量结果及各试验点数据、汇总结果等；④品种和申请材料真实性承诺书。

转基因主要农作物品种，除应当提交前款规定的材料外，还应当提供以下材料：①转化体相关信息，包括目的基因、转化体特异性检测方法；②转化体所有者许可协议；③依照《农业转基因生物安全管理条例》第十六条规定取得的农业转基因生物安全证书；④有检测条件和能力的技术检测机构出具的转基因目标性状与转化体特征特性一致性检测报告；⑤非受体品种育种者申请品种审定的，还应当提供受体品种权人许可或者合作协议。

（4）申请品种审定救济程序

品种未通过审定的，品种审定委员会办公室在 30 日内书面通知申请者。申请者对审定结果有异议的，可以自接到通知之日起 30 日内，向原品种审定委员会或者国家级品种审定委员会申请复审。品种审定委员会应当在下一次审定会议期间对复审理由、原审定文件和原审定程序进行复审。对病虫害鉴定结果提出异议的，品种审定委员会认为有必要的，安排其他单位再次鉴定。品种审定委员会办公室应当在复审后 30 日内将复审结果书面通知申请者。

（5）审定品种的退出

审定通过的品种，有下列情形之一的，应当撤销审定：①在使用过程中出现不可克服严重缺陷的；②种性严重退化或失去生产利用价值的；③未按要求提供品种标准样品或者标准样品不真实的；④以欺骗、伪造试验数据等不正当方式通过审定的；⑤农业转基因生物安全证书已过期的。

撤销审定的品种，由同级农业农村主管部门予以公告。公告撤销审定的品种，自撤销审定公告发布之日起停止生产、广告，自撤销审定公告发布一个生产周期后停止推广、销售。品种审定委员会认为有必要的，可以决定自撤销审定公告发布之日起停止推广、销售。

二、非主要农作物登记制度

品种登记与品种审定性质一样，同为市场准入的行政管理措施，其目的是加强作物品种的管理，给品种发个"身份证"，规范市场和保护品种权，减少"一品多名"现象。加速育种新成果的推广利用，确保有经济推广价值的品种进入市场，防止盲目推广不适合本地区种植的劣质品种给农林业生产和农民利益造成损失。应当登记的农作物品种未经登记的，不得发布广告、推广，不得以登记品种的名义销售。

1. 登记品种的要求

申请登记的品种应当具备下列条件：①人工选育或发现并经过改良；②具备特异性、一致性、稳定性；③具有符合《农业植物品种命名规定》的品种名称。申请登记具有植物新品种权的品种，还应当经过品种权人的书面同意。

2. 申请登记必备材料

对新培育的品种，申请者应当按照品种登记指南的要求提交以下材料：①申请表；②品种特性、育种过程等的说明材料；③特异性、一致性、稳定性测试报告；④种子、植株及果实等实物彩色照片；⑤品种权人的书面同意材料；⑥品种和申请材料合法性、真实性承诺书。

三、非主要农作物登记与主要农作物品种审定的异同

1. 非主要农作物登记与主要农作物品种审定的相同之处

非主要农作物登记与主要农作物品种审定都是品种管理的措施，相同之处

有三个方面：

第一，对申请品种都应进行必要的试验测试。

第二，都要向国家品种标准样品库提交标准样品，农业主管部门发布公告、颁发证书。

第三，申请文件或样品不真实，或品种出现不可克服严重缺陷的予以撤销。

2. 非主要农作物登记与主要农作物品种审定的不同之处

非主要农作物登记与主要农作物品种审定的不同之处也主要有三个方面：

第一，试验主体不同。非主要农作物登记试验主体是申请者，即试验由申请者自行组织；主要农作物品种审定试验主体是政府或法律法规授权主体，即品种试验主要由国家统一组织或国家授权有资质单位组织，或者《种子法》授权育繁推一体化种子企业组织。

第二，申请条件不同。非主要农作物登记侧重品种的"身份"管理，品种只要符合 DUS 基本条件，经过试验确定了品种的特征特性和适宜推广范围，且不存在严重的安全问题，即可登记；主要农作物品种审定有准入门槛限制，品种经过试验测试达到审定标准才能通过审定。

第三，法律约束程度不同。应当登记的农作物品种未经登记的，不得发布广告、推广，不得以登记品种的名义销售；主要农作物品种审定为强制行为，应当审定未经审定通过的品种，不得发布广告、推广、销售。

四、主要农作物品种审定与植物新品种保护的异同

品种审定有助于加强对作物品种行政主管部门的管理，也可以防止因盲目推广和引进不适合区域种植的品种给生产者及农民利益造成经济损失。而植物新品种保护是指由审批机关对经过人工培育的或者对发现并加以开发的野生植物的新品种的新颖性、特异性、一致性、稳定性和适当命名进行审查，对符合条件的授予植物新品种权，否则不授予。授予植物新品种权是行政确权行为，目的是保护育种人的权利，鼓励权利人培育和使用植物新品种，鼓励权利人创新。

1. 主要农作物品种审定和植物新品种保护的相同之处

二者共同之处主要表现在以下五个方面：

第一，在启动程序上都具有被动性。无论是主要农作物品种审定还是品种保护都是依据申请者主动向管理机构提出申请而启动审查程序，管理机构不会主动启动程序。

第二，审查程序上都是由管理机构按规定程序予以审查，对符合条件的植物新品种发放证书，否则，予以驳回。在审查过程中，都需进行田间栽培并对相应的性状进行测试。

第三，都对审查对象提出了 DUS［特异性（Distinctness）、一致性（Uniformity）和稳定性（Stability），简称 DUS］测试要求，无论是主要农作物品种审定还是品种保护都对品种的特异性、一致性、稳定性提出了明确规定。

第四，都需要提交标准样品进行保藏。一般审定品种，由品种审定委员会办公室从申请者提供的试验种子中留取标准样品，交由农业农村部指定的植物品种标准样品库保存；育繁推一体化种子企业自行开展自主研发品种试验，品种通过初审后，应当在公示期内将品种标准样品提交至农业农村部指定的植物品种标准样品库保存。对于植物新品种保护品种，申请人应当自收到品种保护办公室通知之日起 3 个月内送交繁殖材料，送交繁殖材料为籽粒或果实的，应当送至品种保护办公室植物新品种保藏中心；送交种苗、种球、块茎、块根等无性繁殖材料的，应当送至品种保护办公室指定的测试机构。

第五，基本目标是相同的，无论是主要农作物品种审定还是品种保护，其目的都是保障种质资源，促进农业生产的发展，保护国家粮食安全。

2. 主要农作物品种审定与植物新品种保护的不同之处

二者的区别主要体现在以下六个方面：

第一，性质不同。植物新品种保护的本质特征是对申请人育种成果的知识产权保护；主要农作物品种审定的本质特征是对申请品种进入大面积生产秩序化限制的管理。植物新品种保护的出发点在于保护育种者或品种权人的利益，主要农作物品种审定的出发点在于保护农业生产者的利益。植物新品种保护主要通过对育种者独占权的保护来促进育种创新；主要农作物品种审定主要通过对送审品种可靠性和适用性的试验来促进品种的健康推广应用。

第二，法律依据不同。主要农作物品种审定的依据是《种子法》《主要农作物审定办法》及各省级行政单位根据自己的实际情况制定的相关规定；植物新品种保护的依据是《种子法》《植物新品种保护条例》及各种配套规章。

第三，审查机构不同。主要农作物品种审定实行国家级与省级两级审定，由品种审定委员会负责。取得植物新品种权的品种，如果属于要求审定的范围，在生产上推广应用前还需经过品种审定的程序；通过品种审定的品种，如果需要取得法律保护，就要提出植物新品种权申请，只有满足规定的授权条件，才可以取得品种权。植物新品种保护的受理、审查和授权集中在国家一级进行，由植物新品种保护审批机关负责[①]；理论上讲只有通过 DUS 测试的才能被授予植物新品种权。

第四，审查重点不同。植物新品种保护偏重品种的新颖性，主要农作物品种审定则偏重品种的稳定性、适应性等。《种子法》第九十条规定："新颖性是指申请植物新品种权的品种在申请日前，经申请权人自行或者同意销售、推广其种子，在中国境内未超过一年；在境外，木本或藤本植物未超过六年，其他植物未超过四年。"此外，《种子法》进一步明确规定两种视为丧失新颖性的情形："第一，品种经省、自治区、直辖市人民政府农业农村、林业草原主管部门依据播种面积确认已经形成事实扩散的；第二，农作物品种已审定或者登记两年以上未申请植物新品种权的。"主要农作物品种审定除了具备特异性、一致性、稳定性、具有合适名称外，还侧重于品种的抗逆性、丰产性、适应性等可利用特性的鉴定。

第五，申请范围不同。主要农作物品种审定的植物新品种可以是新育成的品种，也可以是新引进的品种。植物新品种保护的植物新品种既可以是新育成的品种，也可以是对发现的野生植物加以开发所形成的品种。植物新品种保护的品种范围是按照审批机关逐批公布的保护名录所指定的种或属，未列入保护名录的种或属项下的品种无法进行植物新品种保护；主要农作物审定的品种范围有五大类主要农作物。

第六，有效期限不同。我国的植物新品种权有保护期限，品种权的保护期限自授权之日起计算，藤本植物、林木、果树和观赏树木为 20 年，其他植物为 15 年。超过保护期限的，或者品种权人以书面声明放弃品种权的，或者品种权人未按照规定缴纳年费的，或者品种权人未按照审批机关的要求提供检测所需的该授权品种的繁殖材料的，或者经检测该授权品种不再符合被授予品种权时的特征和特性的，或者品种权被宣告无效的品种权均自动终止。对于保护期限已满或终止的该品种任何人都可以无偿使用。通过审定的品种没有严格的期限限制，只要没有出现应当撤销审定的情形，该品种就可以一直推广应用。

综上，主要农作物品种审定与植物新品种保护是相互独立的体系，获得授权的植物新品种不一定能通过审定，通过审定的植物新品种也不一定能获得授

[①]　2021 年 12 月 31 日，海南省农业农村厅与海南省林业局制定了《海南自由贸易港植物新品种保护管理办法（试行）》明确，省农业农村厅、省林业局依据职责分工设立农业和林业植物新品种保护审查协作办公室，承担海南自由贸易港植物新品种权宣传培训、新品种展示和维权等任务，协助国务院农业农村、林业草原主管部门开展品种权申请的受理和审查等工作。

权。已经取得品种权证书的主要农作物品种要想在生产上推广应用还需要经过品种审定；已经取得品种权审定证书的主要农作物品种的申请者或育种者想获得该品种的法律保护，必须提出植物新品种权保护申请，只有满足规定的授权条件才可以取得品种权。

典型案例

青海某大学、青海某生物科技发展有限责任公司侵害植物新品种权纠纷二审民事裁定书

【案情摘要】

'青海蕨麻 1 号'系青海某大学培育的蕨麻品种。2009 年 11 月 10 日通过青海省农作物品种审定委员会审定，审定编号为"青审蕨麻 2009001 号"，审定意见为"蕨麻'青海蕨麻 1 号'品种经审定合格可在我省中、高位山旱地及青南、环湖农业区地区推广种植。特向品种育成（引进）单位及主要育（引）种人颁发品种合格证。"2013 年 6 月 6 日，青海某大学与青海某工贸有限责任公司（下称"A 工贸公司"）签订了《蕨麻种植合作协议》，协议约定了双方的合作范围、合作方式及条件。协议生效后，A 工贸公司向青海某大学支付 1 000 000 元作为前期研究投入费用，在合同履行前期 A 工贸公司在门源回族自治县承租当地农民的土地进行蕨麻种植。青海某大学在 2014 年提供了蕨麻原种并进行了相应的技术指导。2014 年 3 月 11 日，A 工贸公司的股东陈学厚、权仙丽为便于生产销售'青海蕨麻 1 号'，在门源回族自治县市场监督管理局注册登记青海某生物科技发展有限责任公司（下称"B 生物公司"），企业主营业务活动为蕨麻科技种植等，企业股东为陈学厚、权仙丽、陈文彬，随后 B 生物公司开始种植蕨麻。2015 年 9 月后，双方因经营账目以及现场技术指导等问题引发纠纷。

青海某大学于 2018 年 7 月 4 日向青海省西宁市中级人民法院提起诉讼，请求判令 B 生物公司立即停止播种'青海蕨麻 1 号'的侵权行为并赔偿其经济损失。

B 生物公司辩称：①青海某大学没有取得'青海蕨麻 1 号'的植物新品种权；②B 生物公司是代 A 工贸公司履行合同义务，青海某大学对此是知情并表示认可的；③青海某大学无证据证明案涉土地种植的作物系'青海

蕨麻1号'，且其提供的损失计算依据不充分。

【裁判结果】

青海省西宁市中级人民法院于 2019 年 8 月 28 日作出（2018）青 01 民初 332 号民事判决，驳回原告青海某大学的诉讼请求。宣判后，青海某大学不服，向最高人民法院提起上诉。最高人民法院于 2019 年 12 月 13 日作出（2019）最高法知民终 585 号民事判决，驳回上诉维持原判。

【案例指引】

（1）'青海蕨麻1号'是否具有植物新品种权，青海某大学是否具有请求权的基础？

我国实行植物新品种保护制度，对国家植物品种保护名录内经过人工选育或者发现的野生植物加以改良，具备新颖性、特异性、一致性、稳定性和适当命名的植物品种，由国务院农业、林业主管部门授予植物新品种权，保护植物新品种权所有人的合法权益。植物新品种权属于民事权利，植物新品种权的所有人享有对该品种繁殖材料的独占权。

植物新品种权的内容和归属、授予条件、申请和受理、审查与批准，以及期限、终止和无效等依照《种子法》《植物新品种保护条例》及其他有关行政法规规定执行。根据本案审理查明的事实，蕨麻品种目前尚未被列入国家植物品种保护名录中，不属于可以申请植物新品种保护的品种，青海某大学不具备申请'青海蕨麻1号'植物新品种保护的前提条件。因此，青海某大学不具备提起侵害植物新品种权的请求权基础。

青海某大学在原审法院提交了有关'青海蕨麻1号'的青海省品种审定证书，品种审定制度作为市场准入的行政管理措施，不同于植物新品种保护制度，其属于行政许可而非民事权利，主要由《主要农作物品种审定办法》《主要林木品种审定办法》规范，目的是加强作物品种的管理，加速育种新成果的推广利用，确保有经济推广价值的品种进入市场，防止盲目推广不适合本地区种植的劣质品种给农林业生产和农民利益造成损失。通过品种审定的品种并非获得植物新品种权的品种，即便'青海蕨麻1号'品种获得了品种审定，该事实也不能认定'青海蕨麻1号'品种取得了植物新品种的授权，并由此享有对所涉品种繁殖材料进行生产、销售的独占权。

青海某大学提起本案侵害植物新品种之诉，但所涉'青海蕨麻1号'并非目前授予植物新品种权名单内的品种，青海某大学提起的侵权之诉并无权利基础，不符合《中华人民共和国民事诉讼法》（下称《民事诉讼法》）第一百二十二条规定的起诉的条件，应当裁定驳回起诉。

（2）授权的植物新品种未获被诉侵权行为发生地相关主管部门审定是否受法律保护？

完成育种的单位或个人对其授权品种享有排他的独占权。任何单位或者个人未经品种权人许可，不得生产、繁殖或者销售该授权品种的繁殖材料。即使涉案植物新品种未获被诉侵权行为发生地相关主管部门审定，但如果该涉案地区与涉案品种已获审定的地区相邻，属于《种子法》规定的"同一适宜生态区"，且被诉侵权品种在该地域真实销售，具有实际市场，则不宜简单推断行为人在涉案地区没有相应利益，更不应就此认定行为人的侵权行为没有给品种权人及其利害关系人造成经济损失，行为人仍应承担相应的赔偿损失的民事责任。

第二章　植物新品种的权属规则

　　植物新品种作为植物育种者的智力结晶，与发明创造、作品等成果一样，属于知识产权保护客体。建立的植物新品种知识产权保护制度，保护了植物育种者的合法权益，是促进植物新品种创造、发挥其作用和价值的重要法律制度。植物新品种研究，是一项体系庞大的工程，需要付出大量时间精力，其研究形式多样，包括独立研究、共同研究和委托研究等。植物新品种权的申请主体可以是自然人，也可以是法人或其他组织。实践中，是否参与植物新品种培育研究难以清楚认定，导致植物新品种权属纠纷频发。

第一节　职务育种植物新品种权归属

　　植物新品种育种大多由植物育种单位组织和安排，涉及职务育种和非职务育种法律关系，典型的如农业科学院所承担的植物育种项目中产生的植物新品种，但也不排除在有些情况下，个人基于非职务性质的育种活动产生植物新品种。职务育种与非职务育种在法律性质上类似于职务发明创造与非职务发明创造。基于此，《植物新品种保护条例》规定："执行本单位的任务或者主要是利用本单位的物质条件所完成的职务育种，植物新品种的申请权属于该单位；非职务育种，植物新品种的申请权属于完成育种的个人。申请被批准后，品种权属于申请人。"这与《专利法》中对职务发明的规定类似。

一、职务育种的认定

　　职务育种是指职工在执行本单位的任务过程中完成的育种，或者主要是利用本单位的物质条件完成的育种。

　　职务育种作为法律关系的客体，其构成要件是单位取得新品种必须具备的法律事实，其内容可以由法律规定，也可以由合同约定。在我国，法律法规、司法解释都对法律主体间因职务育种产生的权利义务关系作了规定，共同构成了职务育种制度的规范体系。[①]

1. 职务育种认定的法律基础

《民法典》第八百四十七条第二款规定："职务技术成果是执行法人或者非法人组织的工作任务，或者主要是利用法人或者非法人组织的物质技术条件所完成的技术成果。"

《最高人民法院关于审理技术合同纠纷案件适用法律若干问题的解释》第一条规定："技术成果，是指利用科学技术知识、信息和经验作出的涉及产品、工艺、材料及其改进等的技术方案，包括专利、专利申请、技术秘密、计算机软件、集成电路布图设计、植物新品种等。"

《植物新品种保护条例》第七条规定："执行本单位的任务或者主要是利用本单位的物质条件所完成的职务育种，植物新品种的申请权属于该单位；非职务育种，植物新品种的申请权属于完成育种的个人。"该条所称"本单位的物质条件"是指本单位的资金、仪器设备、试验场地以及单位所有的尚未允许公开的育种材料和技术资料等。

2. 职务育种的认定标准

《植物新品种保护条例》划分了职务育种与非职务育种植物新品种权属，对于解决实践中职务与非职务育种植物新品种权归属问题具有重要意义。为增强该条款的可操作性，国家农业部门和林业部门分别对该条文进行了细化。

(1) 农业职务育种的认定标准

《实施细则（农业部分）》规定，执行本单位任务所完成的职务育种是指符合下列情形之一：①在本职工作中完成的育种；②履行本单位交付的本职工作之外的任务所完成的育种；③退职、退休或者调动工作后，3年内完成的与其在原单位承担的工作或者原单位分配的任务有关的育种。

《实施细则（农业部分）》还区分了"完成新品种育种的人"与"完成新品种培育的人员"：完成新品种育种的人是指完成新品种育种的单位或者个人；完成新品种培育的人员是指对新品种培育作出创造性贡献的人。仅负责组织管理工作、为物质条件的利用提供方便或者从事其他辅助工作的人不能被视为培育人。

[①] 谢地：《试析我国职务发明构成要件的再修改思路》，载《电子知识产权》，2018年第2期。

（2）林草职务育种的认定标准

《实施细则（林业部分）》明确，职务育种是指：①在本职工作中完成的育种；②履行本单位分配的本职工作之外的任务所完成的育种；③离开原单位后3年内完成的与其在原单位承担的本职工作或者分配的任务有关的育种；④利用本单位的资金、仪器设备、试验场地、育种资源和其他繁殖材料及不对外公开的技术资料等所完成的育种。除前述情形之外的，为非职务育种。

（3）认定职务育种注意事项

《植物新品种保护条例》第七条中的"主要利用"是指职工在技术成果的研究开发过程中，全部或者大部分利用了法人或者非法人组织的资金、设备、器材或者原材料等物质条件，并且这些物质条件对形成该技术成果具有实质性的影响；还包括该技术成果实质性内容是在法人或者非法人组织尚未公开的技术成果、阶段性技术成果基础上完成的情形。但下列情况除外：①对利用法人或者非法人组织提供的物质技术条件，约定返还资金或者交纳使用费的；②在技术成果完成后利用法人或者非法人组织的物质技术条件对技术方案进行验证、测试的。"单位"不仅指与育种者存在劳动关系的企业，还包括育种者所在的临时单位。

二、职务育种植物新品种权归属

职务育种植物新品种权申请人不是该品种的培育人，而是其所在单位。因为单位在育种研究工作中为育种人员提供必要的仪器设备、经费、试验和工作条件，还根据需要提供学习、考察、进修和参加学术交流的机会，使育种人员有机会获得更新更多的知识，这些都是培育新品种的必要条件。《植物新品种保护条例》明确规定"申请被批准后，植物新品种权属于申请人"，如果申请人是单位，则品种权归单位所有。

■ 典型案例

孙某泉与湖南省新晃县某有限责任公司
植物新品种权权属纠纷案

【案情摘要】

涉案植物新品种名称为'龙脑樟L-1'，申请号为20080008号，品种权号为20090001，申请日期为2008年2月17日，申请人为湖南省新晃县某有限责任公司（下称"A公司"），培育人包括宁石林、何洪城、孙某泉、姚城伍、殷菲、刘清华，授权公告日为2009年12月31日，品种权期限为20年。

孙某泉，工作单位为新晃侗族自治县林业局森保站，职务为高级工程师，1995年退休；1997年7月18日至2006年3月26日，孙某泉系A公司法定代表人。林业局的职能范围包括：组织、指导全县森林资源（含经济林、薪炭林、热带林作物及其他特种用途林）的管理；组织全县森林资源调查、动态监测和统计，审核并监督森林资源的使用；组织、指导全县陆生野生动植物的保护和合理开发利用。

2015年，孙某泉向长沙市中级人民法院提起诉讼，请求法院确认证书号第256号植物新品种权证书所载新品种'龙脑樟L-1'的品种权人为孙某泉非而A公司，判令A公司赔偿孙某泉经济损失。理由是：1988年7月，孙某泉在湖南省新晃侗族自治县考察黄樟油树分布时，意外发现了龙脑樟母树，并开始利用业余时间对该树种进行持续的观察研究，尝试对该树种进行新品种培育、人工繁殖试验。1992年，终于成功地从该龙脑樟母树中选育了龙脑樟树新品种。2011年孙某泉发现A公司向国家林业局申请并取得了证书号为第256号的植物新品种权证书，载明新品种名称为'龙脑樟L-1'（下称"龙脑樟"），品种权人为A公司，品种权号为20090001，培育人是包括孙某泉在内的五名自然人。根据法律规定，孙某泉作为龙脑樟植物新品种的培育人、育种者，应该为该植物新品种权的唯一合法申请人及权利人。

A公司原审辩称，孙某泉诉称事实与客观事实不符，表现在：1988年，孙某泉作为新晃侗族自治县林业局（下称"新晃县林业局"）的职工，在执行新晃县林业局森林普查工作中发现龙脑樟母树，其发现龙脑樟及对龙脑樟相关技术研究的行为全部是职务行为。孙某泉不仅对于A公司申请植物新品种知情，而且还是其在担任A公司法定代表人期间向A公司提出对龙脑樟申请植物新品种权保护。有关龙脑樟植物新品种的有形和无形的权利全部属于A公司。孙某泉发现和参与龙脑樟相关工作的行为均为职务行为。综上所述，孙某泉诉称事实与客观事实不符，A公司申请植物新品种权保护的鉴定苗木培育时间在2006年—2007年12月，孙某泉没有参与该苗木的培育，孙某泉作为A公司筹备处负责人、A公司法定代表人，在职责权限之内，利用单位的资金、投入、租赁的土地等等参与龙脑樟前期培育工作，其对龙脑樟前期培育产生的权利，根据法律的规定归属于公司，且孙某泉已经得到了工资报酬、科技奖励、股权转让增值等多种回报。据此，请求法院依法驳回孙某泉的诉讼请求。

【裁判结果】

长沙市中级人民法院作出（2013）长中民五初字第 00969 号民事判决，驳回孙某泉诉讼请求。宣判后，孙秀泉不服，向湖南省高级人民法院提起上诉。湖南省高级人民法院于 2016 年 6 月 17 日作出（2016）湘民终 338 号民事判决，驳回上诉维持原判。

【案例指引】

（1）职务育种的认定标准是什么？

关于是否是职务育种，可以从以下几个方面考虑：行为是否有经营者的授权，是否是有雇用关系的工作人员所为；行为是否发生在工作时间、工作场所；行为是否以经营者的名义或身份实施；行为与职务是否有内在联系，如行为的内容是否是工作需要，是否符合雇主雇用的目的，行为是否具有为法人谋利的意思。本案中：①在政府有关部门对开发利用龙脑樟进行立项研究时，孙某泉系新晃县林业局工作人员，之后又分别作为 A 公司筹备处工作人员、原法定代表人、原股东参与对涉案龙脑樟的研究。②孙某泉对涉案龙脑樟所进行的有关研究都是在具体实施相关单位承担的研究项目时发生的行为。③对龙脑樟的开发利用研究，最初是由怀化市林业局和新晃县林业局进行立项；之后，成立了 A 公司筹备处，并以筹备处的名义承担天然龙脑开发工程项目，孙某泉系该项目负责人、主要技术人员；在正式成立 A 公司后，又以 A 公司名义承担了龙脑樟项目，孙某泉系项目负责人。④从立项到成立筹备处，再到设立 A 公司，这些举措之间关联递进，都是为了对涉案龙脑樟进行开发利用研究，具体包括对龙脑樟资源调查、选优、营建优良采穗圃、快繁技术研究、天然右旋龙脑的提取等等，孙某泉所进行的有关研究包含其中。因此，孙某泉以相关单位工作人员的身份参与实施单位指派的任务，该行为系职务行为。

（2）对于发现的野生植物，如何认定是否完成植物新品种育种？

根据《植物新品种保护条例》第十五条、第十六条和第十七条的规定，授予品种权的植物新品种应当具备特异性、一致性和稳定性。这就要求对发现的野生植物，只有通过一定时期的培育、观察、分析，才能确定其是否具备特异性、一致性和稳定性，是否符合授权条件。因此，仅仅只是对野生植物新品种的发现，或者单株育种成功，抑或者一定数量育种成功，但尚未达到上述"三性"，均不能认定为完成了对植物新品种的育种。由 A 公司提供的证据可知，其不仅是龙脑樟母树的发现者，并在新晃侗族自治县对该品种进行了观测、比较、鉴定、优良单株的选育、不同繁殖技术的研究和气相色谱分析等，最终研制出了龙脑樟扦插育苗综合配套技术，确认了该品种的名称、所属的属或种，确定了该品种所具备的特异性、一致性和稳定性，并在申请文件中对该品种的植株、枝叶、花进行了详细描述。因此，涉案'龙脑樟 L-1'的育种系由 A 公司完成的。

第二节　非职务育种植物新品种权归属

随着经济发展、科技进步以及国家对种业重视，越来越多的个人和企业参与植物新品种开发培育。其中，不乏一些爱好者自行组织相关植物新品种培育，这类品种培育属于非职务育种。有的企业由于没有自己的研发团队，只能委托其他团队代为进行植物新品种培育，并签订技术合同对植物新品种权属进行约定，该情形下的育种也是非职务育种。

一、非职务育种品种申请权的处理原则

委托育种或者合作育种，植物新品种权属由当事人在合同中约定；没有约定或者约定不明的，植物新品种权属于受委托完成或者共同完成育种的单位或个人。由多个主体共同完成的育种，品种申请权由共同育种人共同所有，一方不得未经另一方允许单独提出品种权申请。

二、同一植物新品种的植物新品种权归属

对同一植物新品种的植物新品种权归属的处理方法，主要有两种：

一是采用先申请原则，对同一个植物新品种，不管是谁最先完成，只要申请符合《植物新品种保护条例》所规定的植物新品种权授予条件，则植物新品种权授予最先申请者，即受理的植物新品种权申请日在先的人，后一申请人不能获得植物新品种权。

二是采用先完成原则，即以完成育种的时间先后为标准，对最先完成育种的申请人授予植物新品种权。

三、涉外植物新品种权归属

对于外国人、外国企业或者外国其他组织在中国的品种权保护，根据《植物新品种保护条例》及《实施细则》相关规定，应视不同情况区别对待：

一是，在我国有经常居所的外国人、外国企业或者外国其他组织，按照国民待遇原则，其与中国的单位和个人一样受《植物新品种保护条例》保护，可以自己申请或者委托代理人申请植物新品种权。

二是，在我国没有经常居所或者营业所的外国人、外国企业或外国其他组织，要在中国申请植物新品种权，其所属国同我国应签订过有关互相保护植物新品种权的双边协议；或者其所属国同我国共同参加了有关保护植物新品种权的国际条约，根据公约规定，其他成员的个人、企业或其他组织可以在我国依法获得植物新品种权，同时我国个人、企业或其他组织也可以在其他成员依法获得植物新品种权。如果外国人、外国企业或外国其他组织所属国没有与我国签订协议，也没有共同参加的国际条约，但允许我国的个人、企业或其他组织到该国申请并获得品种权，按照互惠原则，我国同样允许该国的个人、企业或其他组织到我国依法申请并获得植物新品种权。

▇ 典型案例

济南某种业有限公司、
许某凤植物新品种申请权权属纠纷案

【案情摘要】

2012 年 11 月 18 日，许某凤与济南某种业有限公司（下称"A 公司"）签订参试协议，约定：2011、2012 两年许某凤提供给 A 公司的 20 个测试品种中，品种'CF3240'综合抗性及产量两年都表现突出，经双方充分协商，达成如下协议：①许某凤自育品种'CF3240'允许 A 公司在山东省参加区试，参加区试时使用'YF3240'作为品种名称；②该品种在山东省预试中若农艺性状及产量表现突出，A 公司可拿该品种参加国家黄淮海区试或其他地区国家区试；③A公司积极在山东省乃至全国布点、示范，将该品种在审定后早日投放市场；④在该品种参加区域试验期间，A公司每年向许某凤提供经费15万元至20万元；⑤为防止品种权纠纷，许某凤就该品种不得与第三方合作。如有其他未尽事宜，双方可以另签补充协议，如有相抵触的条文，以新签协议为准。

2013年1月30日，许某凤与A公司签订联合育种协议，约定：①许某凤通过常规杂交育种，选育出产量高、农业性状好、抗逆性强的组合，交给A公司在山东省参加省区试或国家区试。许某凤每年需提供给A公司2～3个最好组合。②A公司将新组合引进后，积极参加省区试或国家区试。在参加区试期间的一切费用A公司自行处理。③A公司聘许某凤为常年育种顾问，A公司每年给许某凤提供16万元育种经费。④许某凤的品种通过山东审定后，A公司付给许某凤50万元；通过国家审定后，A公司付给许某凤80万元。⑤双方合作期间，许某凤不能就同一品种与其他单位合作，以防发生品种权纠纷。⑥品种审定后，品种权归A公司所有。⑦参试品种通过预试后进入区试，许某凤应提供给A公司少量的自交种供A公司测试制种错期时间，以备繁殖杂交种。⑧本协议签订期限为五年（2013年1月—2017年12月31日）。

2017年5月16日，山东省农作物品种审定委员会向申请者A公司的法定代表人张立顺颁发主要农作物品种审定证书，品种名称为'YF3240'，品种来源为母本'XA1237'和父本'X15673'，育种者为许某凤。2018年9月17日，农业农村部国家农作物品种审定委员会向申请者A公司的法定代表人张立顺颁发主要农作物品种审定证书，品种名称为'YF3240'，品种来源为'XA1237'和'X15673'，育种者为许某凤。双方均确认'YF3240'与'CF3240''济玉3240'系同一品种，其品种来源即为本案涉案品种'XA1237'和'X15673'。

A公司于2016年5月22日、同年6月17日分别就名称为'XA1237'和'X15673'的玉米品种提出植物新品种权申请，培育人为许某凤。2019年4月25日，农业农村部植物新品种保护办公室基于许某凤的异议，中止了上述授权程序。

2020年1月3日许某凤向济南市中级人民法院起诉，请求判令：①A公司停止侵害许某凤植物新品种申请权的行为；②名称分别为'XA1237'和

'X15673'的玉米新品种申请权归许某凤所有；③A公司承担许某凤的维权合理支出5万元。

A公司辩称：①许某凤和A公司之间形成了育成品种转让合同关系。②A公司签订合同的目的是获得育成品种的所有权。'YF3240'是由'XA1237'作为母本和'X15673'作为父本配置而成的杂交种，没有该母本、父本就不能完成杂交种的配置，无法实现"品种审定后，品种权归乙方所有"的合同目的。协议约定的"品种审定后，品种权归乙方所有"的品种，都只能是指'XA1237'和'X15673'及其配置得到的杂交种'YF3240'三个品种。③为获得品种所有权，A公司已向许某凤支付了146万元。④A公司就转让所得品种申请品种权保护，是对自有品种所有权的处分，未侵害他人权益。

【裁判结果】

山东省济南市中级人民法院于2020年6月12日作出（2020）鲁01民初69号民事判决：两涉案品种的植物新品种申请权属于许某凤；A公司向许某凤支付维权合理支出5万元。宣判后，A公司不服，向最高人民法院提起上诉。最高人民法院于2022年4月29日作出（2020）最高法知民终1267号民事判决，维持（2020）鲁01民初69号民事判决第一项，撤销第二项。

【案例指引】

（1）杂交种的品种权与其亲本的品种权是否应归同一主体所有？

从技术角度而言，生产杂交种繁殖材料时确需用到两涉案品种。但植物新品种申请权的归属属于法律问题，需要在相关事实的基础上，根据法律法规的相关规定来作出认定。现行法律法规并未规定杂交种的品种权与其亲本的品种权必须归属于同一主体，也无相关行业惯例。杂交种及其亲本的品种权归属同一主体虽然有利于杂交种的推广应用，但品种权归属属于法律问题，还需结合具体事实、根据法律规定作出认定。在杂交种与其亲本的品种权分属不同主体的情况下，双方交叉许可也能实现杂交种的实施和继续使用亲本进行育种。

（2）权属案件中维权合理开支的诉讼请求法院是否支持？

现行法律和司法解释中，并无关于权属纠纷案件胜诉方所支出的合理费用应由败诉方承担的规定。虽然《最高人民法院关于审理侵害植物新品种权纠纷案件具体应用法律问题的若干规定》第六条第三款规定，人民法院在确定赔偿数额时，综合考虑的因素包括权利人调查、制止侵权所支付的合理费用。但这一规定的适用范围限于侵害植物新品种权纠纷，并不当然及于与植物新品种相关的权属纠纷。

第三章 植物新品种权的申请与授权

申请植物新品种权是对植物新品种进行法律保护的重要路径。植物新品种权的内容和归属、授予条件、申请和受理、审查与批准，以及期限、终止和无效等依照《种子法》《植物新品种保护条例》及有关行政法规规定执行。一个品种，并非申请人提出申请就可以被授予植物新品种权，还应当满足相应的条件。

第一节　植物新品种权授予条件

《种子法》与《植物新品种保护条例》均明确，植物新品种是指经过人工培育的或者对发现的野生植物加以开发，具备新颖性、特异性、一致性和稳定性并有适当命名的植物品种。对符合国家规定的植物新品种，由国务院农业、林业主管部门授予植物新品种权，保护品种权人的合法权益。据此，植物新品种权授予条件应当包括以下几个方面。

一、该品种已经纳入国家植物品种保护名录[①]

申请品种权的植物新品种被纳入国家植物品种保护名录是植物新品种保护的前提条件。如果一个品种尚未被列入国家植物品种保护名录中，不属于可以申请植物新品种保护的品种，就无法被授予植物新品种权。《植物新品种保护条例》规定，申请品种权的植物新品种应当属于国家植物品种保护名录中列举的植物的属或者种。植物品种保护名录由审批机关（国家林草局、农业农村部）分批确定和发布，根据需要不断完善。截至 2024 年 1 月 31 日，农业农村

---

① 附录一：植物新品种保护名录。

部公布 11 批共计 191 个农业植物属或者种，国家林业局公布 9 批共计 313 个林业植物属或者种。

二、该品种具备新颖性

《植物新品种保护条例》明确，授予品种权的植物新品种应当具备新颖性。新颖性是指申请植物新品种权的品种在申请日前，经申请权人自行或者同意销售、推广其种子，在中国境内未超过一年；在境外，木本或者藤本植物未超过六年，其他植物未超过四年。《种子法》施行后，新列入国家植物品种保护名录的植物的属或者种，从名录公布之日起一年内提出植物新品种权申请的，在境内销售、推广该品种种子未超过四年的，具备新颖性。例如"量天尺属"是 2019 年 4 月 1 日起施行的《中华人民共和国农业植物新品种保护名录（第十一批）》中的一个植物的属，申请人如果在 2019 年 4 月 1 日至 2020 年 4 月 1 日期间任何一天，假定在 2019 年 8 月 6 日向农业植物新品种保护办公室申请授予"量天尺属"植物新品种权，只要该品种经育种者许可在 2015 年 8 月 6 日前未被销售过，就符合新颖性宽限的规定，认为该品种具备新颖性。

品种丧失新颖性的情形主要包括：

第一，销售推广。销售包括买卖、易货、入股、签订生产协议以及通过其他形式将申请品种的繁殖材料转移给他人等形式。需要明确的是这里的"销售"必须是经育种人的许可，或育种者自己销售，或授权他人销售，或内部机构销售，或参股加入企业销售，或其他方式的销售，总之必须得到育种者的许可。当销售行为发生后，申请品种丧失新颖性分三种情况：①在国内销售繁殖材料超过 1 年；②在境外销售藤本植物、林木、果树和观赏树木品种超过 6 年，其他品种超过 4 年；③新列入的植物属或者种，从名录公布之日起 1 年内提出申请，繁殖材料在境内销售超过 4 年。

第二，事实扩散。事实扩散导致丧失新颖性，主要包括两种情形：①品种经省、自治区、直辖市人民政府农业、林业主管部门依据播种面积确认已经形成事实扩散的；②农作物品种已审定或者登记两年以上未申请植物新品种权的。

三、该品种具备特异性、一致性和稳定性

《植物新品种保护条例》明确规定，授予品种权的植物新品种应当具备特异性、一致性、稳定性。

特异性是指一个植物品种有一个以上性状明显区别于已知品种（包括已受

理申请或者已通过品种审定、品种登记、新品种保护，或者已经销售、推广的植物品种）。判定基础是性状，对比对象为已知品种，判定依据为该品种对应的《植物品种特异性、一致性和稳定性测试指南》，对比结果是具备明显差异。

一致性是指一个植物品种的特性除可预期的自然变异外，群体内个体间相关的特征或者特性表现一致。不同繁殖方式一致性判定不一样，一般采用异型株和标准差法判定一致性。

稳定性是指一个植物品种经过反复繁殖或者在特定繁殖周期结束时，其主要性状保持不变。对大多数类型的品种来说，如果一个品种足够一致，则可认为该品种也具备稳定性，因此实践中一般不对稳定性进行具体的测试。

四、该品种具有适当的命名

名称是一个品种区别于其他品种的显著标识。品种名称也是种子标签必备要素。《种子法》和《植物新品种保护条例》对适当的命名做了相同的规定，授予植物新品种权的植物新品种名称，应当与相同或者相近的植物属或者种中已知品种的名称相区别。且明确了不得用于授权品种命名的情形：仅以数字表示的；违反社会公德的；对植物新品种的特征、特性或者育种者身份等容易引起误解的。该名称经授权即为该植物新品种的通用名称。

品种名称应当满足三个基本要素：①合法性。品种名称不得违反法律法规、社会公德，不得夸大宣传、不得误导宣传、与商标相同或近似（同一除外）等情况。②唯一性。一个植物新品种只能有一个名称。③可识别性。命名不能仅以数字表示。

有下列情形之一的，不得用于新品种命名：①仅以数字或者英文字母组成的；②仅以一个汉字组成的；③含有国家名称的全称、简称或者缩写的，但存在其他含义且不易误导公众的除外；④含有县级以上行政区划的地名或者公众知晓的其他国内外地名的，但地名简称、地名具有其他含义的除外；⑤与政府间国际组织或者其他国际国内知名组织名称相同或者近似的，但经该组织同意或者不易误导公众的除外；⑥容易对植物品种的特征、特性或者育种者身份等引起误解的，但惯用的杂交水稻品种命名除外；⑦夸大宣传的；⑧与他人驰名商标、同类注册商标的名称相同或者近似，未经商标权人书面同意的；⑨含有杂交、回交、突变、芽变、花培等植物遗传育种术语的；⑩含有植物分类学种属名称的，但简称的除外；⑪违反国家法律法规、社会公德或者带有歧视性的；⑫不适宜作为品种名称的或者容易引起误解的其他情形。

为了确保品种名称唯一性，规范植物新品种保护、品种审定和品种登记工作中申请品种的命名及品种来源亲本组合的表述方式，农业农村部种业管理司对农作物品种命名及来源亲本组合表述也提出了明确要求，即在申请植物新品种权保护、国家级和省级品种审定、品种登记时，品种亲本组合名称应保持一致，并按照以下要求进行规范表述。

①母本在前，父本在后。例如杂交种母本为'Km8'，父本为'Km19'，则可表示为'Km8'×'Km19'。

②杂交种用"×"表示。例如单交种：a×b；双交种：（a×b）×（c×d）；三交种：（a×b）×c或a×（b×c）。

③常规种、无性繁殖、自交系、恢复系、三系不育系等用"/""//"表示。例如a/b、a/b//c。

④回交n代用"×n"表示。例如a/b//b×n、'关东94'/'宁恢8号'//'宁恢8号'×3。

⑤野生选育、诱导变异等用文字表示。例如a化学诱变、a物理诱变、a太空辐射、aDH诱导。

⑥群体和开放授粉品种。例如a群体选择、以a为母本开放授粉。

⑦转基因、基因编辑、嫁接、染色体杂交。例如a（转化体）、a（基因编辑生物名称）、a＋b嫁接、a＋b染色体杂交。（a、b、c、d代表品种名称。）

此外，同一植物品种在申请新品种保护、品种审定、品种登记、推广、销售时只能使用同一个名称。生产推广、销售的种子应当与申请植物新品种保护、品种审定、品种登记、农业转基因生物安全评价时提供的样品相符。

典型案例

大连某种业有限公司与农业农村部植物新品种复审委员会、衣某龙植物新品种权无效行政纠纷案①

【案情摘要】

玉米品种'强硕68'，品种权申请日为2009年12月9日，授权日为2014年3月1日，品种权号为CNA20090802.7，品种权人为衣某龙。2019年

---

① 最高人民法院：（2022）最高法知行终809号民事判决书。

1月24日，大连某种业有限公司（下称"A公司"）向农业农村部植物新品种复审委员会（下称"复审委"）请求宣告'强硕68'品种权无效。其理由是：2008年6月24日张掖市某种业有限公司（下称"B公司"）在原种子生产许可证上增加了'强68'的品种名称，且甘肃省种子管理局要求增加种子生产许可需以双方签订生产协议为条件；2015年10月20日B公司向辽宁省沈阳市中级人民法院出具的《证明函》中记载，衣某龙委托B公司为其培育'强硕68'玉米种子，并以每千克6.3元的价格向其销售，这些事实表明了'强硕68'存在《实施细则（农业部分）》第十五条第一款第四项所规定的"以申请品种的繁殖材料签订生产协议"情形，故不具备新颖性。2019年3月27日，衣某龙提交了说明及相关证据，认为2008年2月21日'强硕68'通过品种审定后，安排B公司进行小面积试制种，未签订种子生产协议，2009年开始大面积制种，2009年12月9日申请品种权保护时没有丧失新颖性。小面积试制种一般不需要办理种子生产许可证，但B公司为承揽2009年制种业务，提前对有效期内的种子生产许可证进行变更。复审委审理认为A公司提交的证据不足以证明衣某龙存在销售'强硕68'或签署相关生产协议的行为，向甘肃省种子管理局核实'强硕68'生产许可档案和实际生产情况后，驳回A公司的无效宣告请求。

A公司不服，2021年2月20日向北京知识产权法院提起诉讼，认为2008年6月24日B公司变更种子生产许可证时即存在签订生产协议的事实并实施了生产行为，《证明函》中记载以每千克6.3元的价格交付，意味着涉及销售行为，'强硕68'应丧失"新颖性"。

【裁判结果】

北京知识产权法院于2022年8月17日作出（2021）京73行初3144号行政判决，判决驳回A公司的诉讼请求。宣判后，A公司不服，向最高人民法院提起上诉。最高人民法院于2023年3月21日作出（2022）最高法知行终809号行政判决，驳回上诉维持原判。

【案例指引】

（1）申请品种是否具备新颖性的判断标准是什么？

判断申请植物新品种权的品种是否具备新颖性，应当重点审查该植物品种的繁殖材料在申请日前是否由育种者本人或者经育种者许可在中国境内销售超过 1 年，在中国境外，藤本和木本植物销售超过 6 年，其他植物销售超过 4 年。据此，本案的核心在于判断衣某龙是否在申请'强硕 68'植物新品种权的 2009 年 12 月 9 日前一年，即 2008 年 12 月 9 日之前，在中国境内销售了'强硕 68'种子。

（2）委托制种回购是否属于品种丧失新颖性的销售行为？

销售行为是否存在是判断申请品种是否具备新颖性的重要事实。根据《植物新品种保护条例》第十四条的规定，导致申请植物新品种权保护的品种丧失新颖性的销售是指，行为人为交易目的将品种繁殖材料交由他人处置，放弃自身对该繁殖材料的处置权的行为。育种者为委托他人制种而交付申请品种繁殖材料，同时约定制成的品种繁殖材料返归育种者，因育种者实质上保留了对该品种繁殖材料的处置权，除非法律另有规定，不会导致申请品种丧失新颖性。对于委托制种回购的事实，受托人虽然在一定时期内持有、使用了品种繁殖材料，但其无权对繁殖材料进行处置，做出不符合委托生产合同约定的其他行为。委托人并没有放弃对申请品种繁殖材料的处置权，因此，委托制种并回购的行为不属于销售品种繁殖材料的行为。

第二节　植物新品种权的申请

申请人申请植物新品种权的动因多种多样，包括获得荣誉（名誉）、彰显工作成果、获得经济利益、更好地保护种质资源等。但根本目的是通过申请植物新品种权对植物新品种进行独占许可的保护，通过法律保护使自己获得更大的经济利益、同时以法律手段来保护植物种质资源。为了高效快捷地获得植物新品种权，申请人在申请前应当先熟悉植物新品种申请授权的流程。申请人可以通过阅读相关专业书籍、查询国家林草局科技发展中心和农业农村部科技发展中心网站了解相关要求，并按要求准备申请材料，或委托专业的代理机构代为申请。

一、植物品种权申请前要考虑的问题

一个新品种确定申请植物新品种保护前需要考虑多种因素，如拟申请品种是否具有潜在的市场价值及市场需求量、拟申请品种生产的难易程度等。确定该品种需要申请品种权后需要考虑的问题归纳起来主要有五个方面。

1. 申请主体的选择

育种人完成育种后、未申请植物新品种保护前，可以将植物新品种申请权转让，也可以自行申请品种权。这需要育种人对申请主体进行考量。育种人对外转让申请权的，应当与受让人订立书面合同，并在审批机关登记，由审批机关予以公告。国内主体就其在国内培育的植物新品种向外国人转让申请权，应当经审批机关批准。

2. 申请时间的抉择

申请品种保护时间的选择尤为重要。首先，植物新品种权的申请与该品种的新颖性有很大的关系，申请品种如果已经审定或登记，不能超过审定或登记证书上发证日期两年，推后一天申请可能就会因为销售超期而失去新颖性。同一品种的申请可能因为已经被他人申请而不满足特异性的要求。其次，申请植物新品种权需要经过初步审查和实质审查，初步审查期限为 6 个月，初步审查合格后，申请人需要提交种子，提交种子后一般还需要两个生长周期的测试，如果赶不上该年的测试安排，可能就要等到下一年，这样就耽搁一年。最后，如果申请人是已经向 UPOV 成员提出申请的育种者，可以在其他成员申请品种权时，享有 12 个月的优先权。比如，A 品种在 UPOV 成员申请日为 2015 年 5 月 2 日，那么在 2016 年 5 月 2 日前在其他成员申请，则成员按照 2015 年 5 月 2 日为正式提出申请之日。

3. 申请方式的选择

对于我国主体而言，申请人可以自己申请，也可以委托代理机构向审批机关提出申请。专业的代理机构对申请程序较为熟悉，在申请材料准备方面也更加专业，选择专业代理机构代为申请品种权不仅省时省心，还可以使申请人从烦琐的申请程序中解放出来，安心研发新的品种。同时，专业的代理机构也可以为后续的植物新品种权管理和维权提供专业咨询服务。申请人自己申请的优势在于其对该品种的情况熟悉，在申请过程中，品种保护办公室下发各种文件较为通畅；劣势也较为明显，大多数申请人对申请流程不熟悉，可能会反复提交材料或递交材料不及时等造成时间上的延误。

对于国外的申请主体而言，在我国有经常居所或营业场所的外国人、外国企业或者外国其他组织（可以合称"外国主体"），按照国民待遇原则，其与国内主体一样受到《植物新品种保护条例》的保护，有权直接向我国审批机关提出品种权申请并获得品种权。不满足前述条件的外国主体应当委托植物新品种保护办公室指定的代理机构办理申请，并提供代理委托书，明确委托办理事项与权责。要求优先权的，还需提供相关的证明材料。需要注意的是，外国主体向国家林草局提出申请和办理其他品种权事务的，无论其在中国有没有经常居所，都应当委托代理机构办理。

4. 繁殖材料的准备

申请人在收到品种保护部门的受理通知书后，要按照相关要求提交繁殖材料。以申请农业植物新品种权为例，如果繁殖材料为籽粒或果实的，送交给植物新品种保护办公室植物新品种保藏中心；如果是无性繁殖材料，需要送交至植物新品种保护办公室指定的地点，或者接受对申请品种进行现场考察。申请人送交的繁殖材料如存在以下情形将面临被拒收的风险：①有包衣、拌药的情况；②特别是蔬菜种子类的，有多袋包装的会被视为不是同一批次的；③没有标签或受理通知书的；④多个标签名字不一致；⑤塑料袋破裂混杂；⑥种子净度未达标的；⑦重量多余的；⑧塑料袋破裂混杂。

5. 近似品种的选择

在申请材料中，需要提供申请品种与近似品种的特异性对比照片，这需要申请人根据申请品种的育种过程、育种亲缘关系等提供最为近似的品种。近似品种的选择直接影响植物新品种权申请的结果。近似品种选择得当，申请品种与近似品种对比有特异性，可能获得授权；近似品种不得当，审批机关会要求更换近似品种，从而导致申请的时间成本增加。

二、申请植物新品种权时的误区

育种单位和个人在申请植物新品种权时常存在一些认识误区，归纳起来主要有以下几种情形：

1. 误以为法律只保护杂交种和常规种，不保护亲本及中间材料

在我国现行法律框架下，只要符合申请品种的要求，即具备新颖性、特异性、一致性、稳定性并有适当命名的植物品种或者繁殖材料，申请人均可以向审批机关提出品种权申请。这对杂交种、不育系、保持系、恢复系、自交系及中间材料同样适用。例如，李某育成的三系不育系 A 是授权品种，王某未经李某的许可使用 A 品种和自己公司选育的恢复系 B 品种组配选育成 C 品种，并在市场上大量销售 C 品种，在此，王某生产 C 品种时都需要重复使用授权品种 A，所以王某的行为属于侵权。所以在申请品种权中，对于好的杂交组合，不仅要注意保护杂交种也要注意保护亲本。此外，《最高人民法院关于审理侵犯商业秘密民事案件适用法律若干问题的规定》已经将植物新品种的繁殖

材料（包括植物新品种原始材料、中间材料、自交系与亲本以及涉及植物新品种所有权人前述材料的文字记录、摄影录像资料等）作为商业秘密予以保护。

2. 误以为不具备市场经济价值的品种不需要申请新品种保护

我国法律并未明确禁止不具备经济价值的品种申请品种权。不管该品种是否具备经济价值，只要符合《种子法》《植物新品种保护条例》规定的授权条件，均可以申请品种权保护。是否具备经济价值只是申请人在申请时考量的一个因素，而非审核机构的衡量要素。有的品种可能只有在推广和应用以后，才会显示其巨大的经济价值。不具备经济价值的植物品种也是我国应予保护的重要种质资源。

3. 误以为同系列品种差异不大不需要都进行品种权申请

例如某育种人选育了两种类型的水稻品种，但除了一个是有芒的一个是无芒的外，其他特征特性都相同，由于两个品种具备一个性状差异，在符合植物新品种其他授权条件下，两个品种均能获得植物新品种授权，但若只选择其中一个品种进行植物新品种保护，另一个品种未获得保护。

4. 误以为品种审定同于新品种保护

品种审定和品种保护是品种管理制度中两个不同制度。品种审定的本质特征是为了保障农民利益，对申请品种审定人生产程序化限制的管理，是市场准入的范畴，主要强调该品种的推广价值；品种审定证书是一种推广许可证书，授予的是某品种可以进入市场（推广应用）的准入证，是一种行政管理措施。而植物新品种保护的本质特征是针对申请人知识产权、财产权的保护。品种保护证书授予的是一种法律保护的智力成果的权利证书，是授予育种者的一种财产独占权。只有获得了品种权才能保证申请人获得独占权。

三、农业植物新品种权申请与授权流程

我国农业植物新品种保护申请程序主要包括以下四个流程：①提出申请。即申请人通过农业农村部政务服务平台注册并提交农业植物新品种权的申请。②初步审查。审批机关在6个月内对申请品种的申请人性质、品种名称、品种种属以及新颖性进行初步审查。③实质审查。初步审查合格后，进行实质审查，也叫植物新品种DUS测试，DUS审查方式包括官方测试、委托测试、现场考察、书面审查以及购买境外测试报告。中国DUS测试按照UPOV的规范开展。④授权或驳回。经审查，一个申请品种具备新颖性、特异性、一致性、稳定性以及适当名称，审批机关会作出授予品种权的决定，并登记和公告，颁

发品种权证书。不符合授权条件，将驳回该品种权的申请。以下将详细展开介绍具体操作流程。

在现行法律规范下，申请人应当向农业植物新品种保护办公室提交请求书、说明书和品种照片等书面资料各一式两份，同时提交相应的请求书和说明书的电子文档。请求书、说明书按照农业植物新品种保护办公室规定的统一格式填写。申请人要求优先权的，应在申请时提供书面说明。现将申请与授权流程介绍如下：

1. 网上注册申请账号

农业品种权申请系统已经于 2020 年 6 月 16 日变更登录入口。具体操作流程如下：

①农业农村部政务服务平台为农业品种权申请登录入口。

②已在原农业品种权申请系统注册的用户，直接登录上述平台办理品种权相关事项；登录失败的，在原账户名后加"-pvp"后登录。例如，原账户名是"zhangsan"，需要以"zhangsan-pvp"登录。

③登录后，选择"政务服务"，选择"植物新品种类"，在右侧出现用户登录，分为：个人登录、法人登录和工作人员登录。

④用户认证：个人用户注册需要个人身份认证；法人用户注册需要法定代表人身份认证，并创建经办人账号，需上传法定代表人身份证信息（正反面）。管理员信息：该单位的管理员，负责为本单位的其他申请部门，分配账号，提交后等待品种保护办公室审查员审查，审核通过后登录系统，作添加申请人员账号功能。单位及管理员页面有保护安全设置，基本信息管理及员工信息管理；负责创建分配代理人信息账号，并且负责对用户的启用停用，注销管理，点击"创建"按钮，填写用户信息，账号建成功后，申请人就可登录使用系统。已有农业品种权申请系统账户的用户可登录，但须激活；法人账号的主账户首次激活可以办理品种权申请业务和创建、管理经办人账户，经办人账户可以办理品种权申请业务。使用"农业品种权申请系统"中主账户进行登录激活，再使用子账户进行登录激活。

⑤按照上述流程注册成功后，输入账号及密码进入品种权申请系统。

2. 申请文件内容的填写

（1）填写申请基础信息

①打开新增申请，申请品种的暂定名称要符合《植物新品种保护条例》《实施细则（农业部分）》《农业植物品种命名规定》等要求。

需要注意以下问题：

a. 已通过品种审定的植物新品种，或获得《农业转基因生物安全证书（生产应用）》的转基因植物品种，如品种名称符合《农业植物新品种命名规定》，申请品种名称应当与品种审定、品种登记或农业转基因生物安全审批中的品种名称一致。

b. 品种名称不得超过 15 个字符，一个字母为一个字符，一个汉字为两个字符；品种名称不得含有特殊字符，目前使用最多的特殊符号是"-"（田间株系编号带"-"）和♂、♀，例如 A1-B、黑 A♂。

c. 品种名称应当使用规范的汉字、英文字母、阿拉伯数字或其组合，例如'郑单 958'；品种暂定名称译成英文时应当逐字音译，每个汉字音译的第一个字母大写，例如'Zheng Dan 958'；非汉字的不翻译，例如'DH01''A321'；品种的外文名称译成中文时，应当优先采用音译；音译名称与已知品种重复的，采用意译；意译仍有重复的，应当另行命名。

②申请品种名称的填写应当与国家植物新品种保护名录列举的属或种的名称一致，否则将不会被受理。

③选择合适的品种类型和繁殖材料类型。

(2) 农业植物品种权申请请求书

①培育人应当是对该品种的培育作出创造性贡献的自然人，只负责组织管理工作、为物质条件提供方便或者从事其他辅助工作的人不能被视为培育人；申请文件一经提交，原则上不得修改培育人；外国培育人姓名中可以使用外文缩写字母，名在前，姓在后，姓和名之间用中圆点分开，例如 M·琼斯；若培育人已死亡，给其姓名加框表示。

②申请人可以是自然人或法人。申请人是自然人的，请求书中应当写明其真实姓名，并推定该育种为非职务育种，不得使用笔名或者假名，其姓名中不应含有学位、职务等称号；申请人是法人的，请求书中填写的单位全称应当与单位公章中的名称一致，并推定该育种为职务育种，不得使用简称。单位必须具有法人资格，单位名称不能是其下属单位名称。职务育种者一般不能与单位作为共同申请人，如果另有约定，则可共同申请，并在申请的同时向植物新品种保护办公室提交约定的文件。

如果是第一次申请植物新品种保护且以后需要多次用到该申请人的信息，可以在申请人信息管理的一栏添加该申请人的信息并保存，以便后续操作。申请人信息中的联系人建议预留经办人员的联系方式，而非公司或单位负责人的，以便可以及时沟通相关问题。

③请求书中的详细地址是申请品种的培育地址；确认是否属于转基因品种、是否已向指定机构提供繁殖材料、是否有 DUS 测试报告，若是，则需要上传相应的资料。

④请求书中收件人信息保存在左侧菜单"基础数据管理＋收件人信息"中。

(3) 农业植物品种权申请说明书

①育种背景、选育过程和育种方法，包括系谱、培育过程和所使用的亲本或其他繁殖材料来源与名称的详细说明，越详细越好。该部分内容对审批机关筛选近似品种、安排 DUS 测试有重要影响，如果该部分内容不真实，植物新品种权申请将会被驳回。育种背景说明示例：在生产上大面积应用的三系杂交稻亲本 XXXX 不育系具有生育期长、异交习性好、易于夺取制种高产、种子生产成本低等优势，一直受到种子企业和农民的喜爱。但 XXXX 的育性不太稳定，若遇异常天气，具有微效恢复可育的特性，导致部分自交结实，降低杂交种纯度。为此，我们选择以 XXXX 为转育目标性状的杂交稻亲本，采用回交法，将 AA 性状标记导入到保持系 YYYY 上，再用 AA 性状标记的近等基因系或同型系与 XXXX 不育系杂交，回交保持一次，即可获得带有 AA 性状的不育材料。从 1997 年开始，用 YYYY 与带 AA 性状的中间材料杂交，通过自交、回交，于 2004 年冬季得到农艺性状稳定、综合性状优良的 AA 不育系和 AA 保持系，2005 年 9 月通过 B 省科技厅和 B 省农作物品种审定委员会组织的技术鉴定。

②与近似品种的性状对比。该部分内容可以依据血缘法进行描述，如姊妹系、父本、母本。近似品种应该选择没有血缘关系，与已知品种的育种目标、品种类型、熟期、农艺性状相近的。

③品种新颖性说明。该部分要求说明申请植物新品种权的品种在申请日前，经申请权人自行或者同意销售、推广其种子，在中国境内未超过一年；在境外，木本或者藤本植物未超过六年，其他植物未超过四年。

若已销售，应根据实际情况填写内容；已登记或已审定的品种应上传相关的证书扫描件。

④申请品种特异性、一致性和稳定性的详细说明：特异性说明是对申请品种某一个性状的表达状态和近似品种的表达状态的区别进行描述；判断一致性要在一定的时间内（一般情况下为两年）观察一定的群体数量是否发现异型株

进行判定；判断稳定性需要在一定的时间内（一般情况下为两年）观察一定的群体数量是否稳定遗传。

（4）系谱图

根据品种的选育过程，画出申请品种的系谱图，并按照要求的格式上传该品种的系谱图。

（5）技术问卷

申请品种在测试种植是否需要特殊条件、品种的繁殖材料保存是否需要特殊条件，若需要，应详细描述。

（6）照片及简要说明

点击右上角"新增"；上传有利于说明申请品种特异性的内容，原则上应当在同一张照片上体现申请品种与近似品种特异性的对比；申请品种与近似品种的性状对比必须明显，并有文字说明且图文对应；照片下应注明品种名称，应与申请品种一致，未标明品种名称的应当在文字描述中说明。

（7）其他附件

上传其他相关附件，点击"上传文件"按钮，上传文件，点击保存。

完成目录下的所有内容后，点击提交按钮，提交到农业植物新品种保护办公室等待处理；如审核不通过，农业植物新品种保护办公室会明确不通过的原因，申请人应根据提示补正并重新提交。审核通过的，申请人或代理人从系统中下载后打印提交，可以当面递交或以邮寄方式提交申请文件和中间文件。承诺书应由申请人签字或盖章，无须培育人签字；若为代理机构办理，只需要代理机构盖章即可。照片及其简要说明应使用彩色打印或冲洗粘贴。所有文件一式两份，单面打印，无须装订。

3. 实质审查

初审公告后，审批机关对申请品种的特异性、一致性和稳定性进行田间测试。审批机关进行实质性审查时，主要依据申请文件和其他有关书面材料进行审查，然后依据相应植物种属的测试指南，进行田间观测和现场考察。对于种子繁殖的样品，正常情况下测试2个独立生长周期，当2个生长周期表现不一致时，将进行第3个生长周期的测试。

（1）特异性

特异性的审查主要是通过将申请品种和已知品种进行比较。已知品种是指已知的公知公用的品种。已知品种具有两个特点：

①满足品种的定义。能够通过某一特定的基因和基因型组合决定的性状进

行定义；能够通过至少一个性状的表达区别于其他任何植物群体；经过繁殖，整体特征特性保持不变。

②具有公知性。品种繁殖材料或收获材料商品化、品种描述已公开（可以在种业大数据、种业商务网等公共网站上查到）；申请保护或登记注册的品种，如果获得授权或登记，从申请之日起，视为已知品种；公众开放的植物园、苗圃或公园种植活体等材料。通过申请品种与已知品种进行对比，观察性状是否有可区别性，进而判断品种的特异性。

由于已知品种繁多，审批机关需要申请人提供近似品种进而减少近似品种筛选的工作量。申请人可以根据植物的繁殖类型和特征特性选择近似品种，也可以根据品种的父本、母本与申请品种的血缘筛选近似品种。在田间观测中，如果该品种具备特异性，则符合品种特异性的要求。

（2）一致性

一致性审查是指只要能满足 DUS 测试对性状的要求都可用于一致性的评价，这些性状同时也用于特异性和稳定性的评价。例如，水稻的落粒性、玉米叶片的波状程度，在 UPOV 测试指南或我们国家测试指南的性状中，并没有这些性状，但是也可以作为品种的一致性评价。在对品种的一致性进行评价的过程中，还需考虑品种的繁殖方式和育种方法，不同的育种方法对品种的变异有不同的影响，评价的标准也会适当地调整。例如在大豆的一致性评价中，对于常规种、不育系、恢复系和保持系进行一致性判断时，采用 0.5％的群体标准和至少 95％的接受概率，当样本大小为 300 株时，最多可以允许有 4 株异型株。对于杂交种，采用 5％的群体标准和至少 95％的接受概率，当样本大小为 300 株时，最多可以允许 21 株异型株。

在实际的测试中，如果品种不能满足一致性的要求，可以终止 DUS 测试试验，无须再进行特异性和稳定性的测试。

（3）稳定性

对于大多数品种而言，如果一个品种表现出足够的一致性，则可认为该品种也具备稳定性。因此，实践中一般不对稳定性进行像对特异性和一致性那样测试来得出明确的结论，而是通过对品种的一致性的判定来推测该品种是否具有稳定性。[1] 品种稳定性是世代间的比较，是指品种经过重复繁殖后，或在每个特定的繁殖周期结束时，如果相关性状仍保持不变，则应当认为其具备稳定

---

① 唐浩主编：《植物品种特异性 一致性 稳定性测试总论》，中国农业出版社，2017 年版。

性。一致性是在一个品种的群体内对每个植株个体进行比较，只要生物学特征没有明显差异，就认为具备一致性。

4. **现场考察**

（1）现场考察的范围

现场考察一般适用于以下品种：

①果树类等无性繁殖的品种；

②要求特殊栽培和管理措施，测试机构缺乏栽培条件或栽培技术的品种；

③申请人请求，经测试中心批准的品种；

④测试中心认为有必要的品种。

（2）现场考察的内容

考察人员现场考察需要安排在评价品种的最佳时间；测试地点一般是申请人的试验地，如温室大棚；种植方式是盆栽或是移栽等。考察人员根据相应的测试技术指南对申请人所培育的品种开展的 DUS 测试复核，拍摄有明显差异性状的照片，查阅和复制申请人测试的原始记录、资料、品种描述照片等，询问申请人育种过程、育种方法、选择方法和材料来源等信息，测试品种的植株数量是否满足测试指南的最低要求。现场考察中，考察人员会对测试品种与近似品种进行核对，通过观察申请人提供的品种资料评价测试品种的每一个性状，如果申请品种与近似品种的差异表现在品质或抗性等生理生化性状上的，申请人需要提供第三方出具的检测报告，从而判定特异性、一致性和稳定性。

（3）现场考察的程序

①审查员确定该品种现场考察的范围。除果树类，其他作物的现场考察，需填写现场考察建议书，需要测试中心负责人批准。

②审查员对近似品种的选择进行审查，若近似品种选择不当，审查员和申请人将提前沟通。

③申请人应时刻关注品种保护系统的状态。审查员编制"现场考察通知书"，载明有关事项，若是委托代理，则代理人将代为传达。在收到"现场考察通知书"后三个月内向农业植物新品种保护办公室书面陈述意见，阐明是否同意现场考察。若同意，在意见陈述书中提出考察适宜的时间、地点、试验设计和方案，报至农业农村部植物新品种保护办公室，保存好繁殖材料；若不同意的，审查员编制"提供繁殖材料通知书"，申请人需在指定的时间内提供至指定的地点。

④申请人提前一个月以上通过电话、邮件等方式预约审查员，在申请品种

与近似品种差异明显的时期进行考察。

⑤现场考察结束后，审查员一个月内完成考察品种的 DUS 测试报告。

需要注意的是，申请人应提前两年做 DUS 自主测试，并在现场考察时给审查员提供测试报告；如果申请人在收到"现场考察通知书"后逾期没有答复，视为撤回申请。

5. 授权

经过实质审查后，对符合授权条件的品种权申请，审批机关会在种业管理司官网上发出拟授权公告，在 10 个工作日内没有收到异议，之后将会发布正式的公告。

品种权证书上包括品种名称、品种权人、品种权号、培育人等重要信息。

四、林业植物新品种权申请与授权流程

林业系统于 2021 年 1 月 1 日进行试运行，具体详情请登录林草植物新品种保护管理系统。

中国的单位和个人申请植物新品种权的，可以直接申请或者委托国家林草局指定的代理机构向国家林草局提出申请。如外国人、外国企业或者其他外国组织向国家林草局提出品种权申请和办理其他品种权事务的，应当委托代理机构办理。

1. 林业植物新品种权申请资料填写规范

在林业植物新品种保护官网文件下载区域下载植物新品种申请表格，下载文件包括请求书、说明书、说明书摘要、照片、照片的简要说明、培育人个人信息表、申请材料注意事项等。

（1）请求书的填写

为进一步规范和指导林草植物新品种申请人填写材料，林业植物新品种保护办公室（根据行文需要可简称为"新品办"）对请求书、培育人信息表等申请材料中的个别条款内容提出了要求，一定要注意自己下载的资料是否为最新版的资料，一定要依照新格式、新要求办理申请业务。[①]

①关于品种命名。品种命名应当使用规范的汉字、英文字母、阿拉伯数字或其组合，品种名称不得超过 15 个字符，一个林业植物新品种只能使用一个名称，相同或者相近的林业植物种或者属内的品种名称不得相同。

---

① 最新的申请材料格式和注意事项自 2020 年 6 月 1 日起实施。

②关于联系方式。申请人或者代理人电话及邮箱应当为可以及时联系到的邮箱（填写与品种权申请无关人士的不可取）。林业植物新品种保护办公室将通过该邮箱发送受理通知书、初步审查意见等。

③关于培育人。培育人为多人时中间要用顿号分隔。不同于品种审定和品种登记，品种保护的培育人需是自然人。

④关于新颖性要求。在国内销售时间超过一年，或者在国外销售藤本植物、林木、果树和观赏树木品种繁殖材料超过六年，销售其他植物品种繁殖材料超过四年的视为缺乏新颖性，不可申报新品种。

（2）说明书的填写

说明书应使用中文填写，外国人名、地名无统一译文时，应同时注明原文。外国人名、地名无统一译文时，应同时注明原文。

说明书各栏填写不下时可以添加续页，续页的页码格式为"9702 - ×"。

说明书具体包括：系谱、培育过程和对使用过的亲本或者繁殖材料的说明。培育过程应包括：育种起止时间和地点、育种方法、选育世代等信息，所用亲本及其来源应追溯到公知公用品种。

（3）说明书摘要的填写

说明书摘要应按品种暂定名称、品种所属的种或属的中文名称和拉丁文名称、品种培育过程和方法、主要性状特征、适宜种植的区域或者环境的顺序来写，不超过 500 字。

（4）照片的要求

照片内容应当符合以下要求：照片有利于说明品种的特异性；涉及叶、花、果等便于采集的部分，一个性状的对比原则上应在同一张照片上；应为彩色照片。

照片材质为照片纸，不得使用普通打印纸进行彩色打印；照片规格为 8.5 厘米×12.5 厘米或者 10 厘米×15 厘米（也可以简单理解为长宽比约为 3：2）；照片应粘贴在相应位置，不允许折叠。

照片数量较多时可以添加续页，续页的页码格式为"9705 - ×"；简要说明内容较多时可以添加续页，续页的页码格式为"9706 - ×"。

照片应当附有简要文字说明；必要时，林业植物新品种保护办公室可以要求申请人提供黑白照片。

（5）照片的简要说明的填写

照片的简要说明主要是对申请品种与对照品种的特征特性进行说明，不超过 1 页，如"照片 1：申请品种花……；照片 2：对照品种花……"。如果存在下列情况的，也应在简要说明中填写清楚：①照片的放大倍数；②照片上所选用繁殖材料的染色方法；③其他对解释该照片有帮助的说明。

（6）培育人个人信息表的填写

培育该品种的主要贡献人应填写在第一位。以自然人身份申请的，在声明处签字即可无须填写单位意见。所在单位意见一栏，如一家单位申请，只需填写单位意见，由单位法定代表人签字并加盖单位公章；如多家单位申请，则此处需要填写第一申请单位意见，由第一单位法定代表人签字并加盖单位公章。日期处如实填写即可，页码编号按 9701 - 3 - 1、9701 - 3 - 2 依次排列。

资料填写完毕后，申请人应当向林业植物新品种保护办公室提交符合规定格式的请求书、说明书、说明书摘要、照片和照片的简要说明；委托代理机构申请的应有代理委托书。境外申请人应当委托代理机构进行申请并附英文版代理委托书。申请文件一式两份，同时提交电子文档一份。注意申请文件应当符合规定格式并填写恰当内容，使用简体中文和公历纪年。纸质文件应当字迹清晰、无涂改、无撕破、揉皱或者折叠等。

植物新品种权申请文件有下列情形之一的，林业植物新品种保护办公室不予受理：①内容不全或者不符合规定格式的；②字迹不清或者有严重涂改的；③未使用中文的。

2. 初步审查

申请人收到受理通知书后，受理材料将进入初步审查阶段，初步审查内容包括：申请人资格、保护名录、新颖性、品种命名。

（1）申请人资格

申请人为外国人的，其所属国家应当和我国签订有相关协议或者加入了 UPOV 公约。台湾地区的申请人根据《海峡两岸知识产权保护合作协议》和《关于台湾地区申请人在大陆申请植物新品种权的暂行规定》可以申请品种权。

（2）保护名录

申请品种应当属于国家林草局（原国家林业局）发布的植物品种保护名录范围内培育的品种。

（3）新颖性

申请品种繁殖材料在境内销售未超过一年、在境外销售未超过六年的品种视为具有新颖性。新列入植物新品种保护名录的植物品种，自名录公布之日起一年内提出的品种权申请，经育种人许可，在中国境内销售该品种的繁殖材料不超过四年的，视为具有新颖性。

（4）品种命名

品种名称应当使用两个以上简体汉字或者简体汉字加阿拉伯数字组合。相同植物属内的品种名称不得相同。已在外国获得植物新品种权的，应使用音译中文名，将原品种名称加括号附在中文名后。品种名称不应具体描述品种特性和育种方法，不应含有比较级或最高级形容词等。未经商标权人同意，品种名称不得与注册商标的名称相同或者近似。

受理植物新品种权申请后，审批机关一般在六个月内完成初步审查。对经初步审查合格的，在初步审查时限内予以公告。对经初步审查不合格的，应通知申请人在三个月内陈述意见或者予以修订；逾期未答复或者仍然不合格的，驳回申请并通知申请人，申请人有权提出复审请求。

3. 实质审查

林业植物新品种保护办公室不仅要对申请材料是否符合形式要件进行初步审查，还要对申请材料的实质内容是否符合条件进行实质审查。对于申请材料的实质审查，是指林业植物新品种保护办公室对申请品种的特异性、一致性和稳定性（DUS）进行实质核查。经实质审查，不能满足 DUS 条件的，驳回申请并通知申请人，申请人有权提出复审请求。

（1）审查方式

①申请品种在国（境）外经过测试并已被授权的，可以向国（境）外审批机构购买测试报告。②申请品种具备测试条件的，可由委托的机构开展测试。③除前述两种情形以外的申请品种可由组织的专家进行 DUS 现场审查。④申请人自主测试，并在申请时已提交合规的 DUS 测试报告的，可不再接受测试和现场审查。

（2）审查专家的确定

植物新品种现场审查专家应具有高级技术职称，具有植物分类、遗传育种、栽培利用等专业背景，并熟悉植物新品种保护制度。

植物新品种现场审查专家通过网上公开征集、单位推荐、个人自荐等途径征集，确定候选专家名单，报林业植物新品种保护办公室批准，建立现场审查专家数据库。

现场审查专家数据库每两年更新一次，根据需求进行调整。现场审查专家应参加植物新品种保护的远程教育，通过后方可作为现场审查专家。

（3）DUS现场审查工作程序

①新品办根据工作需要指定1名审查员，确定2～3名审查专家组成工作组，下达实审任务。

第一，确定审查员要综合考虑审查地点、交通便利程度以及与品种权申请人是否存在利益关系等因素。第二，新品办按照研究方向、研究植物种类对应或接近的原则，在审查专家库中随机抽取3位以上与申请品种所属的种或属研究领域相关的候选专家，并按照抽取顺序联系、确定2位以上审查专家。第三，实审前，任何人不得向申请人透露审查专家名单，审查专家只能通过新品办或审查员与申请人询问相关情况。

②审查员接受任务，完成实审准备工作。

联系审查专家，组建审查组；获取实审品种的申请材料并转发审查专家预审；根据审查专家预审反馈的意见联系申请人进一步确定现场实审的可行性；联络审查专家和申请人确定实审工作方案并报新品办批准；统筹安排交通、食宿等接洽工作。

③新品办根据审查员提交的时间、地点下发"现场审查通知书"。

（4）DUS现场审查流程

①审查员主持召开首次会议，介绍植物新品种审批、实审工作程序和要求，介绍参会人员、各方职责和相关规定，明确会议内容。

②申请人介绍新品种的培育过程以及申请品种的DUS情况等基本信息。

③审查组按照测试指南的要求现场观测申请品种的性状表达状态，完成申请品种的性状描述。

④审查员、审查专家通过审阅申请文件，结合申请人介绍和现场观测情况提出质询；申请人回答。

⑤审查员、审查专家召开内部会议（申请人回避），根据观测和审查结果判断申请品种是否符合DUS条件，审查专家提出审查意见并签字，审查员完成审查报告并签字。审查出现异议时由审查员、审查专家集体表决，采取一票否决的原则，并记录在审查报告内。

⑥审查员召开末次会议，宣布实审结果，并针对存在的问题提出意见和建议。

（5）审查员每个月向新品办提交实审报告和补证文件等审查相关材料

4. 授权

对经实质审查符合授权条件的植物新品种权申请，编制植物新品种权审批汇总表。植物新品种权审批汇总表包括品种名称、申请号、申请日、所属的属或种、培育人、申请人以及确定的品种权人、品种权号等事项。

林业植物新品种保护办公室拟定授权签报，并附专家现场审查报告和测试报告，报国家林草局审批，同时通知品种权人。品种权人根据情况选择现场领取品种权证书或通过邮寄方式收取品种权证书。

"植物新品种权证书"应包括证书号、品种名称、申请日、所属的属或种、品种权人、品种权号、培育人、品种权有效期限和生效日期等内容。

五、植物新品种权在线申请注意事项

为深入贯彻"放管服"改革精神，向品种权申请人提供更加便捷高效的在线申请和审查服务，方便服务对象，提高服务质量，进一步推进无纸化办公，加快审查速度，本着"让服务对象少跑腿，数据多跑路"原则，农业农村部植物新品种保护办公室印发了《农业植物新品种保护在线申请和审查工作规范（试行）》，并于2023年4月1日起实施。

1. 申请人在申请时需要注意以下事项

①提交品种权申请时，请申请人主动上传由全体申请人或代理机构签字或盖章的承诺书。

②线上提交申请后，审查员依据线上提交的材料进行审查，不再要求邮寄纸质材料，如申请文件、DUS测试报告、补正书、意见陈述书、著录项目变更申报书等。

③申请人可以在申请系统中自行打印相关通知，如品种权申请受理通知书、初步审查意见通知书、初步审查合格通知书、初步审查驳回决定、手续合格通知书、实质审查意见通知书、实质审查驳回决定等，需要原件的请联系品保办。

④植物新品种保护办公室的各种文件，以线上发出日为送达日。当事人因不可抗力而耽误植物新品种保护办公室指定的期限，导致权利丧失的，自障碍消除之日起2个月内，最迟自期限届满之日起2年内，可以向植物新品种保护办公室说明理由并附具有关证明文件，请求恢复其权利。

⑤关于2018年及以前申请的品种，其著录项目变更申报书、补正书、意见陈述书、DUS测试报告等中间文件仍以纸质形式提交。

2. 农业植物新品种保护联系方式

（1）联系电话

受理/审查：010 - 59198088/59198089，0898 - 88564656（海南自由贸易港农业植物新品种审查协作中心）

变更/转让/实审补正/权利恢复：010 - 59198091

质押/冻结/异议处理：010 - 59198082

证书发放/测试报告扫描：010 - 59198090

授权/驳回查询：010 - 59198086

DUS 测试/繁殖材料延期：010 - 59198106/59198107

委托测试：010 - 59198193

繁殖材料接收：010 - 82105750

复审委员会秘书处：010 - 59192079/59193114

申请系统注册：010 - 59191821

申请系统咨询：010 - 51503507

（2）联系邮箱

申请邮寄证书邮箱：cnpvpzs@126.com

（3）公众号

①微信搜索"农业农村部植物新品种测试中心"，点击关注。

②微信扫码，点击关注。

（4）办公地址

①农业植物新品种保护办公室

北京市经济开发区荣华南路甲 18 号科技大厦

邮编：100176

②农业植物新品种保藏中心

北京市海淀区中关村南大街 12 号植物新品种保藏中心（北库）

邮编：100081

③农业植物新品种复审委员会秘书处

北京市朝阳区农展南里 11 号

邮编：100125

（5）品种权查询网站

种业大数据平台：http：//202.127.42.145/bigdataNew/

农业农村部科技发展中心：http：//www.nybkjfzzx.cn/

农业农村部种业管理司查询拟授权公示品种信息网址：http：//www.zys.moa.gov.cn/gsgg/

3. 林草植物新品种权申请受理联系方式

电话：010-84238883

邮箱：84238883@cnpvp.net

办公地址：北京市东城区和平里东街 18 号国家林业和草原局主楼 1103 房间国家林业和草原局植物新品种保护办公室

第三节　植物新品种申请权救济

《植物新品种保护条例》明确，审批机关设立植物新品种复审委员会。对审批机关驳回品种权申请的决定不服的，申请人可以自收到通知之日起 3 个月内，向植物新品种复审委员会请求复审。植物新品种复审委员会应当自收到复审请求书之日起 6 个月内作出决定，并通知申请人。申请人对植物新品种复审委员会的决定不服的，可以自接到通知之日起 15 日内向人民法院提起诉讼。基于此，植物新品种申请权救济程序包括复审和诉讼两种。

一、复审救济程序

植物新品种权申请资料提交至审批机关进行审查，如果不符合《植物新品种保护条例》及《实施细则》等相关规定的，审批机关将予以驳回，并通知申请人在一定的时间内予以修改并重新提交。被驳回的申请可能是由于申请人在撰写申请文件时存在一定的缺陷，也可能是审批机关的工作人员或者判断上的失误造成的。《植物新品种保护条例》设置复审程序，给植物新品种权申请人提供了申诉的机会，可以避免因审批机关审查失误而造成申请人不能获得植物新品种权，有利于维护植物新品种权申请人的合法权益。

复审程序的启动分为因申请人请求而启动复审程序和复审委员会依职权直接启动复审程序两种方式。中国的单位和个人可以直接或者委托植物新品种保护办公室认可的具有代理资质的机构向复审委员会提出复审请求。在中国没有经常居所的外国人、外国企业和外国其他组织应当委托具有资质的代理机构办理；在中国有经常居所的外国人、外国企业和外国其他组织按照国民待遇原则，可以直接或者委托具有代理资质的机构向复审委员会提出复审请求。

1. 复审请求的提出

（1）提出复审请求

有以下两种情况之一的，可以提出复审：

①初步审查驳回。在初步审查过程中，申请人的命名不符合《植物新品种保护条例》及其《实施细则》的有关规定或者审定信息与植物新品种保护的申请资料不一致等原因可能会导致申请被驳回，经陈述意见或者补正后符合规定的，将被受理；修改后仍不符合规定的，将被审批机关驳回植物新品种权申请。

②实质审查驳回。在实质审查过程中，申请品种可能因危害公共利益、生态环境，或者已经被授予植物新品种权，或者不属于国家植物品种保护名录中列举的植物的属或者种，或者不符合品种的新颖性、特异性、一致性、稳定性的要求，或者不符合命名规定又不按照品种保护办公室要求修改，或者申请人陈述意见或者补正后仍不符合品种保护办公室的规定等而被审批机关驳回。

只有发生以上两种情况，当事人可以提出复审请求，其他的任何情况，如：对审批机关作出的"不予受理""视为撤回""视为未提出"等决定不服，不得提出复审请求。

（2）准备复审资料

①复审请求人是个人的，应当提交个人身份证复印件。复审请求人是单位的，应当提交该单位主体资格证明文件的复印件、法定代表人或者负责人的任职证明及其身份证复印件，并加盖单位公章。复审请求书中请求人名称要与营业执照中名称一致。如果复审请求人名称存在工商登记信息变更的，需及时提交工商登记信息变更说明。复审请求人委托代理机构或者本单位工作人员代为办理的，应当提交授权委托书并写明委托内容和权限，同时应提交代理人身份证复印件。

②复审请求材料除了符合格式要求的复审请求书外，还应有支持复审请求的相关证据材料。提交的证据应当具备合法性、真实性和关联性。

证据材料应满足如下要求：第一，请求人是个人的，应在提交的证据材料上签名；请求人为单位的，应加盖单位公章。第二，提交的证据为复印件的，复印件应当表明"与原件一致，核对无误"并按照上述要求签名或盖章。第三，提交一份以上证据材料的，要附有证据目录，进行编号，并写明证据名称和证明目的。第四，提交证据之间的关联性说明。

③品种名称一旦确定，原则上不予更改。确需申请品种更名的，应提交拟更名品种与审定品种、登记品种或其他已知品种为同一品种的证据材料。

如申请更名的品种已经通过品种审定或品种登记，应当提交申请保护时该品种的育种过程和系谱图以及申请品种审定或品种登记时的育种过程和系谱图、相关公告，在育种过程和系谱图一致、相关公告对该品种的描述一致的情况下，提供两个品种的 DNA 指纹图谱或 DUS 测试报告等能够证明两个品种为同一品种的证明材料。

（3）复审请求的要求

①请求人的资格。复审请求人必须是被驳回植物新品种权申请的申请人，若为两个以上共同申请人的，还应该是全体申请人，其他任何人都无权提出复审请求。

②期限。复审请求的请求人，必须在收到审批机关驳回申请的通知之日起三个月内，向植物新品种复审委员会提出复审请求。否则，审批机关作出驳回植物新品种权申请的决定即发生效力。

③请求书。请求复审，应当向植物新品种复审委员会提交符合规定格式的复审请求书一式两份，说明理由，并附具有关证明文件一式两份。复审请求只能针对审批机关驳回植物新品种权申请决定所涉及的事项，不得提出其他无关的理由和证明材料。

④文件修改。申请人请求复审时，可以修改被驳回的植物新品种权申请文件，但仅限于驳回申请决定所涉及的部分。

若委托代理机构办理，还应当提交代理人委托书，并写明委托权限等。

2. 复审请求的审查程序

对于复审请求的审查，其审查流程包括形式审查、审理和复审决定等三个阶段。

（1）形式审查

植物新品种复审委员会对收到的复审请求，首先进行形式审查。形式审查的内容是请求人的资格、请求的期限、复审的理由、复审请求书的格式和内容，以及是否属于新品种复审委员会审查的范围等。

复审请求经形式审查认为符合《植物新品种保护条例》及其《实施细则》规定的，植物新品种复审委员会发出"受理通知书"，通知复审请求人。

经形式审查认为复审请求不符合规定格式的，植物新品种复审委员会发出"补正通知书"，要求请求人在指定的期限内补正；期满未补正的，该复审请求被视为撤回。经形式审查认为复审请求不符合《植物新品种保护条例》及其《实施细则》规定内容的，植物新品种复审委员会发出"陈述意见通知书"，要求复审请求人在指定的期限内陈述意见；期满未陈述意见的，该复审请求被视为撤回。复审请求被视为撤回的，植物新品种复审委员会将发出"视为撤回通知书"，通知复审请求人。

复审请求经补正或者陈述意见后仍不符合《植物新品种保护条例》及其《实施细则》规定的，则不予受理复审请求，植物新品种复审委员会将发出"不予受理通知书"，通知复审请求人。

（2）审理

对于经形式审查合格的复审请求，将进入新品种复审委员会的审理程序。

新品种复审委员会在审理的过程中，如需了解复审请求某些问题，将通知请求人在指定的期限内进行补充证据或者陈述意见。

（3）复审决定

植物新品种复审委员会自收到复审请求书之日起 6 个月内完成复审，并作出书面决定，通知复审请求人。复审决定的类型：①复审请求的理由不成立，维持原驳回决定，驳回复审请求；②复审请求的理由成立，撤销原驳回决定；③品种权申请文件经复审请求人的修改，克服了原驳回申请的决定所指出的缺陷，在新的文本基础上撤销原驳回决定。

植物新品种复审委员会作出的复审决定生效后，对于改变了审批机关原审查部门所作出的决定的，植物新品种复审委员会应当通知审批机关原审查部门执行植物新品种复审委员会的决定。

（4）复审程序终止

植物新品种复审委员会作出复审决定后，复审程序即行终止。另外，根据《实施细则（林业部分）》第四十八条的有关规定，复审请求人在复审委员会作出复审决定前可以撤回复审请求。但复审决定宣布或者书面决定发出之后撤回的，不影响复审决定的有效性。在复审委员会作出复审决定前撤回其复审请求的，复审程序终止。

需要说明的是，对于已审结的驳回植物新品种权申请的复审，请求人又以同样的理由和事实再次提出复审请求的，植物新品种复审委员会将不予受理。

二、司法救济程序

申请人对植物新品种复审委员会的决定不服的，可以自接到通知之日起15日内向人民法院提起诉讼。

1. 管辖权

申请人对植物新品种复审委员会的决定不服的可以提起行政诉讼。由于案件的专业性和特殊性，并非每个法院都有管辖权，根据《最高人民法院关于审理植物新品种纠纷案件若干问题的解释》规定，植物新品种申请驳回复审行政纠纷案件，由北京知识产权法院作为第一审人民法院审理。当事人对一审判决、裁定不服，提起上诉的，由最高人民法院审理。

2. 被告的确定

根据《最高人民法院关于审理植物新品种纠纷案件若干问题的解释》规定，关于植物新品种申请驳回复审行政案件、植物新品种权无效或者更名行政纠纷案件，应当以植物新品种审批机关为被告。

3. 行政诉讼程序的启动

申请人对植物新品种复审委员会的复审决定不服的，可以自接到通知之日起15日内向人民法院提起诉讼。

4. 行政诉讼审限

普通程序，人民法院应当自立案之日起6个月内作出第一审判决。有特殊情况需要延长的，由高级人民法院批准，高级人民法院审理第一审案件需要延长的，由最高人民法院批准。适用简易程序审理的行政案件，由审判员一人独任审理，并应当自立案之日起45日内审结。

第四节　植物新品种权代理

植物新品种权可以自己申请，也可以委托代理机构申请。选择专业代理机构进行品种权申请，不仅可以加快审批进度，也可以加强品种权管理。

一、植物新品种权代理的概念

植物新品种权代理是指品种权申请人授权代理人以被代理人的名义进行品

种权申请和办理相关业务，如申请品种权、请求复审、异议、请求无效宣告等其他品种权相关事项。

因植物新品种权申请流程复杂、格式要求严谨、知识面广、专业性强，代理人不仅要熟悉整个品种权申请流程，还需掌握专业的农业和法律知识。实践中，因育种人或其合法受让人缺乏专业知识造成品种新颖性丧失，导致损失发生的案例也不在少数。

二、植物新品种权代理的特征

1. 代理人以被代理人的名义在代理的权限范围内进行民事活动

植物新品种权代理需出具被代理人签字或盖章的代理委托书，代理人接受被代理人的委托，以被代理人的名义进行植物新品种权申请等相关事务。如果以品种权代理人自己的名义办理品种权相关事务，就不能称之为品种权代理了。

2. 代理行为必须是有法律效果的行为

植物新品种权代理人所进行的代理活动，能够在被代理人和审批机关之间确立、变更或者终止因品种权的申请、审批、取得、维持所产生的权利义务关系，具有法律效果。仅请他人代拟合同文本、进行询价等不产生代理关系。

3. 代理人在授权范围内独立地表示自己的意志

代理人在授权范围内进行独立意思表示，即被代理人"借代理人的脑袋"为自己服务，与传达、居间活动有本质区别。实务中代理人运用自己的专业知识和经验独立与品种权审批机关打交道，办理相关事项，但不能超越授权范围自作主张。

4. 代理行为的法律后果直接由被代理人承担

代理是被代理人通过代理人进行的民事法律行为，为自身设定民事权利和义务。因此，植物新品种权代理人在授权范围内以被代理人名义进行民事活动，其行为应视为被代理人自己实施，法律效果直接由被代理人承担。

三、植物新品种权代理的作用

专业的代理机构可以为申请人提供申请前的咨询服务、协助完成申请中相关文件的撰写和植物新品种权申请手续的办理、获得植物新品种权后的服务。植物新品种权代理人熟悉植物新品种权申请的相关法律法规及申请流程，又受过专门训练，具有丰富的撰写经验，具体能够发挥以下作用。

第一，专业的代理机构撰写的申请文件更为专业规范。专业的代理机构根据植物新品种权申请的格式要求和育种人所提供的资料能规范撰写申请文件，相比申请人自行撰写而言，可以减少修改补正的次数，避免因反复补正而导致植物新品种权申请耗费时间延长。

第二，专业的代理能及时关注申请审查员的审查意见，配合申请人做出有效的处理；能准确把握植物新品种权申请流程，提醒并帮助申请人处理相关流程事务。有助于缩短整体申请时间，尽早取得授权获得保护。

第三，专业的代理机构可以辅助品种权人对植物新品种权进行保护。由于品种权申请的专业性、复杂性，委托专业代理机构可以为品种权申请人节省人力、财力。同时，在取得品种权以后，在品种权无效宣告案件、品种权维权诉讼中，也可为委托人提出有效建议。

四、植物新品种权代理的内容

1. 提供植物新品种保护相关咨询

在申请前代理人可以为被代理人提供植物新品种保护相关咨询，主要包括：①被代理人提供的品种是否属于我国植物新品种保护名录内的植物属或者种。②被代理人提供的品种是否符合《植物新品种保护条例》规定的要求。代理人需向被代理人解释清楚，特别是品种的"特异性、一致性和稳定性"需要经过测试，历时多长时间，是否满足品种新颖性的要求等。

2. 撰写植物新品种权申请文件

植物新品种权申请文件既是一份法律文件，又是一份技术文件，不仅应符合法定格式和要求，还应符合技术上的逻辑关系和技术惯例。撰写品种权申请文件需要代理人和育种人加强沟通和配合，全面了解品种的特征特性、适宜区域、栽培条件以及已知品种与申请品种的差异性表现等。

3. 处理植物新品种权纠纷相关事项

随着植物新品种保护意识的增强，品种权纠纷越来越多，代理人有时还需受被代理人委托开展维护品种权人合法权益相关工作，如调查研究、分析案情、提出异议、进行答辩等；必要时代表被代理人按植物新品种复审委员会要求出庭陈述意见等。

4. 代理植物新品种权转让及许可相关事务

申请品种权是为了更好地实施品种权。取得植物新品种权后，代理人应运用自己的专业知识和经验，结合市场需求，就如何实施品种权向品种权人提供咨询服务和建议。品种权人依据建议决定自己实施或者转让或者通过许可的方式实施。品种权实施许可的种类较多，品种权人可以提前向代理人进行咨询或者委托代为办理相关事务。

5. 代理其他相关事务

在品种权申请过程中，还可能出现其他相关事务需要代理人代为办理，如品种更名、意见陈述等。品种信息更新及时将有助于避免因未及时回复植物新品种保护办公室的信息而导致品种权申请被视为撤回，从而节省品种权申请时间。

第四章 植物新品种权的实施

育种人投入大量财力、物力进行植物新品种研发，对于市场前景较好的品种申请植物新品种保护，获得相关主管部门品种权授权后，品种权人在一定期限和范围内对该植物新品种享有独占权利，这种独占权利的最终目的是获得收益。一般而言，品种权人的利益与植物新品种权的实施紧密联系，单纯的持有植物新品种权并不能为育种人带来经济回报，植物新品种权只有被实施、被投入实际生产中，其经济价值才能体现，才能真正创造财富，从而能为品种权人带来经济利益。植物新品种权实施是植物新品种保护制度中的一个重要环节，实施渠道的畅通性、安全性、多样性等都会对植物新品种权人的经济收益产生影响。当前我国的植物新品种权实施方式主要有三种：权利人自主实施、权利人转让实施、权利人许可他人实施。

第一节 植物新品种权利人自主实施

一、植物新品种权人自主实施的含义

根据《种子法》《植物新品种保护条例》，品种权人对授权品种享有生产、繁殖和为繁殖而进行处理、许诺销售、销售、进口、出口以及为实施上述行为储存该授权品种繁殖材料的权利。品种权人自主实施是指品种权人运用自有品种及设备、材料、资金等生产资料独立实施品种权、开发生产销售优良品种。

品种权人如果是种子企业，拥有自己的生产基地和销售网络，一般会自己开发、自行销售，实现利益最大化。品种权人如果是科研院所和教学单位，通过建立生产基地或创办企业，也可自主完成品种的商品化和产业化，通常该创新品种具有良好的市场前景，但难以寻求到合适的合作伙伴，同时商品化和产业化所需投资较少，配套条件可由高校或科研院所自主承担。

品种权人自主实施最大的优点在于，品种权人在实施过程中一般不会出现技术障碍，不需要技术交易所或第三方机构的介入，交易成本低，能够较好地保守技术秘密。自主实施也有不利的地方：如果品种权人是科研教学单位，自主生产必然要解决生产销售的一系列问题，如生产资金募集、相关人员招聘、生产设备购置、生产辅助材料采购、下游市场开拓等，同时还要承担实施过程中的全部风险。这将影响其后续投入创新的精力与时间，影响创新的可持续发展。

二、植物新品种权自主实施的影响因素

植物新品种权自主实施效果主要受品种权人实施能力的影响，实施主体的社会资源和平台不同，都会影响植物新品种权自主实施效果。一般而言，实施主体如果具有良好的销售渠道、与农户建立了长期稳定的合作关系，就具有较强的实施能力，其培育的植物新品种能很快得到大面积推广应用，更容易获得较好的经济回报。此外，潜在替代品、其他新品种的问世以及农户对植物新品种的接受速度等都会影响品种权人自主实施效果。

三、植物新品种权人自主实施的形式

品种权人自主实施的形式主要有品种权人自主生产销售植物品种、将品种权用于出资入股设立公司、将植物新品种权金融化等。

1. 品种权人自主生产销售植物品种

品种权人自主生产销售植物品种主要有两种模式：品种权人为企业的，如袁隆平农业高科技股份有限公司、安徽荃银高科种业股份有限公司等企业拥有自主研发团队、研发基地，科研人员培育出的植物新品种由公司进行申请品种权保护，并由公司实施推广；品种权人如果是科研院所和教学单位，则需通过建立生产基地或创办企业来完成技术的商品化和产业化，如成立中蔬种业科技（北京）有限公司、京研益农（北京）种业科技有限公司等，需说明的是，相较于中蔬种业科技（北京）有限公司直接由中国农业科学院蔬菜花卉研究所出资设立而言，京研益农（北京）种业科技有限公司由北京市农林科学院与其内部的育种专家张凤兰、许勇等共同出资设立，这种模式更利于激发科研人员积极性，提高科研成果转化效率。

2. 将品种权用于出资入股

品种权人自主实施的表现形式除了自主生产销售植物品种外，还可以将该

品种权用于出资设立公司等。2023 年修订的《公司法》第四十八条规定：股东可以用货币出资，也可以用实物、知识产权、土地使用权、股权、债权等可以用货币估价并可以依法转让的非货币财产作价出资；但是，法律、行政法规规定不得作为出资的财产除外。对作为出资的非货币财产应当评估作价，核实财产，不得高估或者低估作价。法律、行政法规对评估作价有规定的，从其规定。《公司法》第四十九条第一款进一步明确：股东应当按期足额缴纳公司章程中规定的各自所认缴的出资额。股东以货币出资的，应当将货币出资足额存入有限责任公司在银行开设的账户；以非货币财产出资的，应当依法办理其财产权的转移手续。

由于植物新品种的使用权具有明显的财产价值，能够以货币形式进行评估，且在植物新品种权人认可的情况下可在不同民事主体间进行转让，也不属于法律法规规定的不得作为出资的财产，因此植物新品种的使用权也符合作为公司出资的非货币财产所应具备的条件，可用于出资入股，如德农种业科技发展有限公司将'郑单 958'的使用权作为出资设立德农种业股份公司等[①]。以植物新品种的所有权和使用权出资不同的是：以植物新品种的所有权进行出资的，完成出资后公司成为植物新品种权的所有人；以植物新品种的使用权进行出资的，成立后的公司并不取得植物新品种的所有权，而仅仅享有使用权。

以植物新品种权出资入股的一般流程为：股东共同签署公司章程或发起人协议，约定各自出资额和出资方式；品种权人委托资产评估机构对拟出资的植物新品种权进行评估；品种权人与公司签订协议并根据公司章程将拟出资的品种权变更到公司名下并完成相应的备案登记；根据已经出具的资产评估报告，到工商行政管理部门进行注册资本实缴备案登记。需注意的是，以植物新品种权出资的，植物新品种权必须产权关系明晰，用于投资入股的植物新品种权必须同时具备两个基本条件：一是出资人拥有完全、合法、有效的权利，产权关系明晰；二是用于投资入股的植物新品种权具有一定的价值，可以依法转让。

3. 植物新品种权金融化

植物新品种权作为知识产权的重要组成部分，其与专利、商标、著作权一样，具有质押担保的融资属性。国务院印发的《"十四五"国家知识产权保护和运用规划》指出："积极稳妥发展知识产权金融。优化知识产权质押融资体

---

① 河南省高级人民法院：(2006) 豫法民三终字第 31 号民事判决书。

系，健全知识产权质押融资风险管理机制，完善质物处置机制，建设知识产权质押信息平台。支持银行创新内部考核管理模式，推动银行业金融机构用好单列信贷计划和优化不良率考核等监管政策，在风险可控的前提下扩大知识产权质押贷款规模。鼓励知识产权保险、信用担保等金融产品创新，充分发挥金融支持知识产权转化的作用。在自由贸易试验区和自由贸易港推进知识产权金融服务创新。健全知识产权价值评估体系，鼓励开发智能化知识产权评估工具。"这也为植物新品种权金融化提供了平台和契机。

2021 年 1 月，九圣禾种业股份有限公司以 5 个优质优产的玉米种子新品种权为担保物，向中国农业银行股份有限公司昌吉市支行质押融资 5 000 万元授信额度，成为全国首单以农业种子植物新品种权质押融资的案例。2021 年 6 月，三明市森彩生态农业发展有限公司以两项花卉植物新品种权为质押，获得中国邮政储蓄银行股份有限公司三明市分行 40 万元贷款，成为全国首单花卉类植物新品种权证质押贷款。植物新品种权质押融资模式的运用充分利用品种权的使用价值及财产价值，扩大农业企业的融资途径，不仅有助于社会资源的最大化使用，鼓励更多农业型企业在育种上不断创新、重视知识产权，更有利于提升植物新品种权转移转化效益，拉开了我国植物新品种权金融化的序幕。2021—2022 年 18 家企业以植物新品种权质押方式获得 22 家金融机构融资 5.23 亿元。

植物新品种权质押融资在实践操作中可以参考出资入股的操作要点，即产权清晰，需要评估机构出具评估报告并进行相应的质押登记。

第二节 植物新品种权的转让

一、植物新品种权转让实施的含义

植物新品种权转让是指品种权人将其持有的植物新品种所有权转让给他人，受让人取得植物新品种权的所有权成为新的植物新品种权所有人，对该植物新品种权享有排他的独占权。《植物新品种保护条例》明确规定，植物新品种权只能作为一个整体转让。植物新品种权客体是一个统一整体，不能只在该植物新品种权实施的某一地区进行转让，也不能只就生产、销售和使用等行为中的某一种行为进行转让。

根据发生原因的不同，植物新品种权转让分为两类：（1）法定转让，即转让行为系因法律规定而产生，主要指自然人品种权人死亡或法人或者其他组织品种权人发生改组、合并、解散、破产清算等产生植物新品种权转让。（2）意定转让，即基于品种权人的意思表示而发生转让行为，如买卖、赠与、以植物新品种的所有权出资成立企业等。实务中，除极个别是无偿赠与外，大多是通过签订书面转让合同，将植物新品种权由原品种权人转移给受让人，受让人在接受权利的同时要向原权利人支付一定费用，该类转让行为也是当前植物新品种权转让的主要形式。

植物新品种权转让之前，品种权人可能已经实施该品种的种植，或者通过技术秘密转让合同或者许可合同等方式许可第三方实施该品种的种植，由于植物新品种权转让导致权利主体变更，因此在转让行为发生时应通过书面形式对转让行为发生之前已经实施或者正在实施的品种作出相关约定。

二、植物新品种权转让实施的影响因素

在我国，影响植物新品种权转让实施的因素主要包括两个方面：一是国家相关规定，二是植物新品种权转让预期收益。我国从维护国家安全和重大利益的角度对植物新品种权转让程序作出了较为严格的规定，特别是向国外受让人转让植物新品种权方面，国内原品种权人向国外受让人转让植物新品种权必须经相关主管部门审核同意。为防止国有资产流失，国有单位向国内其他受让人转让植物新品种权时也必须经相关主管部门批准并履行国有资产转让相关程序，如评估、进场交易等。此外，植物新品种权转让实施实际上是将植物新品种权转移给他人实施，转让价格一般由双方协商。但植物新品种权价值难以确定，理论上应小于或等于植物新品种未来收入的折现，而植物新品种未来收入不确定，所以在转让实施过程中对未来收入的预期将会影响转让实施的效果。[①]

三、植物新品种权转让操作要点

1. 签订书面合同

《植物新品种保护条例》第九条第四款明确规定，转让申请权或者植物新品种权的，当事人应当订立书面合同，并向审批机关登记，由审批机关予以公告。转让合同中应明确转让标的，如果转让合同明确约定转让的是品种的生产

---

① 王立平：《我国植物新品种保护制度实施效应及影响因素研究》，中国农业科学院博士学位论文，2009 年。

经营权，实质是植物新品种权的实施许可，并非转让申请权或者植物新品种权[1]。

2. 履行相应审批手续

植物新品种权转让除应订立书面合同外，还需办理相应的审批和登记手续。出于国家利益考虑，《植物新品种保护条例》及《实施细则》对植物新品种权转让程序作了严格规定。中国的单位或个人就其在国内培育的新品种向外国人转让申请权或植物新品种权的，应向农业农村部或国家林草局申请批准。国有单位在国内转让申请权或植物新品种权的，应按照国家有关规定报经有关行政主管部门审批。

3. 进行登记和公告

植物新品种权转让与专利权转让一样，权利转让效力的发生自登记公告之日开始，换言之，如果转让人与受让人仅签订了书面合同而未经登记公告，没有其他效力瑕疵的情况下合同有效，但不发生权利变更效力。《实施细则（农业部分）》第十一条规定，转让申请权或者品种权的，当事人应当订立书面合同，向农业部（现农业农村部）登记，由农业部（现农业农村部）予以公告，并自公告之日起生效。《实施细则（林业部分）》第八条明确规定，转让申请权或者品种权的，当事人应当订立书面合同，向国家林业局（现国家林草局）登记，并由国家林业局（现国家林草局）予以公告。转让申请权或者植物新品种权的，自登记之日起生效。《最高人民法院关于审理侵害植物新品种权纠纷案件具体应用法律问题的若干规定（二）》第二条明确规定，品种权转让未经国务院农业、林业主管部门登记、公告，受让人以品种权人名义提起侵害品种权诉讼的，人民法院不予受理。因此转让植物新品种权应向主管部门申请登记、公告，只有在审批机关作了登记、公告后才算完成植物新品种权转移手续，自审批机关公告之日起，受让人才成为该植物新品种权的所有人。

第三节　植物新品种权的许可

一、植物新品种权许可的含义

植物新品种权的许可是指品种权人保留植物新品种的所有权，而将其使用权通过协议约定等方式转让给他人，有条件地允许他人以商业为目的生产、销

---

[1]　重庆市高级人民法院：（2010）渝高法民终字第 4 号民事判决书。

售和使用其授权品种的繁殖材料。品种权人是许可人，获得植物新品种权实施许可的人是被许可人。植物新品种权实施许可方式包括独占实施许可、独家实施许可、普通实施许可、分实施许可、交叉实施许可和强制实施许可。

1. 独占实施许可

独占实施许可，指在有效法域范围内，许可人授予被许可人在一定时期内对该植物新品种权享有独占使用权。许可人不仅不得再将此授权品种转让、许可给第三方，而且自己也不得再利用此授权品种。独占许可被许可人的权利几乎与专利权受让人的权利相同。

2. 独家实施许可

独家实施许可，又称排他实施许可。指许可人授予被许可人在一定区域、一定时期内独家使用授权植物新品种，任何第三方不得使用该品种。原权利人仍保留其在该地区的使用权，但不得再将该植物新品种权转让给第三方。排他实施许可和独占实施许可的区别在于排他实施许可保留了品种权人自己的实施权。

3. 普通实施许可

普通实施许可，又称一般实施许可。指许可人授予被许可人在规定的区域、时期内使用授权品种，同时许可人仍保留自己使用和将使用权再向第三方转让、许可的权利。通常情况下如合同未明确约定许可类型，一般就是指普通实施许可。该类型下被许可人权限较小，其许可费相比独占实施许可和排他实施许可也较低。

4. 分实施许可

分实施许可，又称转让实施许可或从属实施许可，指在规定期限和地域范围内，许可人授予被许可人利用授权品种外，还允许被许可人再将此植物新品种权全部或部分地转让给第三方。

5. 交叉实施许可

交叉实施许可，又称交换实施许可，指许可合同双方以其拥有的价值相当的授权品种，按合同约定的条件交换使用权，供对方使用。

以上许可方式都是权利人自愿采取。为了国家利益或公众利益，若品种权人在规定期限内未实施或未充分实施其植物新品种权，审批机关将强制许可实施该品种。[①]

---

① 罗忠玲：《农作物植物新品种知识产权制度研究》，华中农业大学博士学位论文，2006 年。

6. 强制实施许可

强制实施许可，指国家审批机关依照法律规定，不经品种权人许可或同意，授权他人实施品种权人的授权品种。世界上大多数 UPOV 成员都规定了强制实施许可。国家植物新品种保护审批机关可作出强制实施许可的情形主要有：①为了国家利益或者公共利益；②品种权人无正当理由自己不实施，又不许可他人以合理条件实施的；③对重要农作物品种，品种权人虽已实施，但明显不能满足国内市场需求，又不许可他人以合理条件实施的。

除了国家审批机关有权进行强制许可实施外，实践中，也存在司法机关进行强制许可实施的情形。如 2013 年 12 月，江苏省高级人民法院在天津某种业科技有限公司与江苏某种业科技有限公司侵害植物新品种权纠纷案①中明确，分别持有植物新品种父本与母本的双方当事人，因不能达成相互授权许可协议，导致植物新品种不能继续生产，损害双方各自利益，也不符合合作育种的目的。为维护社会公共利益，保障国家粮食安全，促进植物新品种转化实施，确保已广为种植的新品种继续生产，在衡量父本与母本对植物新品种生产具有基本相同价值基础上，人民法院可以直接判令双方当事人相互授权许可并相互免除相应的许可费。该案例开创了我国通过司法审判进行强制许可实施的先河。

二、植物新品种权实施许可操作要点

1. 订立书面合同

虽然《植物新品种保护条例》对植物新品种权的许可实施未明确要求签订书面合同，但我国《民法典》第八百七十六条明确规定："集成电路布图设计专有权、植物新品种权、计算机软件著作权等其他知识产权的转让和许可，参照适用本节的有关规定。"《民法典》第八百六十三条第三款规定："技术转让合同和技术许可合同应当采用书面形式。"因此，在品种权人许可第三人实施其植物新品种权时也应当同被许可人签订书面合同。

2. 签订实施许可合同注意事项

我国品种权许可实施并不像品种权转让一样遵循"登记公告生效"，也不需要进行备案，许可人与被许可人签订书面合同即可。植物新品种权实施许可

---

① 参见（2011）苏知民终字第 0194 号民事判决书、（2012）苏知民终字第 0055 号民事判决书。该案入选为 2017 年最高人民法院发布第 16 批指导性案例之案例八十六。

合同应具备以下内容：

（1）主要条款

①实施许可内容。植物新品种权实施许可内容可以是生产、繁殖和为繁殖而进行处理、许诺销售、销售、进口、出口以及为实施上述行为储存该授权品种的繁殖材料，也可以是将该授权品种的繁殖材料重复使用于生产另一品种的繁殖材料，可以是一项或者几项具体权利，也可以是独占实施权的全部，具体需要在合同中做出明确约定。

②实施许可方式。植物新品种权实施许可的方式包括独占实施许可、独家实施许可、普通实施许可等类型。实施许可的方式不同，许可方和被许可方的权利和义务也不同。

③实施许可范围和期限。植物新品种是有适宜地区的，因此，植物新品种权的许可实施的范围可以是整个适宜生态区域，也可以是其中的部分地区，范围需要双方协商约定。需要注意的是，植物新品种权的独占实施许可是以权利有效的法域为标准，限定地理区域范围内的品种权独家实施许可合同不等同于独占实施许可合同。实务中，限定地理区域范围内的独家实施许可合同的被许可人未经品种权人的授权不可以单独提起侵害品种权之诉。[①] 植物新品种权实施许可合同仅在该植物新品种权的存续期限内有效。植物新品种权有效期限届满或者植物新品种权被宣告无效的，品种权人不得就该权利与他人订立植物新品种权实施许可合同。

④实施许可使用费的标准与支付方式。许可使用费用是被许可人使用该植物新品种权应当向许可人支付的相应的费用。合同中明确约定许可费用的计算方式、支付时间及支付方式。可以约定具体许可费，也可以采取销售额提成等方法计算许可费；支付方式可以采取一次性付清，也可以在规定的时间内分期付款。

⑤对第三方侵权行为的处理。在被许可人所在的区域内如有第三方主体未经品种权人许可，生产、繁殖和为繁殖而进行处理、许诺销售、销售、进口、出口以及为实施上述行为储存该授权品种的繁殖材料，或者为商业目的将该授权品种的繁殖材料重复使用于生产另一品种的繁殖材料，或者由未经许可使用授权品种的繁殖材料而获得收获材料，不仅侵害了品种权人的合法权益，也会影响被许可人的经济利益。被许可人是否有权制止该类行为并追究侵权人的责

---

① 详见最高人民法院：（2019）最高法知民终 130 号民事裁定书。

任则依赖于许可合同对该情形的约定。《最高人民法院关于审理侵害植物新品种权纠纷案件具体应用法律问题的若干规定》第一条第三款规定，独占实施许可合同的被许可人可以单独向人民法院提起诉讼；排他实施许可合同的被许可人可以和品种权人共同起诉，也可以在品种权人不起诉时，自行提起诉讼；普通实施许可合同的被许可人经品种权人明确授权，可以提起诉讼。因此在签订植物新品种权许可合同时应当对该情形作出相关约定。

⑥违约责任。违约责任条款就是合同当事人约定何种情况是违约，以及违约后如何处理的条款。在合同关系中，违约责任条款是为可能存在的合同履行不顺利的情况而设立的预防性条款，也是对合同双方权利的救济性条款，目的也是促使合同当事人更好地履行合同约定。起草违约条款应重点关注以下几点：第一，明确违约金计算方式（可以列出具体计算公式）及损失具体包括哪些（尽量详细）；第二，赋予守约方单方解除合同的权利，合同中应明确可解除合同的条件，如果未约定，守约方仅可在根本违约的情况下采用；第三，若守约方向违约方主张因追索权利而产生的一切合理费用，如交通费、住宿费、取证费、公证费、保全费及律师费等，则应当在合同中明确约定。

（2）禁止性条款

作为一定时间、一定条件下的垄断权，无论采用何种方式实施，植物新品种权实质上都是一种限制。该限制是否合法归根结底要看其是否合法，是为规范或促进竞争还是为避免或破坏竞争。赋予植物新品种权垄断的特性是出于尊重劳动创造的考虑而给予品种权人的合理回报。植物新品种权的合法行使是该激励机制的具体体现，总体上有利于促进竞争，应受到国家法律的保护。在品种权交易的实践中，许可人为了维护自己在某一技术领域内的竞争优势，在合同中附加一些不合理的限制性条款，对被许可人的市场和技术创新行为进行种种限制。这种滥用相对优势地位的行为是法律所严格禁止的。

植物新品种权滥用源于许可合同条款对双方的权利义务设定不当。为防止植物新品种权实施许可中滥用知识产权而产生垄断效果，必须规范和管理许可合同中的限制性条款。

《反垄断法》第六十八条规定："经营者依照有关知识产权的法律、行政法规规定行使知识产权的行为，不适用本法；但是，经营者滥用知识产权，排除、限制竞争的行为，适用本法。"这表明，品种权人一般的滥用知识产权行为不属于《反垄断法》意义上的垄断行为，但是当该滥用行为产生排除、限制竞争效果时，就可能构成《反垄断法》意义上的垄断，该行为将被法律所禁止，因此在起草品种权许可合同时应当予以重视。

3. 共有植物新品种权许可注意事项

植物新品种权的共有人对权利行使有约定的，按照其约定。没有约定或者约定不明的，共有人主张其可以单独实施或者以普通实施许可方式许可他人实施。共有人之一许可他人实施该品种权，其他共有人有权主张收取的许可费在共有人之间分配。因此，被许可人在签订许可合同时应当审查许可合同所涉的植物新品种权系许可人单独所有还是与他人共有，在此基础上判断其是否有权进行独占许可实施或者排他许可实施。

第五章　植物新品种的引进和检验检疫

近年来，基于国家对种业的关注和农业现代化生产发展的需要，我国农业板块对外贸易日益频繁，植物新品种的引进也从省际扩大到国际。从境外引进农作物种子苗木（根据行文需要可简称为"种苗"）的种类和数量不断增多，不仅丰富了我国植物品种的多样性，为建立完备的种质资源库提供了便利，同时也对我国现有的农业种质资源保护体系提出了挑战，因此应当对引进的农业种质资源定期开展检疫性有害生物风险分析，加强种质资源安全管理。

第一节　植物检验检疫

跨区域引进农业种质资源在一定程度上增加了危险性病、虫、杂草及其他有害生物传入引进区域的机会，植物检验检疫品种跨区域安全流通的重要保障。

一、检验检疫的概述

植物检验检疫是防止植物危险性病、虫、杂草以及其他有害生物传入、传出国境，保护农、林、牧、渔业生产和人体健康，保障植物及食品安全，促进对外经济贸易发展的重要手段。植物进出境检验检疫，是指检验检疫机构依照法律、行政法规和国际惯例等的要求，对进出境的植物、植物产品以及运载植物和植物产品的交通工具、运输设备、装载容器和包装物分别实施检验、检疫、鉴定、监督管理，对出入境人员等实施卫生检疫及口岸卫生监督的统称。目前，我国初步形成了以《中华人民共和国进出境动植物检疫法》（下称《进出境动植物检疫法》）及其实施条例、《种子法》、《植物检疫条例》及其实施细则为主，以海关总署和原国家质量监督检验检疫总局发布的检验检疫方面的部门规章和相关规范性文件为辅的植物检疫法律体系。

1. 检验检疫监管部门

《进出境动植物检疫法》明确，国务院设立国家动植物检疫机关统一管理全国进出境动植物检疫工作。国家动植物检疫机关在对外开放的口岸和进出境动植物检疫业务集中的地点设立的口岸动植物检疫机关，依照《进出境动植物检疫法》规定实施进出境动植物检疫。《进出境动植物检疫法实施条例》规定，国家动植物检疫机关统一管理全国进出境动植物检疫工作，收集国内外重大动植物疫情，负责进出境动植物检疫的国际合作与交流。在对外开放的口岸和进出境动植物检疫业务集中的地点设立的口岸动植物检疫机关，依照《进出境动植物检疫法》和该实施条例的规定，实施进出境动植物检疫。按照职能划分，负责具体监管事务的部门主要包括农业部门、林业部门和海关部门。

（1）农业部门

农业农村部主管全国农业植物检疫工作，其执行机构是所属的植物检疫机构；各省、自治区、直辖市农业主管部门主管本地区的农业植物检疫工作；县级以上地方各级农业主管部门所属的植物检疫机构负责执行本地区的植物检疫任务。

（2）林业部门

《植物检疫条例》明确规定，林业主管部门主管全国的植物检疫工作，各省、自治区、直辖市林业主管部门主管本地区的植物检疫工作。县级以上地方各级林业主管部门所属的植物检疫机构，负责执行国家的植物检疫任务。

（3）海关部门

2018年修订的《进境动植物检疫审批管理办法》明确了海关总署负责检验检疫工作的职责，各直属海关负责所辖地区进境动植物检疫审批申请的初审工作。在2018年实行"关检合一"之后，海关成为当前进出境动植物检疫的口岸执法部门。具体工作由海关总署动植物检疫司负责，其职能包括拟订进出境动植物及其产品检验检疫的工作制度，承担进出境动植物及其产品的检验检疫、监督管理工作，按分工组织实施风险分析和紧急预防措施，承担进出境转基因生物及其产品、生物物种资源的检验检疫工作。

2. 检验检疫的流程

根据《进出境动植物检疫法》，对进出境的植物、植物产品、其他检疫物及其装载容器/包装物/铺垫材料、来自植物疫区的运输工具均需实施检疫。

《出入境检验检疫流程管理规定》对检验检疫流程作了详细规定，检验检疫流程是指出入境检验检疫机构依法对出入境货物等监管对象实施检验检疫的过程。一般包括以下部分或全部工作环节：受理报检、审单布控、现场和实验室检验检疫、动植物隔离检疫、检疫处理、综合评定、签证放行和归档。

此外，在办理进境植物及其产品法定检验时，不仅国内的企业或其代理人需提前获得输出国动植物检疫机关出具的检疫证书，而且向我国输入植物产品的国外生产、加工、存放的企业也需事先办理注册登记手续。另外需要特别注意的是，输入植物种子、苗木等还必须事先办理检疫审批手续并取得"进境动植物检疫许可证"。

二、调运检疫

根据现行法律法规规定，省内调运种子苗木，不需要办理"调运检疫要求书"；省际间调运种子苗木，须调入方检疫机构出具"调运检疫要求书"。省际间调运植物、植物产品，凡是种子、苗木和其他繁殖材料，不论是否列入应施检疫的植物、植物产品名单，不论运往何地，在调运之前，都必须经过检疫。

1. 调运检疫流程

只有调出县（市、区）境的种子苗木，才需要办理"植物检疫证书"；在县（市、区）境内调运或销售的种子苗木，只需"产地检疫合格证"原件或复印件。具体的调运检疫流程如下。

（1）调入方需准备的工作

①种子苗木调入的准备工作：在种子苗木调入前，一是要征求当地植物检疫机构的意见，避免从疫情发生地调入；从省外调入时，要取得调入地植物检疫机构出具的"调运检疫要求书"。二是要主动向调出方索要"植物检疫证书"，并要求其与货物同寄运。

②种子苗木调入后，应立即查看货物是否与"植物检疫证书"记载一致，通知当地植物检疫机构进行检疫监管；需再次调往县（市、区）境外的，凭原"植物检疫证书"向当地植物检疫机构申请，在真实性得到核实并经抽样检疫合格后领取新的"植物检疫证书"。

③调入的种子苗木引发疫情，应在植物检疫机构的指导下，进行销毁或改变用途，避免疫情扩散。

（2）调出方需要准备的工作

首先，配合调入方并向其提供"产地检疫证"。其次，将"植物检疫证书"

一同与货物寄运给调入方，以便托运单位、植物检疫机构查证验证。

2. 关于调运的注意事项

以苗木为例，调出单位在起苗后、在运输过程中需要注意以下几个问题：①苗木在并无遮雨设施的情况下，应当尽可能不要选择在雨天挖苗。由于雨天湿度大，起苗后运输和堆压时间较长，苗木容易发热、发酵，进而造成植物处于缺氧状态。②产苗起苗的过程中，一定要尽量缩短地头、定包、起苗等嫁接的时间。③尽量缩短苗木装车的时间和运输苗木的时间，在运输过程中可以采取加入一些冰块等措施，降低温度。

第二节　境外植物新品种引进

为了限制从疫区引进种子、苗木，有效避免盲目大量引进境外植物种子、苗木对本土生态平衡的冲击，必须从引进的源头进行控制。种子、苗木引进检疫审批是做好境外引种植物检疫的前提。当前世界各国均采用检疫审批许可证制度。

从境外引进种子、苗木，引进单位应当向所在的省、自治区、直辖市植物检疫机构提出申请，办理检疫审批手续；国务院有关部门直属的在京单位从境外引进种子、苗木，应当向国务院农业主管部门、林业主管部门直属的植物检疫机构提出申请，办理检疫审批手续。从境外引进种子、苗木和其他繁殖材料，实行国家和省、自治区、直辖市农业主管部门两级审批。从境外引进可能潜伏有危险性病、虫的种子、苗木和其他繁殖材料，必须隔离试种，经检疫机构调查、观察和检疫，证明确实不带危险性病、虫的，方可分散种植。以种子、苗木为例，其引进基本流程如下。

一、从境外引进品种的基本流程

1. 种子、苗木等繁殖材料引进前的检疫审批

根据进出境相关法律规定，进口种子、苗木等繁殖材料必须事先提出申请，办理检疫审批手续。检疫审批首先要求引种单位必须在对外贸易合同或协议中明确中国的检疫要求，并出具种子、苗木输出国家官方的植物检疫证书，证明该种子、苗木不带有中国关心的检疫性有害生物，确保进境种子、苗木的安全。引进非禁止进境的种子、苗木，根据种子、苗木所属类别，引进单位向种植地的农业、林业部门申请办理检疫审批。因科学研究、教学等特殊原因，

需从境外引进禁止进境种子、苗木的或者因特殊原因引进带有土壤的种子、苗木，引进单位应向海关申请办理特许检疫审批手续。

2. 入境口岸海关检疫申报

引种单位、个人或者其代理人在"进境动植物检疫许可证"或者"引进种子、苗木检疫审批单"核查备案后，应当在植物繁殖材料进境前7日凭输出国家（或地区）官方植物检疫部门出具的植物检疫证书、产地证书、贸易合同、发票以及其他必要的单证向指定的海关报检。

3. 入境时的口岸检疫

种子、苗木传带有害生物的风险较高，境外引种存在引入外来有害生物的风险，造成生物入侵，甚至有些植物本身就是入侵物种，容易破坏本地生态系统，有可能严重危害我国的农林业生产安全和生态环境安全。因此，进口种苗应重点确保：种苗及包装、铺垫材料不携带危险性土壤、病、虫、杂草等有害生物，植株、叶片等无有害生物危害症状。经海关检疫合格或检疫处理合格的，口岸放行后运往指定的种植场所或隔离苗圃实施后续监管。检疫不合格且无有效处理方法的，不准入境。

4. 入境后的隔离检疫

隔离检疫是将拟引进的种苗置于指定的场所内，在隔离条件下进行试种，在其生长期间进行检验和处理的检疫过程。进口种苗的隔离种植期限按检疫审批要求执行。隔离种植期间，企业应当配合做好隔离监管，主要包括：种苗品种数量的核查、农事操作、生长期间病虫害的监测及处置。

二、从境外引进种苗的要求

第一，收集引进种苗在原产地的病虫发生情况的有关资料（对于引进数量较大、疫情不清、与农业安全生产密切相关的种苗，引种单位应事先进行有检疫人员参加的种苗原产地疫情调查）；第二，填写"引进种子、苗木检疫审批申请书"；第三，对从境外新引进、疫情不清或风险较大种苗的，须提供在引种前申请单位安排的引进种苗隔离试种地点信息和计划，或出具由种植地植物检疫机关审核同意的隔离试种地点审核报告；第四，经农业农村部种植业管理司出具的"进出口农作物种子（苗）审批表"；第五，再次扩大引种的，须有上次引种的"进境植物繁殖材料入境后疫情监测报告"。提交的资料需要加盖公章，如果提交的资料不完整或有错误，审批部门将一次性告知申请人需要补充或修改的全部内容。所有的资料需要装订成册。

此外，从境外引进转基因植物新品种的，还应当按照国务院规定履行相应的审批程序。

三、境外种苗入境后检疫的要求

种苗引进后，引种单位须按"引进种子、苗木检疫审批单"上指定的地点进行隔离种植。一年生植物不得少于一个生育期，多年生植物不得少于两年。

引种单位应主动与省、自治区、直辖市植物保护站检疫科或由省、自治区、直辖市植物保护站检疫科临时委托的种植地检疫机构进行联系，做好引进种苗隔离试种生长期间的疫情监测，取得"进口种子、苗木隔离试种检疫结果报告单"。

隔离试种期间发现疫情，引种单位必须在检疫部门的指导和监督下，及时采取封锁、控制和消灭措施，并承担实施检疫处理的全部费用。经田间疫情监测未发现审批要求病、虫、草害的，可以扩大种植。

检疫审批流程为：引种单位提交引种检疫申请（引种单位应当在对外签订贸易合同或协议 30 日前，申请办理境外引种检疫审批手续）→检疫审批（检疫审批单位自收到"引进种子、苗木检疫审批申请书"之日起 15 天内予以审批或答复，有效期限一般为 6 个月，特殊情况有效期限可适当延长。但最长有效期限不得超过一年）→种苗入境后检疫。

四、境外引进种苗的保护

1. 境外引进种苗的品种权保护模式

如果拟从境外引进的种苗已经在其所在国家（地区）获得植物新品种保护或者专利保护的，引种的单位或个人在引进前还应当先行获得境外权利人的授权许可，避免后续引发纠纷。由于品种权具有鲜明的地域属性，决定了品种权只能在一个国家有效，品种权人想要在其他国家（地区）获得品种权保护就必须向该国（地区）提出品种权保护申请（欧盟除外，向欧盟品种保护局申请的品种权在欧盟范围内继续有效）。[①] 根据本节第一部分的介绍，从境外引进的种苗完成相应引种检疫审批流程后，可以根据种苗的类型向农业或林业主管部门申请品种权保护。关于品种权的申请详见本书第三章。

2. 境外引进种苗的非品种权保护模式

如从境外引进的种苗在境内未申请品种权保护或者虽然申请了品种权保护

---

① 刘平、陈超主编：《植物新品种保护通论》，中国农业出版社，2011 年版。

但是未被相关主管部门授予品种权的,并不意味着该种苗繁殖材料在我国不被保护。根据《最高人民法院关于审理侵犯商业秘密民事案件适用法律若干问题的规定》第一条之规定,该引进种子、苗木或其他繁殖材料在具备条件的情况下可以作为商业秘密被保护。对此,本书将在第九章进行介绍。

第三节　境内植物新品种省际调运

植物的生长发育需要特定的环境,包括光照、温度、湿度、降雨、土壤等,如果不能满足植物对这些条件的基本需求,必将影响其正常的生长发育。进行植物引种时应当尊重植物生长的基本规律,科学引种。不恰当的引种不仅可能导致引种失败,造成经济损失,还可能破坏当地的生态平衡。因此,引种前需要对拟引进的品种进行调查研究,了解检验检疫流程和相关要求,综合评价分析后才能进行引种。我国立法机关通过专门立法的形式对引种的相关流程进行了规范。

一、引种备案基本要求

当前,省级人民政府农业农村主管部门建立了同一适宜生态区省际间品种试验数据共享互认机制,为开展引种备案奠定了基础。通过省级审定的品种,其他省、自治区、直辖市属于同一适宜生态区的地域引种的,引种者应当报所在省、自治区、直辖市人民政府农业农村主管部门备案。备案时,引种者除需要填写引种备案表(包括作物种类、品种名称、引种者名称、联系方式、审定品种适宜种植区域、拟引种区域等信息)外,还应当在拟引种区域开展不少于1年的适应性、抗病性试验,对品种的真实性、安全性和适应性负责。具有植物新品种权的品种,还应当经过品种权人的同意。

二、国家审定品种同一适宜生态区划分

为科学指导、规范同一适宜生态区省际品种引种工作,国家农作物品种审定委员会于2016年7月16日发布了《关于印发国家审定品种同一适宜生态区的通知》,具体如下。

1. 国家审定稻品种同一适宜生态区

依据我国水稻种植区划和各种植区域的气候类型、生态条件、耕作制度、品种特性及生产实际等因素,国家审定稻品种同一适宜生态区划分如下。

（1）华南早籼类型区

该区包括广东省（粤北稻作区除外）、广西桂南、海南省、福建省南部的双季稻区。本类型区品种全生育期 125 天左右。

（2）华南感光晚籼类型区

该区包括广东省（粤北稻作区除外）、广西桂南、海南省、福建省南部的双季稻区。本类型区品种全生育期 115 天左右。

（3）长江上游中籼迟熟类型区

该区包括四川省平坝丘陵稻区、贵州省（武陵山区除外）、云南省的中低海拔籼稻区，重庆市（武陵山区除外）海拔 800 米以下地区、陕西省南部稻区。本类型区品种全生育期 155 天左右。

（4）长江中下游双季早籼早中熟类型区

该区包括江西省、湖南省、湖北省、安徽省、浙江省的双季稻区。本类型区品种全生育期 110 天左右。

（5）长江中下游双季早籼迟熟类型区

该区包括江西省中南部、湖南省中南部、广西桂北、福建省北部、浙江省中南部的双季稻区。本类型区品种全生育期 113 天左右。

（6）长江中下游中籼迟熟类型区

该区包括湖北省（武陵山区除外）、湖南省（武陵山区除外）、江西省、安徽省、江苏省的长江流域稻区以及浙江省中稻区、福建省北部稻区、河南省南部稻区。本类型区品种全生育期 135 天左右。

（7）长江中下游双季晚籼早熟类型区

该区包括江西省、湖南省、湖北省、安徽省、浙江省的双季稻区。本类型区品种全生育期 115 天左右。

（8）长江中下游双季晚籼中迟熟类型区

该区包括江西省中南部、湖南省中南部、广西桂中北、广东省粤北稻作区、福建省中北部、浙江省中南部的双季稻区。本类型区品种全生育期 118 天左右。

（9）长江中下游单季晚粳类型区

该区包括浙江省、上海市、江苏省南部、安徽省沿江、湖北省沿江的粳稻区。本类型区品种全生育期 150 天左右。

（10）武陵山区中籼类型区

该区包括湖北省西南部、重庆市东南部、贵州省铜仁地区、湖南省湘西自治州和张家界市的 800 米以下武陵山区稻区。本类型区品种全生育期 150 天左右。

(11) 华北中粳中熟类型区（黄淮海粳稻）

该区包括江苏省淮北稻区、安徽省沿淮和淮北稻区、河南省沿黄及沿淮稻区、山东省鲁南稻区。本类型区品种作麦茬稻全生育期 155 天左右。

(12) 华北中粳早熟类型区

该区包括河北省冀东及中北部稻区、北京市、天津市、山东省东营稻区。本类型区品种全生育期 175 天左右。

(13) 北方中早粳晚熟类型区

该区包括辽宁省南部稻区、河北省冀东、北京市、天津市、新疆南疆稻区。本类型区品种平均全生育期为 160 天左右。

(14) 北方中早粳中熟类型区

该区包括辽宁省北部稻区、吉林省晚熟稻区、宁夏引黄灌区、新疆北疆沿天山及南疆稻区、内蒙古赤峰稻区。本类型区品种全生育期 155 天左右。

(15) 北方早粳晚熟类型区

该区包括辽宁省东北部稻区、吉林省中熟稻区、黑龙江省第一积温带上限、宁夏引黄灌区、内蒙古赤峰稻区。本类型区品种全生育期 145 天左右。

(16) 东北早粳中熟类型区

该区包括黑龙江省第二积温带上限、吉林省早熟稻区、内蒙古兴安盟中南部地区。本类型区品种全生育期 135 天左右。

2. 国家审定小麦品种同一适宜生态区

依据我国小麦种植区划和各种植区域的气候类型、生态条件、耕作制度、品种特性及生产实际等因素，国家审定小麦品种同一适宜生态区划分如下。

(1) 北部冬麦水地品种类型区

该区包括河北省境内长城以南至保定、沧州市中北部地区，北京市、天津市，山西省太原市全部和晋中、吕梁、长治、阳泉的部分地区。

(2) 北部冬麦旱地品种类型区

该区包括山西省阳泉、晋中、长治、吕梁、临汾和晋城的部分地区，陕西省延安市全部和榆林市的南部地区，甘肃省庆阳和平凉市全部、定西部分地区，宁夏固原市部分地区。

(3) 黄淮冬麦北片水地品种类型区

该区包括山东省全部、河北省保定市和沧州市的南部及其以南地区、山西省运城和临汾市的盆地灌区。

（4）黄淮冬麦南片水地品种类型区

该区包括河南省除信阳市和南阳市南部部分地区以外的平原灌区，陕西省西安、渭南、咸阳、铜川和宝鸡市灌区，江苏和安徽两省淮河以北地区。

（5）黄淮冬麦旱地品种类型区

该区包括山东省旱地，河北省保定市和沧州市的南部及其以南地区旱地，河南省除信阳市全部和南阳市南部部分地区以外的旱地，陕西省西安、渭南、咸阳、铜川和宝鸡市旱地，山西省运城市全部、临汾市和晋城市部分旱地，甘肃省天水市丘陵山地。

（6）长江上游冬麦品种类型区

该区包括贵州省、重庆市全部，四川省除阿坝、甘孜州南部部分县以外的地区，云南省泸西、新平至保山以北和迪庆、怒江州以东地区，陕西南部地区，湖北十堰、襄阳地区，甘肃陇南地区。

（7）长江中下游冬麦品种类型区

该区包括浙江省、江西省、湖北省、湖南省及上海市全部，河南省信阳全部与南阳南部，江苏和安徽两省淮河以南地区。

（8）东北春麦晚熟品种类型区

该区包括黑龙江、内蒙古东北部。

（9）西北春麦品种类型区

该区包括内蒙古中西部，宁夏全部，甘肃省兰州、临夏、武威及其以西的全部和甘南州部分地区，青海省西宁市、海东地区、柴达木盆地灌区及黄南州、海南州、海北州部分地区，新疆部分地区。

3. 国家审定玉米品种同一适宜生态区

依据我国玉米种植区划和各种植区域的气候类型、生态条件、耕作制度、品种特性及生产实际等因素，国家审定玉米品种同一适宜生态区划分如下。

（1）普通玉米、青贮玉米

①北方极早熟春玉米类型区。该区包括黑龙江省北部及东南部山区第四积温带，内蒙古呼伦贝尔市部分地区、兴安盟部分地区、锡林郭勒盟部分地区、乌兰察布盟部分地区、通辽市部分地区、赤峰市部分地区、包头市北部、呼和浩特市北部，吉林省延边州、白山市的部分山区，河北省北部坝上及接坝的张家口市和承德市的部分地区，山西省北部大同市、朔州市、忻州市、吕梁市海拔 1 200 米以上地区，宁夏南部山区海拔 2 000 米以上地区，甘肃省兰州市、

定西市、临夏州和张掖市海拔 2 000 米以上地区。

②北方早熟春玉米类型区。该区包括黑龙江省中北部及东南部山区第三积温带、内蒙古呼伦贝尔市部分地区、兴安盟部分地区、乌兰察布盟部分地区、赤峰市部分地区、通辽市部分地区、包头市部分地区、呼和浩特市部分地区，吉林省延边州、白山市、通化市的部分山区，河北省北部接坝地区，宁夏南部山区海拔 1 800～2 000 米地区，山西省北部大同市、朔州市、忻州市、吕梁市、太原市、阳泉市海拔 1 000～1 200 米丘陵山区，甘肃省定西市、临夏州、酒泉市海拔 1 800～2 000 米地区。

③东华北中早熟春玉米类型区。该区包括黑龙江省第二积温带，吉林省延边州、白山市的部分地区，通化市、吉林市的东部，内蒙古中东部的呼伦贝尔市扎兰屯市南部、兴安盟中北部、通辽市扎鲁特旗中部、赤峰市中北部、乌兰察布市前山、呼和浩特市北部、包头市北部早熟区，河北省张家口市坝下丘陵及河川中早熟区和承德市中南部中早熟地区，山西省中北部大同市、朔州市、忻州市、吕梁市、太原市、阳泉市海拔 900～1 100 米的丘陵地区，宁夏南部山区海拔 1 800 米以下地区。

④东华北中熟春玉米类型区。该区包括辽宁省东部山区和辽北部分地区，吉林省吉林市、白城市、通化市大部分地区，辽源市、长春市、松原市部分地区，黑龙江省第一积温带，内蒙古乌兰浩特市、赤峰市、通辽市、呼和浩特市、包头市、巴彦淖尔市、鄂尔多斯市等部分地区，河北省张家口市坝下丘陵及河川中熟区和承德市中南部中熟区，山西省北部大同市、朔州市盆地区和中部及东南部丘陵区。

⑤东华北中晚熟春玉米类型区。该区包括吉林省四平市、松原市、长春市的大部分地区，辽源市、白城市、吉林市部分地区、通化市南部，辽宁省除东部山区和大连市、东港市以外的大部分地区，内蒙古赤峰市和通辽市大部分地区，山西省忻州市、晋中市、太原市、阳泉市、长治市、晋城市、吕梁市平川区和南部山区，河北省张家口市、承德市、秦皇岛市、唐山市、廊坊市、保定市北部、沧州市北部春播区，北京市春播区，天津市春播区。

⑥黄淮海夏玉米类型区。该区包括河南省、山东省、河北省保定市和沧州市的南部及以南地区、陕西省关中灌区、山西省运城市和临汾市、晋城市部分平川地区、江苏和安徽两省淮河以北地区、湖北省襄阳地区。

⑦京津冀早熟夏玉米类型区。该区包括河北省唐山市、秦皇岛市、廊坊市、沧州市北部、保定市北部夏播区，北京市夏播区，天津市夏播区。

⑧西北春玉米类型区。该区包括内蒙古巴彦淖尔市大部分地区、鄂尔多斯市大部分地区，陕西省榆林地区、延安地区，宁夏引扬黄灌区，甘肃省陇南市、天水市、庆阳市、平凉市、白银市、定西市、临夏州海拔 1 800 米以下地区及武威市、张掖市、酒泉市大部分地区，新疆昌吉州阜康市以西至博乐市以东地区、北疆沿天山地区、伊犁州直西部平原地区。

⑨西南春玉米类型区。该区包括四川省、重庆市、湖南省、湖北省、陕西省南部海拔 800 米及以下的丘陵、平坝、低山地区，贵州省贵阳市、黔南州、黔东南州、铜仁市、遵义市海拔 1 100 米以下地区，云南省中部昆明、楚雄、玉溪、大理、曲靖等州市的丘陵、平坝、低山地区，广西桂林市、贺州市。

⑩热带亚热带玉米类型区。该区主要包括广西壮族自治区、海南省、广东省、福建省漳州以南地区、贵州省与广西接壤的低热河谷地带、云南省文山、红河、临沧、思茅、西双版纳、德宏等州市海拔 800 米以下地区。

⑪东南春玉米类型区。该区包括安徽和江苏两省淮河以南地区、上海市、浙江省、江西省、福建省中北部。

（2）鲜食甜玉米、鲜食糯玉米

①北方鲜食甜玉米、鲜食糯玉米类型区。该区包括黑龙江省第五积温带至第一积温带、吉林、辽宁、内蒙古、河北、山西、北京、天津、新疆、宁夏、甘肃、陕西等省份年≥10℃活动积温 1 900℃以上玉米春播种植区。

②黄淮海鲜食甜玉米、鲜食糯玉米类型区。该区主要包括北京市、天津市、河北省中南部、河南省、山东省、陕西省关中灌区、山西省南部、安徽和江苏两省淮河以北地区等玉米夏播种植区。

③西南鲜食甜玉米、鲜食糯玉米类型区。该区包括四川省、重庆市、贵州省、湖南省、湖北省、陕西省南部海拔 800 米及以下的丘陵、平坝、低山地区及云南省中部的丘陵、平坝、低山地区。

④东南鲜食甜玉米、鲜食糯玉米类型区。该区包括安徽和江苏两省淮河以南地区、上海市、浙江省、江西省、福建省、广东省、广西壮族自治区、海南省。

（3）爆裂玉米

爆裂玉米类型区包括黑龙江、辽宁、吉林、内蒙古、河北、山西、陕西、宁夏、甘肃、新疆、河南、山东等省份年≥10℃积温 2 700℃以上的玉米种植区。

4. 国家审定棉花品种同一适宜生态区

依据我国棉花种植区划和各种植区域的气候类型、生态条件、耕作制度、品种特性及生产实际等因素，国家审定棉花品种同一适宜生态区划分如下。

(1) 黄河流域棉区

该区气温≥10℃持续期196～230天，活动积温3 800～4 900℃，包括山东省、河北省（除长城以北）大部、河南省（除南阳、信阳两个地区）大部、山西省南部、天津市、江苏和安徽两省淮河以北地区、陕西省（除汉中地区以外）大部。

(2) 长江流域棉区

该区气温≥10℃持续期220～300天，活动积温4 600～5 900℃，包括上海、浙江、江西、湖北和湖南5省市的全部，江苏和安徽两省淮河以南地区、四川盆地、河南省南阳和信阳地区。

(3) 西北内陆棉区早熟品种类型区

该区≥10℃积温2 900～3 800℃，包括新疆天山北坡、准噶尔盆地西南缘、古尔班通古特沙漠以南的北疆棉区，塔里木盆地西部和西南沿山一带的南疆部分棉区，准噶尔盆地南部和南北疆零星地区，甘肃河西走廊，内蒙古西部。

(4) 西北内陆棉区早中熟品种类型区

该区≥10℃积温4 100～5 400℃，包括新疆天山东段吐鲁番盆地、南疆塔里木河盆地周围、东疆哈密地区。

5. 国家审定大豆品种同一适宜生态区

依据我国大豆种植区划和各种植区域的气候类型、生态条件、耕作制度、品种特性及生产实际等因素，国家审定大豆品种同一适宜生态区划分如下。

(1) 北方春大豆超早熟品种类型区
该区包括黑龙江省第六积温带及内蒙古大兴安岭东麓近山地区。

(2) 北方春大豆极早熟品种类型区

该区包括黑龙江省第五积温带、内蒙古大兴安岭以东冷凉地区、新疆阿勒泰山区的部分地区。

(3) 北方春大豆早熟品种类型区

该区包括黑龙江省第四积温带及三、四积温带过渡区域，内蒙古大兴安岭以东嫩江流域的传统农区、通辽市和赤峰市的北部山区，吉林省延边市、白山市的高寒山区，新疆阿勒泰山区、萨吾尔山谷地、两河间平原、塔城盆地、伊犁河谷丘陵区及北疆沿天山一带东部的部分地区。

(4) 北方春大豆中早熟品种类型区

该区包括黑龙江省第二积温带，内蒙古大兴安岭东南、赤峰市丘陵山地，吉林省延边州和白山市大部分地区、吉林市部分地区，新疆伊犁河谷西部、博尔塔拉谷地、北疆沿天山一带东部的部分地区。

（5）北方春大豆中熟品种类型区

该区包括吉林省长春市全部，通化市、松原市、吉林市的大部分地区及辽源市、延边州的部分地区；内蒙古东部温和区、土默川及河套平原；宁夏南部山区；山西省朔州市西北部、忻州市西部地区；新疆伊犁新源县部分区域、北疆乌伊公路沿线及昌吉州的部分地区。

（6）北方春大豆中晚熟品种类型区

该区包括吉林省四平市、辽源市大部分地区，长春市部分地区；辽宁省东北部山地冷凉地区；内蒙古西辽河平原、河套平原灌溉区和阿拉善高原绿洲地区；河北省承德市部分地区；山西省大同市、朔州市、忻州市部分地区；宁夏引扬黄灌区；甘肃省河西走廊及兰州市、临夏州、定西市的部分地区；新疆伊犁河谷西部、博尔塔拉谷地及北疆沿天山一带的部分地区。

（7）北方春大豆晚熟品种类型区

该区包括辽宁省辽河平原温暖湿润地区；河北省唐山市、秦皇岛市、张家口市、承德市的部分地区；山西省临汾、晋城、长治、阳泉、晋中、吕梁、忻州、太原的部分地区；陕西省关中以北的部分地区；甘肃省沿黄灌区的白银和兰州、定西以及陇东等地的部分地区；宁夏引扬黄灌区。

（8）黄淮海夏大豆北片品种类型区

该区包括北京市中部和南部、天津市、河北省中部。

（9）黄淮海夏大豆中片品种类型区

该区包括山西省南部、河南省中西部和北部、河北省南部、山东省中部、陕西省关中地区。

（10）黄淮海夏大豆南片品种类型区

该区包括山东省南部、河南省东部和南部、江苏和安徽两省淮河以北地区。

（11）长江流域春大豆品种类型区

该区包括四川盆地及中东部地区、重庆市大部分地区（除武陵山区）、湖北省除鄂西山区以外地区、湖南省中北部、江西省中北部、江苏和安徽两省沿江地区、浙江省。

（12）长江流域夏大豆早中熟品种类型区

该区包括重庆市、湖北省、湖南省中北部、江西省中北部、安徽省沿江地区。

（13）长江流域夏大豆晚熟品种类型区

该区包括四川盆地及丘陵地区、湖南省中南部、江西省南部、江苏省南部、浙江省。

（14）南方鲜食大豆春播品种类型区

该区包括长江中下游及以南地区。

（15）南方鲜食大豆夏播品种类型区

该区包括除西南山区以外的长江中下游及以南地区。

（16）热带亚热带地区春大豆品种类型区

该区包括广东省、广西壮族自治区、福建省、海南省、江西省南部、湖南省南部。

（17）热带亚热带地区夏大豆品种类型区

该区包括广东省、广西壮族自治区（桂林市北部山区除外）、福建省（武夷山区除外）、海南省、江西省南部、湖南省南部。

三、境内植物新品种跨审定区域推广

申请单位在推广过程中需要注意品种是否为同一适宜生态区域的。同一适宜生态区域的需要引种备案，不同生态区域的需要做区域试验种植，最终由国家、省级审批部门决定是否推广。

1. 不同生态区域推广

通过国家级审定的农作物品种和林木良种由国务院农业、林业主管部门公告，可以在全国适宜的生态区域推广。通过省级审定的农作物品种和林木良种由省、自治区、直辖市人民政府农业、林业主管部门公告，可以在本行政区域内适宜的生态区域推广；其他省、自治区、直辖市属于同一适宜生态区的地域引种农作物品种、林木良种的，引种者应当将引种的品种和区域报所在省、自治区、直辖市人民政府农业、林业主管部门备案。

引种本地区没有自然分布的林木品种，应当按照国家引种标准通过试验。

2. 同一适宜生态区推广

引种是品种在其遗传性适应范围内的迁移，这种适应范围受到基因型的严格制约。不同植物种类适应范围相差很大，同一植物种类适应范围也有一定的区别，同一植物种类的不同品种间在适应性上也存在差异。品种自体调节能力与品种基因型的杂合型程度有关。

3. 引种备案

引种与其他的育种方法相比，所需要的时间短，见效快，节省人力和物力，是一种最经济的丰富本地植物资源圃的方法。为防止危险性病、虫、杂草传播蔓延，必须遵照《植物检疫条例》等相关规定进行引种。

需要申请审定品种引种备案，准备材料各省大致相同。引种备案需要提供的材料：①主要农作物或良种引种备案表；②拟引种品种适应性试验总结报告表；③拟引种品种抗病性试验总结报告；④引种品种审定公告及证书复印件；⑤拟引种备案品种植株照片；⑥引种者经营许可证复印件；⑦具有植物新品种权的，还应当提交品种权人书面同意材料原件及证书复印件；⑧拟引种备案品种真实性、安全性和适应性承诺书等。

4. 引种备案注意事项

目前各省市均对引种备案下发了相应文件，引种备案还应当注意以下事项：①引种品种在目标地区需要至少一年的适应性试验，而且试验点应分布在不同县级区域；②在适应性试验的同时，需要委托当地抗性鉴定单位做抗病鉴定试验，测试抗病是否合格；③需要保存拟引种备案品种在苗期、抽雄期、吐丝期三个时期的和果穗、籽粒、群体共六张图片，作为资料提供；④引种者应当对拟引种备案品种的真实性、安全性和适应性负责，并作出书面承诺，对因没有如实填写备案品种信息或隐瞒备案品种缺陷而给用种者造成损失的，责任由引种者承担。

第六章 植物新品种应用中常见的违法行为

虽然我国已经构建了完整的农业种质资源保护体系，实现了对引进种质资源与本土种质资源平等保护的目标，但是在植物新品种应用过程中的违法行为不仅破坏了我国构建的农业种质资源保护体系，也挑战了我国植物新品种保护法律制度。植物新品种应用中常见的违法行为多种多样，实践中主要表现为违法销售植物新品种和侵犯植物新品种权。植物新品种保护有行政保护和司法保护两条途径，本章将分别从行政执法机关对违法行为的查处和司法机关对侵权行为的认定两个方面来介绍植物新品种应用过程中的常见的违法行为，以期为品种权人和利害关系人保护品种权提供参考。

第一节 行政执法常见的违法行为类型

行政执法部门通过打击侵权套牌等违法行为，使民众的品种权保护意识明显增强；通过严格品种管理，逐步解决品种同质化问题；通过集中整治和监督检查，制售假劣种子、非法生产经营转基因种子等行为得到有效遏制；通过强化种业领域日常监管与执法办案的协调配合，种业治理成效更加明显。行政执法机关对侵权行为的认定多发生在农业生产领域，因此，本节主要以农业种子为例来介绍。

一、生产经营假种子

1. 表现形式

根据《种子法》第四十八条可知，假种子的表现形式主要有：①以非种子冒充种子；②以此种品种种子冒充其他品种种子；③种子种类、品种与标签标注的内容不符；④没有标签的种子（俗称"白包"种子）。进口种子在中国境内销售时，未经批准擅自使用其他品种名称的行为，属于种子种类、品种与标签标注的内容不符的情形。[①]

2. 法律责任

《种子法》第七十四条规定："违反本法第四十八条规定，生产经营假种子的，由县级以上人民政府农业农村、林业草原主管部门责令停止生产经营，没收违法所得和种子，吊销种子生产经营许可证；违法生产经营的货值金额不足二万元的，并处二万元以上二十万元以下罚款；货值金额二万元以上的，并处货值金额十倍以上二十倍以下罚款。

"因生产经营假种子犯罪被判处有期徒刑以上刑罚的，种子企业或者其他单位的法定代表人、直接负责的主管人员自刑罚执行完毕之日起五年内不得担任种子企业的法定代表人、高级管理人员。"

《中华人民共和国刑法》（下称《刑法》）第一百四十七条规定："生产假农药、假兽药、假化肥，销售明知是假的或者失去使用效能的农药、兽药、化肥、种子，或者生产者、销售者以不合格的农药、兽药、化肥、种子冒充合格的农药、兽药、化肥、种子，使生产遭受较大损失的，处三年以下有期徒刑或者拘役，并处或者单处销售金额百分之五十以上二倍以下罚金；使生产遭受重大损失的，处三年以上七年以下有期徒刑，并处销售金额百分之五十以上二倍以下罚金；使生产遭受特别重大损失的，处七年以上有期徒刑或者无期徒刑，并处销售金额百分之五十以上二倍以下罚金或者没收财产。"

3. 典型案例

（1）把"菜薯"当"种薯"卖[②]

2020 年 5 月，有媒体接到爆料，在四川省德阳市广汉市，有人将"马铃薯菜薯"当成"马铃薯种薯"进行销售，数十万（不包含未举报的）马铃薯种子出现问题。每年 10 月份是马铃薯播种的时间，如往常一样，四川省德阳市广汉市李明（化名）、张成（化名）等马铃薯种植户们提前向唐某购买"马铃薯种薯"，购买的种子数额较大。李明、张成在检查种子质量时发现种子外表品质参差不齐，与正品'希森 6 号'马铃薯种子质量差异明显，遂联系了希森公司相关负责人，但是相关负责人表示，并没有这么一批种薯销售给他们。于是希森公司将此事举报到了广汉市农业农村局，该农业农村局最终认定了唐某

---

①　农业农村部办公厅《农业农村部办公厅关于假种子认定问题的函》（农办法函〔2020〕20 号）。

②　资料来源：金农宝典，《2020 年十大假种子案启示》，2020 年 1 月 4 日发布。

将"菜薯"冒充"种薯"的销售假种子行为。

（2）用'JM22'小麦种子冒充'LX310'品种进行销售①

2020年9月，天津市宝坻区农业综合行政执法支队接到山东某公司举报，称宝坻区某农资经营部涉嫌以'JM22'小麦种子冒充'LX310'品种进行销售。经立案调查，执法人员在当事人经营场所和库房内发现了标注河北某种业有限公司生产、规格为每袋20千克的'LX310'小麦种子604袋。执法人员依法对上述小麦种子抽样检测，结果表明'LX310'和'JM22'系同一品种，证实当事人经营假种子。经进一步查明，当事人收到检测报告后，积极配合行政机关调查，主动追回已销售的小麦种子，并与购种农户签订赔偿协议。根据《种子法》第七十五条第一款，经营假种子的，依法应当责令其停止经营，没收违法所得和种子，吊销种子生产经营许可证，并处罚款；根据《中华人民共和国行政处罚法》（下称《行政处罚法》）第二十七条，当事人有主动消除或者减轻违法行为危害后果的，依法应当从轻或者减轻行政处罚。本案中，农业农村部门依法给予当事人没收假种子、违法所得和罚款的行政处罚，未吊销其种子生产经营许可证，体现了宽严相济、过罚相当的处罚原则。

（3）梅河口市某农资商店销售的种子标签内容不符合规定案②

当事人销售的种子标签内容不符合规定一案中，经执法机关依法调查发现：'辽吉881'玉米种子标签未标注种子生产经营者的注册地地址，未按规定标注检测日期及种植季节，品种主要性状部分内容与引种备案信息不一致，风险提示内容标注不符合规定。根据对当事人梅河口市某农资商店经营者潘某波的询问笔录等证据材料，执法机关认为：当事人的上述行为违反了《种子法》第四十条第一款"销售的种子应当符合国家或者行业标准，附有标签和使用说明。标签和使用说明标注的内容应当与销售的种子相符。种子生产经营者对标注内容的真实性和种子质量负责"的规定。根据《农作物种子标签和使用说明管理办法》第六条、第十五条、第二十条、第二十二条之规定，已构成销售的种子标签内容不符合规定的违法行为，事实清楚，证据确凿。执法机关责令当事人改正销售的种子标签内容不符合规定的违法行为，并作出罚款2 000元人民币的行政处罚决定。

---

① 《农业农村部关于发布第一批农业行政执法指导性案例的通知》案例一（农法发〔2021〕3号）。
② 梅河口市农业农村局：梅农（种）罚〔2020〕004号行政处罚决定书。

（4）沧州市盐山县生产经营假种子案[①]

2023 年 3 月 28 日盐山县农业农村局接到群众投诉，反映其从山东省宝某农业服务有限公司购买的小麦种子'师某 02 - 1'田间枯死现象严重。经查，2022 年投诉人向宝某农业服务有限公司转账 67 500 元，购买 15 000 千克小麦种子。10 月 9 日宝某农业服务有限公司派货车送货。卸货时在场证人证言、播种时在场证人证言以及播种时录像均证明涉案小麦种子为白色编织袋包装，包装袋正面有"小麦原种基地专供"红色字样，正面下方标明净重量 25 千克，背面空白无任何标识。经查，涉案种子播种 667 亩*，其中 640 亩出现小麦死苗。经沧州某价格事务所对涉案地块鉴定，较播种正常小麦损失 68.40 万元。根据《种子法》和《农作物种子标签和使用说明管理办法》的有关规定，没有品种名称视为没有标签，没有标签的为假种子。宝某农业服务有限公司涉嫌经营假种子，使生产遭受特别重大损失，涉嫌犯罪，现已移交盐山县公安机关处理。

二、生产经营劣种子

1. 表现形式

根据《种子法》第四十八条可知，劣种子的表现形式主要有：①质量低于国家规定标准；②质量低于标签标注指标；③带有国家规定的检疫性有害生物。

2. 法律责任

《种子法》第七十五条规定："违反本法第四十八条规定，生产经营劣种子的，由县级以上人民政府农业农村、林业草原主管部门责令停止生产经营，没收违法所得和种子；违法生产经营的货值金额不足二万元的，并处一万元以上十万元以下罚款；货值金额二万元以上的，并处货值金额五倍以上十倍以下罚款；情节严重的，吊销种子生产经营许可证。

"因生产经营劣种子犯罪被判处有期徒刑以上刑罚的，种子企业或者其他单位的法定代表人、直接负责的主管人员自刑罚执行完毕之日起五年内不得担任种子企业的法定代表人、高级管理人员。"

《刑法》第一百四十七条规定："生产假农药、假兽药、假化肥，销售明知

---

① 《2023 年河北省农业农村厅种子典型案例》案例一。

＊ 1 亩＝666.67 平方米。——编者注

是假的或者失去使用效能的农药、兽药、化肥、种子，或者生产者、销售者以不合格的农药、兽药、化肥、种子冒充合格的农药、兽药、化肥、种子，使生产遭受较大损失的，处三年以下有期徒刑或者拘役，并处或者单处销售金额百分之五十以上二倍以下罚金；使生产遭受重大损失的，处三年以上七年以下有期徒刑，并处销售金额百分之五十以上二倍以下罚金；使生产遭受特别重大损失的，处七年以上有期徒刑或者无期徒刑，并处销售金额百分之五十以上二倍以下罚金或者没收财产。"

3. 典型案例

（1）温州市某农资经营部经营劣种子案①

2020 年 3 月，温州市农业农村局在温州市某农资经营部门店抽检了'X 绿 333'菠菜种子，检验报告显示该种子水分 10.9%，高于《瓜菜作物种子第 5 部分：绿叶菜类》（GB 16715.5—2010）水分≤10.0%的规定，检验结果为不合格，当事人涉嫌经营劣种子。该局及时立案调查，依法对当事人和购买该种子的农户进行询问，对现场进行勘验，并提取其他相关证据。查明当事人从某种苗有限公司购进'X 绿 333'种子 10 包，货值 330 元，其中，已销售 7 包，抽样 2 包（送检 1 包、留样 1 包），库存 1 包，销售价格 33 元/包，违法所得 231 元。温州市农业农村局根据《种子法》第七十五条第一款，参照《浙江省农业行政处罚裁量基准》，对当事人作出没收'X 绿 333'菠菜种子 2 包、没收违法所得 231 元和罚款 9 000 元的行政处罚，并对该农资经营部门店改正违法行为情况进行了复查。

（2）浙江勿忘农种业股份有限公司某营业部经营劣种子案②

执法人员于 2016 年 6 月 3 日在浙江勿忘农种业股份有限公司某营业部门店抽取了白圆叶苋菜（标称生产单位：长沙市银田蔬菜种子实业有限公司；指标：纯度≥95%，净度≥96%，发芽率≥85%，水分≤12%；规格型号：50克/包；生产日期/批号：201601）种子样品。该种子样品经浙江省种子质量检验站检验，净度 98.5%，发芽率 35%，水分 12.5%，检验结果不合格。2016 年 7 月 29 日，执法人员向当事人送达了产品质量监督抽查结果通知单（三农质监函〔2016〕3 号）和检验报告（浙种检〔三门委〕字〔2016〕第 3 号），

---

① 《农业农村部关于发布第一批农业行政执法指导性案例的通知》案例二（农法发〔2021〕3 号）。

② 三农林（种子）罚决字〔2016〕18 号行政处罚决定书。

当事人未在规定时间内提出复检申请。2016 年 8 月 16 日，执法机关对当事人涉嫌违法行为进行立案调查。2016 年 10 月 26 日，执法机关根据《种子法》第四十八条、第七十五条的规定，没收 2 包劣种子和违法所得 30 元，并处罚款 5 000 元。

（3）襄垣县某农资服务部销售标签内容不符合规定的玉米种子案①

2020 年 4 月，襄垣县农业综合行政执法队在全市农资打假"春雷行动"交叉检查中发现，襄垣县某农资服务部经营的由北京某种业股份有限公司生产的玉米种子标签标注的植物检疫证编号"6207232019001300"不符合编码规则。涉案种子涉嫌未依法进行产地检疫或标签内容不符合规定，执法人员现场拍照取证，并要求当事人在规定期限内提供涉案种子植物产地检疫证明、农作物种子生产经营许可证等相关证明文件。5 月 9 日，襄垣县农业农村局负责人批准对此案进行立案查处。执法人员通过经销商、供货商、生产企业等生产经营环节参与者对该案进行了全面调查询问，并查验了生产经营许可证副本、产地检疫证明等相关资料，查明涉案种子于 2019 年在甘肃生产，按规定进行了产地检疫，检疫证明编号为 6207232019001303。排除了涉案种子未依法进行产地检疫的嫌疑，查证了标注的产地检疫证不真实的违法事实。根据《种子法》、《行政处罚法》及《农作物种子标签和使用说明管理办法》，执法机关对当事人作出了行政处罚。在规定期限内，当事人主动履行了法律义务。

三、非法生产经营种子

1. 表现形式

根据《种子法》第三十二、三十三、三十四条可知，非法经营种子表现形式主要有：①未取得种子生产经营许可证生产经营种子；②以欺骗、贿赂等不正当手段取得种子生产经营许可证；③未按照种子生产经营许可证的规定生产经营种子；④伪造、变造、买卖、租借种子生产经营许可证；⑤生产种子未执行种子检验、检疫规程。

2. 法律责任

《种子法》第七十六条规定："违反本法第三十二条、第三十三条、第三十四条规定，有下列行为之一的，由县级以上人民政府农业农村、林业草原主管部门责令改正，没收违法所得和种子；违法生产经营的货值金额不足一万元的，

---

① 资料来源：2020 年山西省农业行政处罚优秀案卷。

并处三千元以上三万元以下罚款；货值金额一万元以上的，并处货值金额三倍以上五倍以下罚款；可以吊销种子生产经营许可证：（一）未取得种子生产经营许可证生产经营种子的；（二）以欺骗、贿赂等不正当手段取得种子生产经营许可证的；（三）未按照种子生产经营许可证的规定生产经营种子的；（四）伪造、变造、买卖、租借种子生产经营许可证的；（五）不再具有繁殖种子的隔离和培育条件，或者不再具有无检疫性有害生物的种子生产地点或者县级以上人民政府林业草原主管部门确定的采种林，继续从事种子生产的；（六）未执行种子检验、检疫规程生产种子的。被吊销种子生产经营许可证的单位，其法定代表人、直接负责的主管人员自处罚决定作出之日起五年内不得担任种子企业的法定代表人、高级管理人员。"

3. 典型案例

（1）吉林省某种业有限公司未取得种子生产经营许可证生产玉米种子案[①]

2015 年 10 月 18 日，吉林省农业委员会案件联合调查小组根据农业部种子管理局转来的举报线索，对吉林省某种业有限公司进行了突击检查，在该公司库房内发现堆放有大量散包种子。经询问，吉林省某种业有限公司称这批种子是自己在新疆奎屯生产的实验品种种子，因是未审定品种，所以未取得种子生产经营许可证。2015 年 10 月 27 日，吉林省农业委员会依法进行立案调查，查明吉林省某种业有限公司于 2015 年在未取得种子生产经营许可证情况下生产玉米种子 95 360 千克，无违法所得。吉林省农业委员会认为当事人上述行为违反了《种子法》第三十三条的规定，应当予以行政处罚。吉林省农业委员会依照《种子法》第七十七条的规定作出没收无证生产的玉米种子 95 360 千克、罚款 3 万元的处罚决定。

（2）吉林省某种业有限公司未按照种子生产经营许可证的规定生产玉米杂交种子案[②]

2017 年 5 月 23 日，吉林省农业委员会在实地检查中发现，吉林省某种业有限公司（下称"A 公司"）在四平市铁东区石岭子镇大孤家子村未按种子生产经营许可证的规定生产'育强 606''育强 908'杂交玉米种子共计 35 亩。2017 年 9 月 6 日，吉林省农业委员会依法对 A 公司立案调查，经调查认定 A 公司于 2017 年未按种子生产经营许可证的规定委托四平市铁东区石岭子镇大

---

① 吉林省农业委员会行政处罚决定书（第 001 号）。
② 吉农（种子）罚〔2017〕4 号行政处罚决定书。

孤家子村农民黄某臣生产'育强 606''育强 908'杂交玉米种子共计 35 亩。A 公司的行为违反了《种子法》第三十三条的规定，吉林省农业委员会根据《种子法》对 A 公司进行了处罚。

（3）江苏省宿迁市宿城区陈集镇冯某萍农资店伪造种子生产经营许可证案[①]

冯某萍伪造种子生产经营许可证案，经执法机关依法调查查明：2020年 4 月 28 日，执法人员在冯某萍农资店检查时，对冯某萍销售的标称甘肃某种业有限公司生产的'鲁单 9002'玉米种子及'鲁单 981'玉米种子包装袋上标注的种子生产经营许可证号通过中国种业信息网查询系统查询（现需通过中国种子协会网站查询经营许可），发现标注的生产经营许可证号不存在，执法人员随即报请领导批准对冯某萍涉嫌的违法行为进行调查处理，同时对现场进行检查、摄像和拍照取证，对现场未销售的'鲁单 9002'玉米种子及'鲁单 981'玉米种子依法予以扣押。4 月 30 日执法机关向冯某萍送达了《限期提供证据通知书》，要求冯某萍 7 日内提供上述种子生产经营许可证，规定期限内当事人未能提供种子生产经营许可证。执法机关依照《种子法》的规定作出如下处罚：①没收被本机关扣押的 8 袋'鲁单 981'玉米种子及 104 袋'鲁单 9002'玉米种子；②没收违法所得 3 334 元；③罚款人民币 3 000 元。

（4）四川省江油市某种业有限公司生产销售未经检疫水稻种子案[②]

2021 年 2 月，重庆市合川区农业综合行政执法机构开展执法检查时发现，辖区内某种子经营门店从四川省江油市某种业有限公司调入的某品种水稻种子无植物检疫证书。经检测，该批种子带有植物检疫性病菌。四川省农业农村厅接到线索通报后，迅速组织江油市农业农村局对该公司库存未销售的同品种种子抽样检测，确认带有植物检疫性病菌。江油市农业农村局立即立案调查，查明涉案种子已销往四川省内 16 个市（州）77 个县（区），以及重庆市、湖南省、贵州省的 43 个县（区）。按照农业农村部统一部署，四川、重庆、湖南、贵州 4 个省市农业农村部门立即组织对染病种子开展拉网式排查，依法采取查封扣押、监督召回和销毁等措施，全力阻止染病种子下田入户。因当事人生产销售带有检疫性病菌水稻种子的行为已涉嫌刑事犯罪，江油市农业农村局依法

---

① 宿农（种子）罚〔2020〕25 号行政处罚决定书。
② 农业农村部第二批农业行政执法指导性案例。

将案件移送给绵阳市公安局。公安机关对该种业有限公司法定代表人、直接责任人等依法采取了取保候审措施。目前该案已被移送检察机关审查起诉。此外，四川、重庆、湖南、贵州4个省市农业农村部门同步对染病种子调运、经营环节的违法行为进行了立案调查，查处未办理植物检疫证调运种子、经营劣种子等相关违法案件100余件。

四、未按照要求对推广销售品种进行审定或登记

1. 表现形式

根据《种子法》第二十一、二十二、二十三条可知，未按照要求对推广销售品种进行审定或登记表现形式主要有：①对应当审定未经审定的农作物品种进行推广、销售；②作为良种推广、销售应当审定未经审定的林木品种；③推广、销售应当停止推广、销售的农作物品种或者林木良种；④对应当登记未经登记的农作物品种进行推广；⑤对应当登记未经登记的农作物品种以登记品种的名义进行销售；⑥对已撤销登记的农作物品种进行推广；⑦对已撤销登记的农作物品种以登记品种的名义进行销售。

2. 法律责任

《种子法》第七十七条规定："违反本法第二十一条、第二十二条、第二十三条规定，有下列行为之一的，由县级以上人民政府农业农村、林业草原主管部门责令停止违法行为，没收违法所得和种子，并处二万元以上二十万元以下罚款：（一）对应当审定未经审定的农作物品种进行推广、销售的；（二）作为良种推广、销售应当审定未经审定的林木品种的；（三）推广、销售应当停止推广、销售的农作物品种或者林木良种的；（四）对应当登记未经登记的农作物品种进行推广，或者以登记品种的名义进行销售的；（五）对已撤销登记的农作物品种进行推广，或者以登记品种的名义进行销售的。"

3. 典型案例

（1）广西红日农业连锁有限公司某经营部销售未经审定的种子案[①]

广西壮族自治区南宁市农委会执法人员对南宁市青秀区某种子市场进行执法检查时，发现广西红日农业连锁有限公司某经营部陈列并销售'特优180'水稻种子。经调查，该水稻品种未通过广西农作物品种审定。当事人共进货'特优180'水稻种子90千克，销售价格44元/千克，货值金额3 960元；当

事人供认售出 2 千克并提供了相关的销售单据。现场检查发现库存'特优 180'水稻种子 88 千克，与事实相符，认定违法收入 88 元。执法机关采信了当事人在案发后已将执法人员现场检查发现的库存的 88 千克水稻种子退回供货商的主张，依照《种子法》相关规定作出没收违法所得 88 元、罚款 20 000 元的处罚决定。

（2）保定安国市刘某某销售应当停止推广、销售的农作物的小麦种子案[①]

2021 年 8 月 10 日，安国市农业农村局接到举报，有人在安国市北段村村东销售应当审定未经审定的种子。执法人员随即到举报地点现场检查，发现刘某某驾驶一辆货车销售种子，车上摆放有标称'石新 733'的袋装小麦种子 100 袋，共计 2 500 千克。经查明，2013 年河北省农业厅发布公告，自 2014 年 7 月 29 日起，'石新 733'应停止经营、推广。刘某某购入涉案种子 110 袋，其中，销售 10 袋，单价 85 元/袋，剩余 100 袋，违法所得 850 元，货值金额 9 350 元。依据《种子法》第七十七条规定，安国市农业农村局责令刘某某停止销售应当停止推广、销售的'石新 733'小麦种子，作出没收种子 2 500 千克、没收违法所得 850 元并处罚款 30 000 元的行政处罚决定。

（3）陶某对应当登记未经登记的种苗进行推广案[②]

2022 年 8 月，侯某到平度市综合行政执法局报案称：6 月初，自己以每棵 0.65 元的价格，从陶某处购买了 15 000 棵'心里红 3 号'番茄种苗，种植过程中发现，结的果实都出现裂口，丧失了商品价值。当日，平度市综合行政执法局对陶某未登记先推广一案进行了立案调查。调查期间陶某辩称：'心里红 3 号'只是自己随便叫的一个代号，未经品种登记，销售给侯某的番茄种苗实际品种是'奥地利二号'，并向执法人员提供了籽粒种子包装照片进行证明。执法人员登录中国种业大数据平台查询发现，'心里红 3 号''奥地利二号'番茄品种均未经登记。经查明：当事人陶某于 6 月初从寿光市某农业科技有限公司采购了 15 000 棵番茄种苗，以每棵 0.65 元的价格全部销售给侯某种植，涉案货值金额 9 750 元。番茄已列入《第一批非主要农作物登记目录》（中华人民共和国农业部公告 第 2510 号），《种子法》第二十二条第一款规定，列入非主要农作物登记目录的品种在推广前应当登记。因此，当事人对应当登记未经登记的农作物品种进行推广的行为违反了《种子法》第二十三条第三款之规

---

① 《2023 年河北省农业农村厅种子典型案例》案例 1。

② 平度市综合行政执法局：http://mp.weixin.qq.com/s/MuvAPTGV6BqhQhDscy49TA。

定。执法机关依据《种子法》第七十七条第一款第四项之规定，给予陶某没收违法所得 9 750 元、罚款 2 万元的行政处罚。

（4）汨罗市某农业技术服务中心门市部经营撤销水稻品种案[①]

2017 年 3 月 21 日，汨罗市农业局执法人员在当事人农资代销点汨罗市某农业技术服务中心门市部检查，发现标注经销商"郴州神农大丰种业有限责任公司"、审定编号"湘品审第 203 号"、原湖南省农业厅公告（湘农业发〔2011〕183 号）要求在湖南省内停止经营、推广的'威优 644'水稻种子 281千克。经过调查询问掌握到该门市部系某种业有限公司代销点，其销售的'威优 644'种子来源于某种业有限公司。该行为违反了《种子法》的规定。依据《种子法》的规定，参照《湖南省农业行政处罚自由裁量权基准》，汨罗市农业局于 2017 年 4 月 13 日作出了行政处罚决定：某种业有限公司于 2017 年 4 月13 日将 20 532 元罚没款交到汨罗市非税收入征收管理局，汨罗市农业局于 4月 27 日将种子转商款 281 元交到汨罗市非税收入征收管理局。

（5）通江县伏某某销售通过审定但不在适宜种植区域内杂交水稻种子案[②]

2020 年 3 月 19 日，四川省巴中市农业农村局、通江县农业农村局执法人员在通江县伏某某经营的农资门市部检查发现广西兆和种业有限公司生产的'广 8 优香丝苗'杂交水稻，其审定编号为"桂审稻 2018080"，品种适宜种植区域：广西桂南稻作区作早稻种植，桂南稻作区和桂中稻作区适宜种植感光型品种的地区作晚稻种植。通过中国种业信息网（现为中国种子协会网）查到该品种于 2018 年通过广西壮族自治区审定，当事人及上级经销单位不能提供四川省审定或同意引种备案的相关资料。该行为违反了《四川省农作物种子管理条例》有关规定，执法机关对其作出了没收违法所得 100 元、罚款 4 000 元的处罚决定。

五、发布违法广告

1. 表现形式

根据《中华人民共和国广告法》（下称《广告法》）第九条、第十条和《种子法》第二十三条、第四十三条可知，发布违法广告的表现形式主要有：①使用或者变相使用中华人民共和国的国旗、国歌、国徽，军旗、军歌、军徽；

---

① 汨农（种子）罚〔2017〕1 号行政处罚决定书。
② 案例来源：巴中市农业农村局。

②使用或者变相使用国家机关、国家机关工作人员的名义或者形象；③使用"国家级""最高级""最佳"等用语；④损害国家的尊严或者利益，泄露国家秘密；⑤妨碍社会安定，损害社会公共利益；⑥危害人身、财产安全，泄露个人隐私；⑦妨碍社会公共秩序或者违背社会良好风尚；⑧含有淫秽、色情、赌博、迷信、恐怖、暴力的内容；⑨含有民族、种族、宗教、性别歧视的内容；⑩妨碍环境、自然资源或者文化遗产保护；⑪损害未成年人和残疾人的身心健康；⑫对应当审定未经审定或者应当登记未经登记的农作物品种发布广告；⑬广告中有关品种的主要性状描述的内容与审定、登记公告不一致；⑭法律、行政法规规定禁止的其他情形。

2. 法律责任

根据《种子法》第七十七条的规定，对于发布有关种子的违法广告的，依照《广告法》的有关规定追究法律责任。

根据《广告法》第五十七条的规定，发布有本法第九条、第十条规定的禁止情形的广告的，由市场监督管理部门责令停止发布广告，对广告主处二十万元以上一百万元以下的罚款，情节严重的，并可以吊销营业执照，由广告审查机关撤销广告审查批准文件、一年内不受理其广告审查申请；对广告经营者、广告发布者，由市场监督管理部门没收广告费用，处二十万元以上一百万元以下的罚款，情节严重的，并可以吊销营业执照。

3. 典型案例

（1）阜宁县阜城某种子经营部虚假广告案[①]

江苏省盐城市阜宁县市场监督管理局根据举报和调查发现阜宁县阜城某种子经营部利用宣传单页宣传'南粳41'水稻种子，宣传内容与'南粳41'水稻种子品种审定信息的内容严重不符，虚假宣传高产，夸大抗病性能，虚构推广区域。执法机关根据《中华人民共和国反不正当竞争法》（下称《反不正当竞争法》）的有关规定责令当事人停止违法行为，罚款10 000元。

（2）吉林某种业有限公司发布违法广告案[②]

2018年8月16日，长春市工商行政管理局双阳分局在调查双阳区某种子经销处发布违法广告过程中，发现双阳区某种子经销处对外发布的含有'吉农大859'水稻种子特征特性、产量表现及适应区域等内容的广告宣传资料是吉

---

① 阜工商案〔2015〕00071号行政处罚决定书。
② 长双工商行处字〔2018〕115号行政处罚决定书。

林某种业有限公司印制和提供的。经执法人员初步核查,上述广告宣传资料中关于'吉农大859'水稻种子的宣传描述与《吉林省农业委员会2017年主要农作物新品种审定结果公告》中关于'吉农大859'水稻种子的审定结果不一致。当事人涉嫌违反《种子法》和《广告法》的规定。为进一步查清事实,2018年8月17日,经分局主管领导批准立案调查。经查证,当事人印制和发放的广告宣传资料对'吉农大859'水稻种子特征特性、产量表现等主要性状的宣传描述与相关的种子审定结果公告不一致。执法机关对当事人处以罚款120 000元。

(3)云梦县某农资经营者发布违法广告案[①]

2016年4月26日,湖北省云梦县工商局执法人员巡查发现云梦县某农资经营者销售的标称四川金安特农业开发有限公司出品、成都九月红农业开发有限公司营销策划的"九月红玉"牌'极峰30'玉米杂交种子包装上含有"品质极佳"文字,以现场笔录和拍照等形式取得了相关证据。经查证,云梦县某农资经营者销售的'极峰30'玉米杂交种,来源于德力康公司(时间2016年2月28日)。该'极峰30'玉米杂交种大包装袋(净重50千克)上印有四川金安特农业开发有限公司出品、成都九月红农业开发有限公司营销策划、商标"九月红玉",以及"高产大棒,品质极佳""天之崖兮为无极,山登顶兮我为峰"等文字;小包装袋(净含量1kg)上印有四川金安特农业开发有限公司出品、成都九月红农业开发有限公司营销策划、商标"九月红玉"、国审玉2013011号以及农业部(现农业农村部)第2011号公告中相关内容等。其中,"极佳"为最高级形容词。云梦县工商局对该农资经营者作出责令停止发布广告、罚款20万元的行政处罚决定。

(4)湖南某种业有限责任公司广告违规案[②]

湖南某种业有限责任公司在其销售的'泰优1号'种子包装上将米质指标和抗倒性作为特征特性予以标注,该包装注明的特征特性记载"米质主要指标达国家二级优质米标准……抗倒能力强……"与湖北省农作物评定委员会出具的"湖北省农作物品种审定证书"(审定编号:鄂审稻2007010号)审定的"主要理化指标达到国标三级优质稻谷质量标准""抗倒性较差"的内容不一致,其他广告内容如各地普遍反映'泰优1号'食味佳、口感好、米质堪比泰

国香米，明显带有宣传产品效果的意图。上述宣传内容使消费者不能全面客观地了解该种子产品，特别是抗倒性方面存在的风险，足以误导消费者，较之其他同类产品形成了有利的竞争优势，妨碍了正常的市场竞争秩序。2015 年 7 月 8 日，湖北省荆门市沙洋县工商局以湖南某种业有限责任公司在生产销售的'泰优 1 号'水稻种的包装上标明的内容与"湖北省农作物品种审定证书"的内容不一致，违反了《种子法》第七十七条的规定为由，作出行政处罚决定书，责令公司改正违法行为，并处以罚款 15 万元。

六、违法经营进出口种子

1. 表现形式

根据《种子法》第五十七条、第五十九条、第六十条可知，违法经营进出口种子的表现形式主要有：①未经许可进出口种子；②在境内销售为境外制种的种子；③将从境外引进农作物或者林木种子进行引种试验的收获物作为种子在境内销售；④进出口假、劣种子或者属于国家规定不得进出口的种子。

2. 法律责任

《种子法》第七十八条规定："违反本法第五十七条、第五十九条、第六十条规定，有下列行为之一的，由县级以上人民政府农业农村、林业草原主管部门责令改正，没收违法所得和种子；违法生产经营的货值金额不足一万元的，并处三千元以上三万元以下罚款；货值金额一万元以上的，并处货值金额三倍以上五倍以下罚款；情节严重的，吊销种子生产经营许可证：（一）未经许可进出口种子的；（二）为境外制种的种子在境内销售的；（三）从境外引进农作物或者林木种子进行引种试验的收获物作为种子在境内销售的；（四）进出口假、劣种子或者属于国家规定不得进出口的种子的。"

七、其他违法生产经营种子的行为

1. 表现形式

根据《种子法》第三十六条、第三十八条、第三十九条、第四十条可知，其他违法生产经营种子的行为的表现形式主要有：①销售应当加工、包装而没有加工、包装的种子；②销售没有使用说明或者标签内容不符合规定的种子；③涂改标签；④未按规定建立、保存种子生产经营档案；⑤种子生产经营者在异地设立分支机构、专门经营不再分装的包装种子或者受委托生产、代销种子，未按规定备案等。

2. 法律责任

《种子法》第七十九条规定："违反本法第三十六条、第三十八条、第三十九条、第四十条规定，有下列行为之一的，由县级以上人民政府农业农村、林业草原主管部门责令改正，处二千元以上二万元以下罚款：（一）销售的种子应当包装而没有包装的；（二）销售的种子没有使用说明或者标签内容不符合规定的；（三）涂改标签的；（四）未按规定建立、保存种子生产经营档案的；（五）种子生产经营者在异地设立分支机构、专门经营不再分装的包装种子或者受委托生产、代销种子，未按规定备案的。"

3. 典型案例

（1）海南某农业发展有限公司经营不再分装的包装种子而未备案一案①

2022年4月15日，东方市综合行政执法局和东方市农业农村局到海南某农业发展有限公司进行执法检查，要求当事人提供经营不再分装的包装哈密瓜种子的备案依据。当事人无法提供前述备案材料，东方市综合行政执法局现场查验当事人的经营门店、仓库、经营台账等，并当场制作现场检查笔录，同时下达责令改正通知书，并于2022年4月21日对当事人经营种子未按规定备案一事进行调查。执法人员依法对相关人员进行询问并开展现场调查等工作，取得询问笔录、现场检查（勘查）笔录、进货单据、销售单据等证据材料后，认定当事人存在经营不再分装的包装种子而未备案的行为，该行为违反了《种子法》第三十八条第一款之规定，并依据《种子法》第七十九条第一款第五项及《行政处罚法》第二十八条第二款之规定，作出没收违法所得20 700元、罚款1 500元的处罚决定。

（2）柑橘'中柑所5号'品种权侵权行政执法案②

2020年11月13日，重庆市璧山区农业执法支队接到重庆某果业有限公司的委托代理人—知农业咨询（北京）有限公司的举报，于当月17日、19日对当事人重庆某园艺有限公司三处基地种植的金秋砂糖橘分别进行了抽样取证进行品种真实性检验，经检测均判定为极近似或相同品种。当事人生产、繁殖的上述柑橘树（苗）与'中柑所5号'品种真实性一致，属于同一品种。2020年11月26日，经重庆市璧山区农业农村委员会负责人批准立案调查。经调

---

① 该案入选海南省2022年农业行政执法典型案例。
② 渝璧农（种子）罚〔2020〕2号行政处罚决定书，该案入选2021年农业植物新品种保护十大典型案例。

查，当事人未经植物新品种权人的许可生产、繁殖'中柑所5号'繁殖材料的行为侵犯了植物新品种权。当事人未按规定建立、保存种子生产经营档案，生产经营的基本情况无法查实。经'中柑所5号'培育人曹立教授鉴定、当事人和重庆某果业有限公司共同作证，当事人生产、繁殖'中柑所5号'繁殖材料16 017株，货值金额49 700元。重庆市璧山区农业农村委员会责令当事人停止侵权行为和改正未按规定建立、保存种子生产经营档案行为，并作出如下处罚决定：①没收'中柑所5号'繁殖材料16 017株；②对侵犯植物新品种权的行为罚款90 000元；③对未按规定建立、保存种子生产经营档案的行为罚款10 000元。

第二节　司法机关认定的侵权行为类型

《最高人民法院知识产权法庭年度报告（2022）》显示，2022年最高人民法院受理植物新品种权案件144件，其中植物新品种侵权民事二审案件134件，同比增长112.7%。这与植物新品种权侵权行为的实施成本相对较低，且实施侵权行为对技术要求不高紧密相关。本节重点介绍司法实践中侵犯植物新品种权的行为的类型及认定。

一、侵犯植物新品种权行为的构成要件

植物新品种侵权是指行为人未经品种权人许可，生产、繁殖和为繁殖而进行处理、许诺销售、销售、进口、出口以及为实施上述行为储存该授权品种的繁殖材料，或者为商业目的将授权品种的繁殖材料重复使用于生产另一品种的繁殖材料，或者对未经许可使用授权品种的繁殖材料而获得的收获材料实施前述行为。

植物新品种侵权行为构成要件：①被侵犯的植物新品种权合法有效。完成育种的单位或者个人对其授权品种享有排他的独占权。植物新品种权合法有效是品种权人享有独占权和排他权的前提和基础。如果该植物新品种权已经失效或者被宣告撤销，任何人都可以使用，行为人生产销售等行为也不构成侵权。②行为人实施了侵权行为。行为人实施了生产、繁殖和为繁殖而进行处理、许诺销售、销售、进口、出口以及为实施上述行为储存该授权品种的繁殖材料的行为，或者实施了为商业目的将授权品种的繁殖材料重复使用于生产另一品种的繁殖材料的行为，或者对未经许可使用授权品种的繁殖材料而获得的收获材料实施前述行为。如果行为人实施前述行为并非出于商业目的，一般不宜认定

为侵权行为，如行为人利用授权品种进行育种及其他科研活动，再如农民自繁自用授权品种的繁殖材料等都不属于侵犯植物新品种权的行为。③行为人实施前述行为未经品种权人许可。行为人实施前述行为如果获得了品种权人的授权许可将不构成侵权，但是如果行为人所实施的行为超出了品种权人的许可范围，同样构成侵权。④行为人实施前述行为不存在阻却侵权行为的抗辩事由。

二、不同环节侵犯植物新品种权的具体表现形式

侵权者为了获取不法利益，逃避法律制裁，通过各种手段在植物新品种权保护的各个环节实施侵权行为，其表现形式概括起来主要有以下四种。①

1. 植物新品种研发培育阶段

植物新品种培育阶段，由于育种企业或研发单位缺乏必要的保密意识，一般不会对参与研发的具体人员提出保密要求（如签订保密协议、竞业禁止协议等），新品种技术秘密往往会受到侵犯。在植物新品种选育有了实质性进展或新的研发成果后，研发人员或被竞争对手挖走，或跳槽另立门户，或将初具成效的研发资料暗中提供给他人，从中获取不法利益。发现被侵权后，研发单位虽然可提出商业秘密侵权诉讼，或提起品种权属诉讼，但多数会因缺少有价值的证据，在诉讼中往往处于被动的局面。

2. 植物新品种授权阶段

前文已经对我国植物新品种授权流程做了详细介绍，即：育种人向授权机关提供资料及被测试种子；授权机关对前述种子进行 DUS 测试，对测试合格的颁发品种权证书。在这过程中不排除有侵权者通过套购或自己繁殖等方式，获得被测试种子，编造材料申报，从而"抢先"申请植物新品种权，造成真正的选育人因自己的品种不满足特异性要求而无法申请品种权。

3. 种子生产阶段

受气候和土壤等自然环境的限制，五种主要农作物中，不论是杂交种子还是常规种子，都有相对固定的制种区域。我国不少种业企业没有自己的制种基地，一般委托有制种基地的制种公司制种并与当地的基层组织或直接与农民签订制种合同，因此实践中这些受植物新品种权保护的种子并不在品种权人控制之下。制种公司为获取更高的利益，采取擅自扩大制种面积、谎报产量等方

---

① 王怀庆：《农业植物新品种侵权的表现、原因及对策》，载《科技创新与知识产权》，2012 年第 5 期。

式，截留种子自己包装销售或以更高价格转卖他人而从中获利。通过这种方式获得的种子不需要承担农业生产风险、不需要生产技术人员投入、不需要承担品种费用，且侵权利润丰厚，品种权人难以取证、难以追究行为人责任，因此该类行为屡禁不止。该阶段的侵权行为通常表现为：①未经品种权人许可使用有植物新品种权的亲本材料繁育；②未经品种权人许可繁育有植物新品种权的杂交种子或常规种子；③未经品种权人许可种植授权品种的无性繁殖材料；④未经品种权人许可将授权品种用于繁育苗木、接穗和种子等繁殖材料。

4. 销售阶段

侵权种子最终要进入市场销售。为逃避法律制裁，侵权者采取或明或暗的方式侵权，常见的有：

（1）套牌销售，又称套包销售，即使用合法取得的品种审定证书、植物新品种权证等相关资料，外包装品种名为其他名称，里面包装他人享有植物新品种权的品种，包装内的种子即是侵权品种。这种侵权方式十分隐蔽，容易逃避农业行政管理部门的监管。若种子质量如芽率、纯度等没有问题，不会给农业造成损失，相反，实际销售的种子比包装标称的种子可能更具优势，也提高了所标称种子及侵权者的知名度，但是对品种权人及利害关系人来说无疑是致命打击。

（2）直接包装销售，即未经品种权人授权，将授权保护品种的包装进行完全复制，包装授权保护品种或其他种子销售，导致真假难辨。这种方式侵权后果最为严重，不但侵犯了品种权人的植物新品种权、商标权及其他知识产权，同时还挤占、扰乱了品种权人的市场。这种侵权方式一般是从育种基地套购种子或以另一合法品种名称制种，进入销售阶段再擅自更换包装，销售时将部分"真品"放置于柜台做幌子，把"赝品"对外销售。这也是实践中最为常见的一种侵权方式。

（3）注册空壳公司。2013 年《公司法》修改，立法机关取消了对公司注册资本的限制，这也使部分侵权者有了可乘之机。他们会在种子生产区域注册空壳公司，向管理部门提供虚假材料，逃过种子生产、检验等管理环节，在种子的销售区域，使用授权植物新品种名称，但用侵权者自己的包装或冒用其他有一定知名度的企业名称、包装。这种侵权方式虽容易被判断识别，但不易追究其法律责任。空壳公司没有任何的赔偿能力，工商登记账户长期不用，且侵权区域涉及几个省，品种权人的维权成本无形中大大增加。行政机关及法院跨省办案也有诸多不便，侵权者一旦涉诉，另成立公司，继续侵权，而权利人经过艰苦复杂的诉讼过程，换来的只是一纸判决。侵权种子销售地与注册地不属于同一区域，在行政查处时存在管辖障碍，此类侵权行为在实务中也最令权利人头疼。

三、侵犯植物新品种权行为的认定

实践中如何判定被诉侵权人的相关行为是否构成品种权侵权，关键在于判定被诉侵权人是否未经许可针对授权品种及其实质性派生品种的繁殖材料或者收获材料实施了品种权控制的相关行为。常用的方法有推定使用相同品种名称的侵权和通过技术鉴定判定侵权。《最高人民法院关于审理侵害植物新品种权纠纷案件具体应用法律问题的若干规定（二）》第六条规定："品种权人或者利害关系人（以下合称"权利人"）举证证明被诉侵权品种繁殖材料使用的名称与授权品种相同的，人民法院可以推定该被诉侵权品种繁殖材料属于授权品种的繁殖材料。"在实务中，还可以采取 DNA 指纹图谱鉴定检测、田间观察检测等技术鉴定方法判定侵权。以下对此作具体介绍。

1. DNA 指纹图谱鉴定检测

（1）DNA 指纹图谱鉴定检测技术简介

DNA 指纹图谱鉴定检测技术是利用不同品种间遗传物质 DNA 的碱基组分、排列不同，具有高度的特异性，可视化识别遗传物质 DNA 的碱基组分、排列顺序差异，进而区别不同品种的技术。该技术普遍运用 DNA 指纹检测技术将待测样品与品种权标准样品比较，鉴定是否存在侵害品种权行为；运用于改良品种与原品种相比，鉴定是否可以作为不同品种以及姊妹系或近等基因系之间比较，鉴定是否作为新系。

利用 DNA 指纹图谱鉴定检测技术鉴定涉嫌侵权品种是否属于授权品种，需要在有鉴定资质的鉴定机构进行鉴定，但是我国尚无专门的植物新品种司法鉴定机构和鉴定人。对于鉴定机构的选择，由当事人在相关领域鉴定机构名录或者国务院农业、林业主管部门向人民法院推荐的鉴定机构中协商确定；协商不成的，由人民法院从中指定。因此，在选择鉴定机构时应重点关注资质，即要关注该机构是否获得省级人民政府农业农村主管部门颁发的"中华人民共和国农作物种子质量检验机构合格证书"及检验项目范围是否包括"检验项目真实性和品种纯度""检验内容 DNA 指纹鉴定法"等。

（2）DNA 指纹图谱鉴定检测技术在植物新品种保护中的应用

2015 年 5 月 29 日修订后的《农作物种子检验规程 真实性和品种纯度鉴定》（GB/T 3543.5—1995）增加"6.2.4"条 DNA 分子检测方法，品种真实性验证或身份鉴定，允许采用简单重复序列（下称"SSR"）和单核苷酸多态性（下称"SNP"）分子标记方法。检测采用抽取有代表性的检测样品与标准样品、DNA 指纹数据库比较的方式；将 6.4 条中"田间小区种植是鉴定品种真实性和测定品种纯度的最为可靠、准确的方法"修改为"田间小区种植是鉴定品种真实性和测定品种纯度的可靠方法之一"。至此，DNA 指纹图谱鉴定检测技术在实务中已经被广泛使用，DNA 鉴定方法包括 SSR 分子标记法、SNP 分子标记法和 MNP 标记法。

农业农村部先后颁布了玉米、小麦、大豆、棉花、辣椒、结球白菜、稻、向日葵、大麦、高粱、结球甘蓝、甘薯、百合、黄瓜、西瓜、苹果、柑橘属、葡萄和桃等多个主要农业植物新品种 DNA 指纹图谱鉴定行业标准，为快速审理植物新品种权纠纷奠定了基础。在植物新品种权的司法保护中，也普遍采用 DNA 指纹图谱鉴定检测方法认定侵权，如涉及侵害玉米品种权的纠纷案件中，采用玉米 DNA 标准完成的司法鉴定就有 1 000 多件。DNA 指纹图谱鉴定在主要农作物品种审定、非主要农作物品种登记中也具有举足轻重的地位。以玉米品种为例，《国家玉米品种试验 DNA 指纹鉴定管理办法（试行）》第九条规定："发现同一品种在不同的试验年份、不同试验组别、国家与省级试验中遗传差异较大（差异位点数≥2）的停止试验。发现试验品种与已知品种在遗传上差异微小，即相同或高度近似（差异位点数≤1）的停止试验。"《国家级玉米品种审定标准（2021 年修订）》"1.5"条明确规定了通过 SSR 分子标记检测判定真实性和差异性："同一品种在不同试验年份、不同试验组别、不同试验渠道中 DNA 指纹检测差异位点数应当＜2 个。申请审定品种应当与已知品种 DNA 指纹检测差异位点数≥4 个；申请审定品种与已知品种 DNA 指纹检测差异位点数＝3 个的，需进行田间小区种植鉴定证明有重要农艺性状差异。"

（3）运用 DNA 指纹图谱鉴定检测技术的注意事项

从目前的司法实践看，在绝大多数植物新品种权案件中，法院都将有关鉴定机构的鉴定意见作为认定侵权的主要依据。而植物新品种权审批机关的授权文件比较简单，并不详细载明植物新品种权的特征特性，而且特征特性一般难以用文字准确描述。所以，在认定侵犯植物新品种权的行为时，被控侵权的品种的性状特征必须与授予植物新品种权的性状特征相同，否则不构成侵权。

植物新品种的培育是育种人对繁殖材料人工改造的过程，可创造出大量遗传背景高度近似的品种。育种学以最小差异度来界定遗传变异程度，超过该阈值则判定为与已知品种不同，没有超过则表明判定两个品种不同的条件不充分。区分品种的阈值是人为设定的，如《玉米品种鉴定技术规程 SSR 分子标记法》

（NY/T 1432—2014）中就检测及判定标准规定："当样品间差异位点数≥2，判定为'不同'；当样品间差异位点数＝1，判定为'近似'；当样品间差异位点数＝0，判定为'极近似或相同'。对利用附录C中40对引物仍未检测到≥2个差异位点数的样品，如果相关品种存在特定标记，必要时增加其特定标记进行检测。"而国家标准《植物品种鉴定 MNP标记法》（GB/T 38551—2020）中，明确了对水稻、玉米、大豆等品种真实性的鉴定标准：当遗传相似度小于96%时，判定待测品种与对照品种为"不同品种"；当遗传相似度大于或等于96%并且小于99%时，判定待测品种与对照品种为"近似品种"；当遗传相似度大于或等于99%时，判定待测品种与对照品种为"极近似品种或相同品种"。

2. 田间种植鉴定

（1）田间种植鉴定简介

田间种植鉴定是在作物整个生长发育周期的关键时期，在田间状态下对其形态和生理性状进行调查统计，并与对照样品植株进行比较，根据性状的表型差异来判定是否为同一品种。田间种植鉴定主要是通过DUS测试对"D（Distinctness 特异性）"的测试，从播种开始到种子收获后所有的表型性状进行观测记录，比较两个品种是否具有差异性状，从而鉴定种子的真实性。植物品种DUS测试是指采用相应的测试技术与标准，通过种植试验或室内分析对植物新品种的DUS进行评价的过程，是各国品种管理的基本技术依据。目前DUS测试主要有官方测试、现场考察和育种人自主或委托测试等方式。

（2）DUS测试的应用

①植物新品种保护。DUS测试是当前理论与实务界公认的权威鉴定方法，准确率极高，也是《农作物种子检验规程 真实性和品种纯度鉴定》（GB/T 3543.5—1995）最先确认的鉴定方法，在该标准中曾指出"田间小区种植是鉴定品种真实性和测定品种纯度的最为可靠、准确的方法"。植物新品种授权实质审理阶段，对申报品种的DUS检测主要采用该技术；在进行侵权行为认定时该技术也是最具权威性的方法。实践中法院认为，由于植物新品种授权所依据的方式是DUS检测，而不是实验室的DNA指纹鉴定，因此，被诉侵权人如果提交相反的证据证明通过DUS检测，被诉侵权繁殖材料的特征特性与授权品种的特征特性不相同，则可以推翻通过DNA指纹图谱鉴定检测所得出的结论。[1]

---

① 最高人民法院指导案例92号：莱州市金海种业有限公司诉张掖市富凯农业科技有限责任公司侵犯植物新品种权纠纷案。

②品种审定。我国现行法律规定，生产销售和推广主要农作物品种，应当按照国家有关种子的法律法规的规定审定。申请审定的品种应当符合特异性、一致性和稳定性要求。《主要农作物品种审定办法》第十六条明确，品种审定的品种试验包括区域试验、生产试验和 DUS 测试。

③品种登记。DUS 测试在非主要农作物的品种登记中同样具有重要的作用。我国现行法律规定，列入非主要农作物登记目录的品种，在推广前应当登记。应当登记的农作物品种未经登记的，不得发布广告、推广，不得以登记品种的名义销售。申请者申请品种登记应当向省级人民政府农业主管部门提交申请文件和种子样品，并对其真实性负责，保证可追溯，接受监督检查。申请文件包括品种的种类、名称、来源、特性、育种过程以及 DUS 测试报告等。

（3）运用 DUS 测试的注意事项

以农业农村部植物新品种测试中心受托进行 DUS 测试为例，应当注意以下两个方面：①DUS 测试由农业农村部植物新品种测试中心安排在该品种及疑似侵权品种适宜种植的区域；分中心接到任务后，会在本年安排种植，测试结束后，根据观测的实际情况出鉴定报告。②在 DUS 测试中，需要把申请品种和疑似侵权品种相邻种植（相邻种植可以保证不会因气候、土壤等环境因素造成差异），且至少设 2 个重复，观察性状是否有差异，从而判断是否有特异性。如有品种的特异性表现为抗逆性、抗病性等，需要在有资质的专业鉴定机构出具报告。

3. DNA 指纹图谱鉴定检测技术与 DUS 测试的关系

（1）二者的区别

DUS 测试要从植物的种子、幼苗、开花期、成熟期等各个阶段，对多个质量性状、数量性状及抗病性等进行观察评价，并与近似品种进行结果比较，一般要经过两年至三年的重复观察，而且该方法对种植地块的气候、土壤、播种时间等要求较苛刻，常常与诉讼案件审理在时间上不同步，极容易造成案件拖延，权利人的权利无法得到及时保护。相比而言，DNA 指纹图谱鉴定检测技术具有不受环境影响、测试周期短、准确性强等特点，为品种的一致性和真实性快速鉴别提供了有力支持，该技术可以快速有效给出侵权品种与授权品种是否具有同一性的结论，也是实务中最常用的方法。

（2）二者的联系

DNA 指纹图谱鉴定检测不同于 DUS 测试通过特征特性定义和识别品种，所提取的核心引物（位点）与通过 DUS 测试进行田间种植确定的性状特征之间不具有对应性。因此，DNA 指纹检测结论认为待测样品与标准样品无明显差异时，尚不能得出两者的特征特性是相同的。① 《最高人民法院关于审理侵害植物新品种权纠纷案件具体应用法律问题的若干规定（二）》第二十一条规定："对于没有基因指纹图谱等分子标记检测方法进行鉴定的品种，可以采用行业通用方法对授权品种与被诉侵权物的特征、特性进行同一性判断。"而在我国，植物新品种权授权的基础是繁殖材料在田间种植过程中表现出的性状特征，该性状特征也是认定侵害品种权行为的基础。因此，田间观察检测与基因指纹图谱等分子标记检测的结论不同时，人民法院应当以田间观察检测结论为准。二者是相辅相成的，共同构成了我国植物新品种保护的鉴定方法。

四、植物新品种侵权案件抗辩事由

知识产权保护制度在赋予权利人对其智力成果享有垄断的专用权的同时，也对其权利的行使范围进行了一定的限制，其目的在于通过这种限制调整权利人独占权获得的利益与社会公共利益之间的平衡，从而既能激励智力劳动者的创造热情，又能促进科技进步与社会发展。② 基于此，在知识产权权利限制理论的基础上选择抗辩事由将有助于提高被诉侵权人抗辩成功率，在侵害植物新品种纠纷案件中被诉侵权人可以采用的抗辩事由主要有以下九种。

1. 原告主体不适格抗辩

《种子法》第七十二条第二款规定："县级以上人民政府农业农村、林业草原主管部门，根据当事人自愿的原则，对侵犯植物新品种权所造成的损害赔偿可以进行调解。调解达成协议的，当事人应当履行；当事人不履行协议或者调解未达成协议的，植物新品种权所有人或者利害关系人可以依法向人民法院提起诉讼。"《植物新品种保护条例》第三十九条规定："未经品种权人许可，以商业目的生产或者销售授权品种的繁殖材料的，品种权人或者利害关系人可以请求省级以上人民政府农业、林业行政部门依据各自的职权进行处理，也可以直接向人民法院提起诉讼。"《最高人民法院关于审理侵害植物新品种权纠纷案件具体应用法律问题的若干规定》第一条规定："植物新品种权所有人或者利害关系人认为植物新品种权受到侵害的，可以依法向人民法院提起诉讼。前款所称利害关系人，包括植物新品种实施许可合同的被许可人、品种权财产权利

---

① 罗霞：《侵害植物新品种权的相关思考》，载《人民司法（应用）》，2016 年第 7 期。
② 周晓冰：《关于知识产权侵权抗辩事由的研究》，载《科技创新与知识产权》，2010 年第 11 期。

的合法继承人等。独占实施许可合同的被许可人可以单独向人民法院提起诉讼；排他实施许可合同的被许可人可以和品种权人共同起诉，也可以在品种权人不起诉时，自行提起诉讼；普通实施许可合同的被许可人经品种权人明确授权，可以提起诉讼。"

根据前述规定可知，如原告系品种权人的被许可人，则被告可以结合原告提交的证据决定是否运用"原告主体不适格"进行抗辩。需要注意的是，如品种权人对原告的授权是未附地域限制的独占实施许可，则原告可以单独向人民法院提起诉讼，属于适格原告，原告是否具备种子生产资质不影响授权的效力①；如品种权人对原告的授权是附地域限制的独占实施许可，则该实施许可本质上属于普通实施许可，原告经品种权人明确授权或追认，方能单独提起侵权。②

2. 品种权无效抗辩

植物新品种权合法有效是品种权人或利害关系人进行维权的前提和基础。《植物新品种保护条例》第三十八条规定："被宣告无效的品种权视为自始不存在。"植物新品种权的无效抗辩效果与专利权的无效抗辩效果相同。申请宣告植物新品种权无效的相关程序和实体条件在《植物新品种保护条例》中有明确规定。需要注意的是，考虑植物新品种授权要经过主管机关对申请品种进行新颖性、特异性、一致性和稳定性的审查，权利的稳定性较高。因此，为保护权利人的合法权益，防止诉讼拖延，《最高人民法院关于审理植物新品种纠纷案件若干问题的解释》第六条规定，"人民法院审理侵害植物新品种权纠纷案件，被告在答辩期间内向植物新品种审批机关请求宣告该植物新品种权无效的，人民法院一般不中止诉讼"。

3. 品种权利限制抗辩

《种子法》第二十九条规定："在下列情况下使用授权品种的，可以不经植物新品种权所有人许可，不向其支付使用费，但不得侵犯品种权人依照本法、有关法律、行政法规享有的其他权利：（一）利用授权品种进行育种及其他科研活动；（二）农民自繁自用授权品种的繁殖材料。"《植物新品种保护条例》第十条规定："在下列情况下使用授权品种的，可以不经品种权人许可，不向

---

① 最高人民法院：（2021）最高法知民终 565 号民事判决书。
② 最高人民法院：（2019）最高法民再 371 号民事判决书、（2019）最高法知民终 130 号民事判决书。

其支付使用费，但是不得侵犯品种权人依照本条例享有的其他权利：（一）利用授权品种进行育种及其他科研活动；（二）农民自繁自用授权品种的繁殖材料。"

由上述规定可知，为了保护种质资源，鼓励品种选育，《种子法》加大了对植物新品种权的保护力度，任何单位或者个人未经植物新品种权所有人许可，不得生产、繁殖和为繁殖而进行处理、许诺销售、销售、进口、出口以及为实施上述行为储存该授权品种的繁殖材料，不得为商业目的将该授权品种的繁殖材料重复使用于生产另一品种的繁殖材料。但同时为了鼓励育种和科学研究，尊重农民留种、选种、用种的传统习惯，维护社会公共利益，对于品种权人独占权的行使，《种子法》及《植物新品种保护条例》也作出了例外规定，即科研豁免和农民权利。基于前述规定，权利限制的抗辩类型主要有：①农民自繁自用；②利用授权品种进行育种及其他科研活动。

（1）农民自繁自用

这里的农民，是指以家庭联产承包责任制的形式签订农村土地承包合同的农民个人。农民自繁自用抗辩至少应当满足以下两个条件：适用主体为农村承包经营户，即与农村集体经济组织签订农村土地承包经营合同，取得土地承包经营权的农村集体经济组织成员；适用范围不得超过该农村承包经营户自己承包的土地①。农民专业合作社、家庭农场、种粮大户等新型农业生产经营主体使用授权品种的繁殖材料用于生产的，不属于农民自繁自用，应当取得品种权人的许可。若该侵权人只是在自己的责任田中种植，即可成为抗辩理由；否则不能。如果行为人虽然是农民，但是其大量种植侵权植物应当提供证据证明其生产的种子用于自用，且提供的证据应与常理相符②，否则，亦构成侵权。

（2）利用授权品种进行育种及其他科研活动

《最高人民法院关于审理侵害植物新品种权纠纷案件具体应用法律问题的若干规定（二）》第十一条明确规定："下列生产、繁殖行为属于科研活动：

① 最高人民法院：（2019）最高法知民终 407 号民事判决书。
② 甘肃省高级人民法院作出的（2015）甘民三终字第 5 号民事判决书明确界定了农民自繁自用种子的范围："关于田学军种植的玉米种子是否属于自繁自用，原审判决适用法律是否适当的问题。田学军上诉称'种植的涉案种子是自繁自用，不构成侵权'，经审查，田学军种植涉案玉米种子 100 亩，经鉴定为农业部授权玉米新品种'L239'，田学军没有证据证实其生产的种子属于自繁自用，且根据玉米制种比一般种植成本高、产量低的特点，其辩解用于牛、羊的喂养的上诉理由，与常理不符，本院不予采信。因此，上诉人上诉称其属于自繁自用，没有用于商业目的的，不适用《最高人民法院关于审理植物新品种案件适用法律若干问题》第二条的规定，本院不予支持。"

（1）利用授权品种培育新品种；（2）利用授权品种培育形成新品种后，为品种权申请、品种审定、品种登记需要而重复利用授权品种的繁殖材料。"

在运用该事由进行抗辩时应当重点关注以下两点：①育种单位向农业/林业植物新品种保护办公室申请植物新品种权的行为不构成侵权。作为育种单位，在育种完成之后，有权就新培育出的植物新品种申请植物新品种权。植物新品种权并不因培育出新品种而自动取得，申请行为是获取植物新品种权的前置程序，申请植物新品种权的行为本身并不具有商业目的。因此育种单位申请植物新品种权的行为本身并不构成侵权。②育种单位向农作物品种审定委员会申请品种审定的行为亦不构成侵权。品种审定是品种审定委员会对新育成的品种或新引进的品种根据审定标准和规定程序，对申请审定品种的品种试验结果进行审核鉴定，决定该品种能否销售或推广并确定其适宜推广区域的过程。品种试验的结果是品种审定的主要依据，品种试验包括生产试验、区域试验和DUS测试，主要是对品种的丰产性、稳产性、抗逆性和品质等农艺性状进行鉴定，以此来判定品种的经济性和使用价值。品种审定是科研育种活动的最后一个环节。科研育种活动系一个漫长的过程，组配只是其中一个关键环节，组配成功并不意味着科研育种活动即告终结，育种成果还需要经过有关部门的审定，只有审定通过，育种才算完成，科研活动才算结束。通过审定也是主要农作物品种进入市场的准入条件。由此可见，通过审定是科研育种与商业目的之间的分水岭，育种单位培育出植物新品种后申请审定的行为仍属于科研育种范畴。[①] 但是如果育种单位在完成前述品种权申请、品种审定、品种登记后将该品种进行商业推广的，则应当获得原品种权人的许可，否则构成侵权。

4. 权利用尽抗辩

知识产权中的权利用尽原则，是指专利权人、商标权人或著作权人等知识产权权利人自行生产、制造或者许可他人生产、制造的产品售出后，第三人使用或销售该产品的行为不视为侵权。权利用尽原则是对知识产权权利行使的一种限制制度，目的在于避免形成过度垄断，阻碍产品的自由市场流通，影响社会生产的发展和进步，同时也是对他人依法行使自己合法所有财产权利的保护。因此，品种权人将其生产或者许可他人生产的授权品种的繁殖材料投放市场后，其专有销售权即告"用尽"，他人在市场上合法取得作为商品的授权品种繁殖材料后再行销售或者使用，不构成侵权。

---

① 广州知识产权法院：（2018）粤 73 民初 707 号民事判决书。

《种子法》第二十八条第三款规定:"实施前款规定的行为,涉及由未经许可使用授权品种的繁殖材料而获得的收获材料的,应当得到植物新品种权所有人的许可;但是,植物新品种权所有人对繁殖材料已有合理机会行使其权利的除外。"《最高人民法院关于审理侵害植物新品种权纠纷案件具体应用法律问题的若干规定(二)》第十条规定:"授权品种的繁殖材料经品种权人或者经其许可的单位、个人售出后,权利人主张他人生产、繁殖、销售该繁殖材料构成侵权的,人民法院一般不予支持。"基于前述规定可知,对品种权利人首次生产、销售行为的保护,已使其权利得以实现。品种权人依据法律的规定,独占性生产并销售授权品种的繁殖材料后,已经从这种独占性的生产、销售活动中获得了应得的经济利益。该授权繁殖材料被合法投放市场后,他人对该繁殖材料再行销售或使用,不再需要得到品种权人的许可或授权,且不构成侵权。植物新品种权适用权利用尽原则,是对植物新品种权利人行使权利的一种限制,目的在于避免品种权人对市场形成垄断,阻碍产品的自由流通,影响社会生产的发展和进步,同时也是对他人依法行使自己合法所有财产权利的保护。

5. 合法来源抗辩

《最高人民法院关于知识产权民事诉讼证据的若干规定》第四条规定:"被告依法主张合法来源抗辩的,应当举证证明合法取得被诉侵权产品、复制品的事实,包括合法的购货渠道、合理的价格和直接的供货方等。被告提供的被诉侵权产品、复制品来源证据与其合理注意义务程度相当的,可以认定其完成前款所称举证,并推定其不知道被诉侵权产品、复制品侵害知识产权。被告的经营规模、专业程度、市场交易习惯等,可以作为确定其合理注意义务的证据。"《最高人民法院关于审理侵害植物新品种权纠纷案件具体应用法律问题的若干规定(二)》第十三条规定:"销售不知道也不应当知道是未经品种权人许可而售出的被诉侵权品种繁殖材料,且举证证明具有合法来源的,人民法院可以不判令销售者承担赔偿责任,但应当判令其停止销售并承担权利人为制止侵权行为所支付的合理开支。对于前款所称合法来源,销售者一般应当举证证明购货渠道合法、价格合理、存在实际的具体供货方、销售行为符合相关生产经营许可制度等。"

根据前述规定可知,在植物新品种保护领域运用合法来源抗辩必须同时满足以下五个要件,否则其合法来源抗辩不能成立:①抗辩主体是销售者。只有案涉品种的销售者才可以通过合法来源抗辩实现免责的目的,如被诉侵权的销售者既有生产行为又有销售行为,则其不能通过合法来源抗辩进行免责。②购货渠道合法。销售者运用合法来源进行抗辩时必须提供合法的购货渠道，这就要求案涉品种的销售者完善进货渠道管理，通过合法的路径购货，不仅有利于保障所购进品种的质量，也有利于种业行政管理。③价格合理。销售者从上游购进品种时应当支付合理的对价。判断价格是否合理，应当根据品种的种类、数量以及付款方式等具体情况，参考转让时交易地市场价格以及交易习惯等因素综合认定。④存在实际的具体供货方。销售者在运用合法来源进行抗辩时必须向法庭提供具体可寻的供货方，这就要求销售者在购进品种时不仅要与销售者签订合同，还应要求其提供营业执照备查。⑤销售行为符合相关生产经营许可制度。《种子法》明确我国实行种子生产经营许可制度。从事种子的生产经营应当依法取得种子生产经营许可证，除法律规定无需取得生产经营许可证外（但应当按照《种子法》规定向当地行政主管部门进行经营备案），生产经营主体均应当依法取得种子生产经营许可证。

6. 强制实施许可抗辩

植物新品种权的强制实施许可是平衡品种权人的利益与社会公共利益、防止品种权滥用的一项重要手段。《植物新品种保护条例》第十一条规定："为了国家利益或者公共利益，审批机关可以作出实施植物新品种强制许可的决定，并予以登记和公告。"《实施细则（农业部分）》第十二条规定："有下列情形之一的，农业部可以作出实施品种权的强制许可决定：（1）为了国家利益或者公共利益的需要；（2）品种权人无正当理由自己不实施，又不许可他人以合理条件实施的；（3）对重要农作物品种，品种权人虽已实施，但明显不能满足国内市场需求，又不许可他人以合理条件实施的。"《实施细则（林业部分）》第九条规定："依照《条例》第十一条规定，有下列情形之一的，国家林业局可以作出或者依当事人的请求作出实施植物新品种强制许可的决定：（1）为满足国家利益或者公共利益等特殊需要；（2）品种权人无正当理由自己不实施或者实施不完全，又不许可他人以合理条件实施的。"

如果被告因获得强制实施许可而被起诉的，则其可以运用该规则进行抗辩。需要说明的是，取得强制实施许可的单位或者个人仍应当付给品种权人合理的使用费。

7. 善意受托抗辩

我国法律确定了善意第三人保护制度，《最高人民法院关于审理侵害植物新品种权纠纷案件具体应用法律问题的若干规定》第八条规定："以农业或者林业种植为业的个人、农村承包经营户接受他人委托代为繁殖侵害品种权的繁殖材料，不知道代繁物是侵害品种权的繁殖材料并说明委托人的，不承担赔偿责任。"基于此，以农业或者林业种植为业的个人、农村承包经营户在其行为被指控为侵权时可提交证据证明，其接受他人委托代为繁殖侵犯品种权的繁殖材料，不知道代繁物是侵犯品种权的繁殖材料，并说明委托人进行抗辩。

8. 在先权利抗辩

保护在先权利原则是处理知识产权冲突最基本的一条准则。所谓的"在先权利"是相对于"在后权利"而言的，就同一客体先产生的权利较之于后产生的权利，即为"在先权利"。保护在先权利原则要求在后权利的创设、行使均不得侵犯在此之前已存在并受法律保护的合法权利。如果某一在后权利是以侵犯他人已经合法存在并且受法律保护的知识产权为前提，这种权利就不能独立存在并受到法律保护；如果在后权利是合法存在的但该权利的某种行使方式可能侵犯他人合法的在先权利，那么这种在后权利的该种行使方式就会受到限制。当前，我国立法机关并未将保护在先权利原则作为植物新品种侵权抗辩的事由写进法律，实务中运用该原则抗辩的案件也较为稀少，但是随着我国的经济发展、科技进步及知识产权保护力度的提升，在今后的实务中以"在先权利"作为植物新品种侵权抗辩也是应有之义。

9. "销售商品粮"不侵权抗辩

实践中，对于主要农作物的水稻、玉米、小麦而言，侵权行为人被诉侵权时以其销售的为商品粮而非种子进行抗辩也是一种常见的抗辩方式。以小麦为例，在运用该抗辩方式时应当注意：作为种子的小麦在纯度、发芽率、含水量等方面的要求均高于普通商品粮，因此正品种子的生产成本和销售价格会明显高于商品粮。人民法院对于当事人提出其销售的是商品粮的抗辩，应当考虑被控侵权产品与当年度商品粮价格是否持平，以及购买过程中是否存在反常情形等因素综合予以认定。此外，《种子法》已经将植物新品种权保护范围扩大到了收获材料，被告在运用该条进行抗辩时还应提供相应证据证明其销售的粮食来源合法。

五、司法实践中侵权行为的表现形式

《种子法》第二十八条明确对侵害植物新品种权的行为进行了列举，主要可分为三个层次：①与授权品种繁殖材料有关的行为，即除《种子法》、有关法律、行政法规另有规定的以外，未经许可生产、繁殖和为繁殖而进行处理、许诺销售、销售、进口、出口以及为实施上述行为储存该授权品种的繁殖材料，为商业目的将该授权品种的繁殖材料重复使用于生产另一品种的繁殖材料；②与授权品种收获材料有关的行为，即由未经许可使用授权品种的繁殖材料而获得收获材料，且植物新品种权所有人对繁殖材料没有合理机会行使其权利；③与授权品种的实质性派生品种有关的行为，即未经原始品种的品种权人同意对实质性派生品种实施前述行为。

除前述法律明确规定的外，司法实践中认定的表现形式还有以下几种：①代为繁种未经合理审查义务构成侵权；②未经品种权人许可大规模种植繁殖材料的行为也构成侵权；③被许可人未按许可约定的地域范围生产、繁殖授权品种繁殖材料构成侵权；④伪造授权证明办理生产经营许可证构成广义的侵权行为；⑤将粮食当种子卖构成侵权。

◾ 典型案例

1. 未经品种权人许可大规模种植繁殖材料的行为构成侵权
【案情摘要】

'杨氏金红1号'猕猴桃系杨声谋、蒋孝琴、杨健培育的新品种，2011年9月1日，扬州杨氏果业科技有限公司（下称"杨氏果业公司"）向农业部申请品种权保护，2014年11月1日，品种权人杨氏果业公司取得植物新品种权证书。2011年7月22日，四川某农业科技开发有限公司（甲方，下称"A公司"）与杨氏果业公司（乙方）签订技术转让合同，项目名称为"'杨氏金红1号'品种使用权转让合同"，约定：甲方以700万元排他性购买乙方'杨氏金红1号'的品种使用权；甲方不得转让给第三方使用，但允许甲方分/子公司及合资公司使用；合同有效期限从2011年7月22日至2033年7月22日或者至品种权保护终止之日，以后到期者为限。2020年12月7日，杨氏果业公司出具声明，载明杨氏果业公司及A公司共同授权四川某猕猴桃种植有限责任公司（下称"B猕猴桃公司"）以自己的名义对侵害'杨氏金红1号'品种权的行为进行市场维权打假，包括但不限于以自己的名义提起民事诉讼。2021年1月26日，杨氏果业公司出具授权声明，授权B猕猴桃公司就侵害'杨氏金红1号'品种权的行为以自己的名义提起民事诉讼。

2020年9月10日，B猕猴桃公司向四川省成都市中级人民法院起诉，请求判令马边彝族自治县某猕猴桃专业合作社（下称"C合作社"）无需铲除侵害'杨氏金红 1 号'植物新品种权的猕猴桃树，从 2017 年起向 B 猕猴桃公司支付品种权许可使用费至 2034 年 10 月 31 日品种权期满日为止或者至 C 合作社不再种植'杨氏金红 1 号'猕猴桃树为止，赔偿损失以及合理开支。

C 合作社辩称：①C 合作社从案外人欣耀公司购买涉案授权品种接穗进行种植，种植的目的是收获果实而不是繁殖苗木，不是生产授权品种繁殖材料的行为。②C 合作社在两个项目中没有产生实际收益。③C 合作社是为助力马边彝族自治县的脱贫攻坚成立的，当地农民通过土地入股以及政府扶贫资金入股涉案猕猴桃种植项目，属于农民自繁自用。④如果需要对已种植猕猴桃树进行销毁，会让已经脱贫的农户返贫，给国家和社会利益造成影响。⑤C 合作社的种植行为不构成侵权，不应支付品种权许可使用费。

【裁判结果】

四川省成都市中级人民法院于 2021 年 8 月 25 日作出（2020）川 01 知民初 523 号民事判决，判令 C 合作社于判决生效之日起十日内，支付 B 猕猴桃公司品种许可使用费及合理开支。宣判后 C 合作社不服，向最高人民法院提起上诉。最高人民法院于 2022 年 11 月 18 日作出（2022）最高法知民终 211 号民事判决，驳回上诉维持原判。

【案例指引】

（1）种植授权品种繁殖材料的行为是否构成侵权？

通常无性繁殖品种为果树和观赏类植物，通过扦插、嫁接的种植行为进行生产、繁殖，获得果实、展现植物的观赏美感，体现该品种的价值。对于主要通过无性繁殖方式扩繁的作物种类，通过扦插、嫁接的种植行为就可以生产、繁殖出与授权品种特征特性相同的新的繁殖材料，实现授权品种基因的复制和传递。扦插、嫁接的种植行为是实现此类植物品种价值的重要方式。《种子法》第二十八条没有将"以商业为目的"作为认定生产、繁殖、销售授权品种繁殖材料行为构成侵权的要件。除了《种子法》第二十九条规定的科研豁免以及农民自繁自用的侵权例外以外，还存在一些私人的非商业性使用行为。如果将这一类行为也一律认定为《种子法》所禁止的生产、繁殖行为，将导致对品种权的保护范围过大。因此，除法律、行政法规另有规定外，未经品种权人许可，不构成私人非商业性使用的种植行为应认定为构成《种子法》第二十八条规定的生产、繁殖授权品种繁殖材料的行为。在认定是否构成"私人非商业性使用"时，可以考虑被诉侵权行为的主体性质、种植行为规模、是否营利等因素综合做出判断。

以被诉侵权人未经品种权人许可种植果苗为例，在此类案件中判定被诉侵权人是否侵权一般从以下几个方面着手：首先，被诉侵权人是果树育种和育苗的经营主体，其种植涉案品种是为获取商业利益，明显不属于私人的非商业目的。其次，如被诉侵权人主张其种植的被诉侵权果苗系来源于案外人，但其原审提交的苗木购销合同以及付款凭证，仅能证明其与案外人达成购买苗木合意，其支付款项与合同约定不能完全对应，也没有其他履行合同的相关证据，故被诉侵权人提交的合法来源证据不能形成完整证据链，不能证明被诉侵权果苗具有合法来源。最后，即便被诉侵权人种植案涉品种果树可能是为了获得该品种的果实，但果实来源于适龄的果树，需要对苗木进行管理，增枝扩冠，促使植物体由营养生长转为生殖生长。案涉品种是无性繁殖作物，在种植过程中可以通过自我复制和自我繁殖直接形成新个体。在被诉侵权人无法证明其持有的案涉苗木存在合法来源的情况下，势必存在未经品种权人许可大量生产、繁殖案涉苗木，从而服务于获得"挂果"目的的行为。故应当认定被诉侵权人涉案种植行为构成侵权。

此外，实践中未经品种权人许可，不是因为科学研究而大规模种植与受到保护的植物品种完全相同或非遗传性变异的作物，且不能证实该作物属于新的植物品种，违反了《植物新品种保护条例》第六条的规定，应承担侵权责任。[①]

（2）品种权人请求以许可使用费代替停止侵害时，确定许可使用费的考虑因素有哪些？

《最高人民法院关于审理侵害植物新品种权纠纷案件具体应用法律问题的若干规定》第七条规定，侵权物正处于生长期或者销毁侵权物将导致重大不利后果的，人民法院可以不采取责令销毁侵权物的方法，而判令其支付相应的合理费用；但法律、行政法规另有规定的除外。多年生果树成熟后可以持续为种植者带来经济效益，支持品种权人以给付许可使用费的请求代替停

---

① 登海公司诉莱州农科所侵犯植物新品种权纠纷案［《最高人民法院公报》2004 年第 3 期（总第 89 期）］。

止侵害的请求具有实际可操作性，相比于简单地判决停止侵害和销毁侵权物，既符合避免资源浪费、物尽其用的原则，又有利于发挥种植基地的经济效益，对此应予以肯定和鼓励。在确定许可使用费时，既要尊重涉案授权品种的市场价值，考虑同时期的许可使用费情况；也要保障种植者对于通过勤勉劳动、科学管理从种植行为中可以获得的合理预期利益。

本案"从 2021 年 7 月 17 日起，C 专业合作社按每株猕猴桃树每年 10 元的标准按照实际种植株数（目前共计 7 000 株）于每年 7 月 16 日前支付 B 猕猴桃公司品种许可使用费至停止种植'杨氏金红 1 号'品种之日止，最长不超过 2034 年 10 月 31 日"的裁判思路也为国内果树许可种植品种权人如何收取许可费提供了参考路径。

2. 被许可人未按许可约定的地域范围销售授权品种繁殖材料可能构成侵权

【案情摘要】

'郑麦 9023'系培育的小麦新品种，河南省农业科学院于 2003 年 3 月 1 日获得授权，成为'郑麦 9023'的品种权人。2017 年 9 月 21 日，河南省农业科学院授权安徽某种业股份有限公司（下称"A 公司"）在安徽省区域享有'郑麦 9023'的独占实施许可权及在安徽省区域维权、打假、提起民事诉讼等。2007 年 7 月 23 日，河南省农业科学院授权河南省农科院小麦研究中心（研究所）全权负责该品种的保护和对外许可、实施事宜。2016 年 7 月 30 日，河南省农科院小麦研究所向河南黄泛区地神种业有限公司（下称"地神公司"）出具授权书一份，内容为：授权地神公司在河南省、湖北省境内享有生产经营小麦品种'郑麦 9023'种子及维权的权利；同意地神公司在河南省、湖北省境内享有'郑麦 9023'二次授权的权利；授权有效期为 2016 年 7 月 30 日至 2017 年 10 月 30 日。2016 年 10 月 1 日，地神公司授权许昌市某种业有限公司（下称"B 公司"）在许昌市境内生产繁育'郑麦 9023'小麦种子。

2017 年 10 月 24 日，A 公司以郝某军、寿县寿西湖某农资服务部（下称"C 服务部"）、寿县寿西湖某种子销售部（下称"D 销售部"）在安徽省境内销售了 B 公司生产的'郑麦 9023'小麦种子侵害其在安徽省内独占实施权为由向合肥市中级人民法院提起诉讼，请求判令郝某军、C 服务部、D 销售部、B 公司停止侵权行为、赔礼道歉并连带赔偿经济损失。

郝某军、C 服务部、D 销售部辩称，案涉种子来自 B 公司。B 公司辩称，

B公司有权在河南省生产销售'郑麦9023'小麦种子。B公司将自己生产的'郑麦9023'小麦种子销售到鄢陵县粮丰种业开发有限公司（下称"粮丰公司)"，属合法销售行为，粮丰公司如何销售，不属于B公司的管控范围，B公司不应承担责任。

【裁判结果】

合肥市中级人民法院作出（2017）皖01民初747号民事判决，郝某军、C服务部、D销售部，停止侵权行为并分别赔偿安徽A种业股份有限公司经济损失及合理支出5万元。宣判后郝某军、C服务部、D销售部不服，向安徽省高级人民法院提起上诉。2018年12月5日，安徽省高级人民法院作出（2018）皖民终534号民事判决，撤销合肥市中级人民法院（2017）皖01民初747号民事判决，B公司立即停止侵犯A公司'郑麦9023'植物新品种安徽省区域"独占实施许可权"的行为并赔偿经济损失8万元。

【案例指引】

（1）种子经销商在企业经营中如何有效规避风险？

郝某军、C服务部、D销售部在经营过程中已经审查了生产者或经营者的营业执照、种子生产许可证、种子经营许可证以及小麦种子委托检验报告清单等资质证明，尽到了善意销售者应当尽到的注意义务。A公司对'郑麦9023'小麦品种享有的安徽省区域内"独占实施许可权"是品种权人与A公司就该小麦品种在安徽省的生产、经营所做的特殊安排，对此，郝某军、C服务部、D销售部不知道也不应当知道相关销售主体未取得'郑麦9023'小麦品种在安徽省的生产、经营权，主观上不具有过错，不应当承担责任。

经销商生产经营种子可从以下几个方面规避风险：

①选择具有种子生产经营许可资质的厂家。《种子法》第三十一条明确，我国实行种子生产经营许可制度，从事种子生产经营的企业应当办理种子生产经营许可证。因此经销商在选择厂家时首先要通过全国企业信用信息查询系统等系统核实厂家的准确名称，然后通过中国种业大数据平台核实厂家是否具有种子生产经营许可证、许可证是否在有效期内。核验厂家营销人员向自己推销的品种名称与种子生产经营许可证副证核载的作物类别、品种名称一致。

②选择合法的种子进行销售。《种子法》明确要求，销售的种子应当符合

国家或者行业标准，附有标签和使用说明。种子种类、品种与标签标注的内容不符或者没有标签的种子为假种子。因此经销商在从厂家购进种子时应当核验种子外包装是否完整、标签要素是否齐备。国家对主要农作物和主要林木实行品种审定制度，应当审定的农作物品种未经审定的，不得发布广告、推广、销售。经销商选择销售的种子为稻、小麦、玉米、棉花、大豆主要农作物的，在进货前还应当核实拟购进的种子在自己的省域是否进行了审定，通过国家审定的种子的适宜种植区域是否包含自己所在的省域，如前述答案均是否定的且拟销售种子适宜种植区域与自己属于同一适宜生态区，则可以要求厂家办理引种备案手续，完善引种备案工作后再销售该种子。

③与厂家签订相应的合同、索要种子质量检验报告并及时验货。实践中，许多经销商在被诉侵权时虽然事实上种子是从厂家来的，但是由于拿不出相应的证据而不得不承担赔偿责任。因此经销商应当与厂家签订相应的购货合同，索要购货单、检验报告等，保留付款凭证，在收到厂家发来的种子后应当及时验货。

④积极履行经营备案手续。《种子法》明确我国实行种子生产经营许可制度，同时也明确了专门经营不再分装的包装种子的及受具有种子生产经营许可证的种子生产经营者以书面形式委托生产、代销其种子的应当向当地农业农村、林业草原主管部门备案。

（2）生产厂可否依据自己未主动向经销商所在区域供货来抗辩？

本案中，C服务部销售的'郑麦9023'种子直接来源于B公司，B公司一审庭审中亦认可其曾向C服务部销售过其他品种种子。因此，可以认定B公司对于C服务部系安徽省种子经营者、其所购种子系在安徽省销售的事实为明知。B公司在明知前述事实的情况下仍向C服务部销售'郑麦9023'种子，构成对A公司对'郑麦9023'植物新品种在安徽省区域享有的"独占实施许可权"的侵犯。

（3）被许可人未按许可约定的地域范围销售授权品种繁殖材料的是侵权还是违约？

根据《最高人民法院关于审理侵害植物新品种权纠纷案件具体应用法律问题的若干规定（二）》第七条可知，受托人、被许可人超出与品种权人约定的规模或者区域生产、繁殖授权品种的繁殖材料，或者超出与品种权人约定的规模销售授权品种的繁殖材料，品种权人请求判令受托人、被许可人承担侵权责任的，人民法院依法予以支持。因此，由于将超区域销售行为认定为侵权与权利用尽制度不协调，也与《反垄断法》不协调，因此该司法解释并未将超出约定区域的销售行为明确规定为侵权行为。

3. 销售"白皮袋"种子构成侵权的从严适用惩罚性赔偿

【案情摘要】

'扬麦25'是江苏里下河地区农业科学研究所（下称"里下河研究所"）选育的小麦新品种。里下河研究所作为申请人，于2016年3月24日取得小麦品种'扬麦25'的国家农作物品种审定证书。里下河研究所就'扬麦25'于2016年10月11日提起植物新品种权授权申请，于2018年1月2日获得授权，品种权号CNA20161770.4。里下河研究所出具的授权书载明：里下河研究所于2016年9月与中国种子集团有限公司签订独占实施许可合同，授权中国种子集团有限公司独家享有'扬麦25'在江苏、浙江、上海区域的生产、加工、包装、销售、经营的权利，及以自己的名义提起民事诉讼，授权期限自2016年10月9日到'扬麦25'植物新品种保护期结束。中国种子集团有限公司指定种子集团某地分公司享有和行使前述合同权利。

2022年3月3日，中国种子集团有限公司某地分公司（下称"种子集团A分公司"）向杭州市中级人民法院提起诉讼，请求判令李某贵立即停止侵害'扬麦25'植物新品种权行为，赔偿种子集团A分公司经济损失135万元和支付合理费用69 400元，共计人民币1 419 400元。

李某贵答辩称：①自己非本案适格主体。李某贵只是嘉兴金穗丰农业科技有限公司的一名员工，没有销售渠道，就在抖音上做了个视频。仓库和其中的小麦都是陈长生的。李某贵未生产储存小麦，也仅销售了涉案一笔。②不存在侵权的主观故意，亦不构成侵权。③本案中并无证据证明李某贵销售的麦子是'扬麦25'。李某贵系因陈长生说是'扬麦25'而如此宣传。④种子集团A分公司主张的经济损失和维权费用没有相关的事实和法律依据。李某贵在视频中及与取证人员沟通中对销量有夸大的说法是为了促成交易，不能以此认定具体销售额。

【裁判结果】

杭州市中级人民法院于2022年8月23日作出（2022）浙01知民初96号民事判决：被告李某贵立即停止侵害'扬麦25'植物新品种权的行为；李某贵赔偿原告种子集团A分公司侵权经济损失人民币1 188 000元，维权合理费用人民币 69 400 元，合计人民币 1 257 400 元。

【案例指引】

（1）被诉侵权种子是否被作为繁殖材料销售？

关于被诉侵权商品作为繁殖材料的性质，李某贵辩称其并不明知，并非作为种子销售。《最高人民法院关于审理侵害植物新品种权纠纷案件具体应用法律问题的若干规定（二）》第九条规定："被诉侵权物既可以作为繁殖材料又可以作为收获材料，被诉侵权人主张被诉侵权物系作为收获材料用于消费而非用于生产、繁殖的，应当承担相应的举证责任。"就本案来说，其一，李某贵在抖音视频中明确客户对象为种植户；其二，李某贵向取证人员确保出芽率；其三，按照一般生活常识，如非作为繁殖材料销售，则并无强调其品种的必要；其四，李某贵未提交相关反证。故依据在案证据足以认定李某贵系将被诉侵权商品作为繁殖材料销售，李某贵的相关抗辩不能成立。

（2）销售"白皮袋"种子的侵权行为可否适用惩罚性赔偿？

《种子法》第七十二条第四款规定："权利人的损失、侵权人获得的利益和植物新品种权许可使用费均难以确定的，人民法院可以根据植物新品种权的类型、侵权行为的性质和情节等因素，确定给予五百万元以下的赔偿。"同时《最高人民法院关于审理侵害植物新品种权纠纷案件具体应用法律问题的若干规定（二）》第十七条规定："除有关法律和司法解释规定的情形以外，以下情形也可以认定为侵权行为情节严重：（一）因侵权被行政处罚或者法院裁判承担责任后，再次实施相同或者类似侵权行为；（二）以侵害品种权为业；（三）伪造品种权证书；（四）以无标识、标签的包装销售授权品种；（五）违反种子法第七十七条第一款第一项、第二项、第四项的规定；（六）拒不提供被诉侵权物的生产、繁殖、销售和储存地点。存在前款第一项至第五项情形的，在依法适用惩罚性赔偿时可以按照计算基数的二倍以上确定惩罚性赔偿数额。"据此，李某贵公开以无标识、标签的包装销售授权品种，依法属于侵权行为情节严重，种子集团 A 分公司据此提出判处惩罚性赔偿的主张。法院予以支持，并确定对李某贵的惩罚性赔偿的倍数为二倍。由此可见，销售"白皮袋"种子的侵权行为从高适用惩罚性赔偿。

4. 租借种子生产经营许可证的共同侵权行为从高适用惩罚性赔偿

【案情摘要】

四川某科技股份有限公司（原名称为四川某科技开发有限公司，下称

"A公司")选育的玉米新品种，于2010年1月1日取得名称为'YA8201'、品种权号为CNA20060204.7的植物新品种权。该品种权申请日为2006年3月30日，保护期限15年。云南某种业有限公司（下称"B公司"）于2019年5月24日取得云南省农作物品种审定委员会就"金禾玉618"核发的2019-1-0125号主要农作物品种审定证书。该审定证书记载：审定编号"滇审玉米2019103"；品种名称'金禾玉618'；品种来源为"金禾玉618"；是B公司于2011年开始用'YA8201'作父本、'J2575'作母本组配而成的；申请者和育种者均为B公司。2021年4月23日，A公司向四川省成都市律政公证处申请证据保全，登录中国种业大数据平台，查看'金禾玉618'的种子生产经营许可信息，点击副证，出现"农作物种子生产经营许可证"，内容包括"企业名称：云南某种业有限公司（下称'C公司'）；许可证编号：BCD（滇）农种许字（2014）第0016号"。

2021年7月14日，A公司向昆明市中级人民法院提起诉讼，请求：①判令B公司、C公司立即停止侵权行为并销毁品种名称为'金禾玉618'的玉米种子的繁殖材料'YA8201'；②判令B公司、C公司立即向A公司支付因其侵犯'YA8201'植物新品种权的惩罚性赔偿金1 161 420元。

B公司辩称：'金禾玉618'的亲本'YA8201'仅系与涉案授权品种'YA8201'重名，A公司并无DNA鉴定和DUS测试的结果证明'金禾玉618'构成侵权；A公司所主张的销售量和赔偿金额没有依据；实践中可能存在备案后没有备货，或者县、乡等地代理商重复备案，或者代理商备案后将没有卖完的种子退回的情况。因此，备案数量不能等同于销售数量。C公司辩称：'金禾玉618'由垦丰公司实际生产、销售，本案应追加垦丰公司作为共同被告；C公司仅在2020年向B公司提供种子经营备案资质，仅收取6万元费用，没有共同获利；C公司提供资质前审核了B公司关于'金禾玉618'的主要农作物品种审定证书，不构成共同侵权。

【裁判结果】

昆明市中级人民法院于2021年10月22日作出（2021）云01知民初136号民事判决，B公司构成侵权，C公司构成帮助侵权，适用惩罚性赔偿确定两案中B公司分别赔偿104 022元、456 897元，C公司承担连带责任。A公司、B公司均不服，提起上诉。最高人民法院于2022年12月7日作出（2022）最高法知民终783号民事判决，B公司非法租借农作物种子生产经营许可证，且拒不提供财务账簿构成举证妨碍，应采纳品种权人主张的利润作为计算数据，从严适用惩罚性赔偿，考虑 A 公司'YA8201'品种权对'金禾玉 618'和'金禾 880'的贡献率，改判 B 公司在两案中分别赔偿 A 公司 693 480 元、1 522 990 元，C 公司承担连带责任。

【案例指引】

（1）出借农作物种子生产经营许可证是否需要承担侵权责任？

C 公司出借其种子生产经营许可证，供不具备种子生产经营资质的 B 公司从事种子生产经营活动，并从中获利，为 B 公司实施侵权行为提供帮助，根据《民法典》第一千一百六十九条第一款规定，构成帮助侵权。C 公司抗辩称其已尽到审查义务，但我国实施种子生产经营许可证制度，C 公司出借生产经营许可证本身就具有过错。根据《最高人民法院关于审理侵害植物新品种权纠纷案件具体应用法律问题的若干规定（二）》第十七条第二款的规定，仅 B 公司借用农作物种子生产经营许可证这一情节，即可对 B 公司适用二倍以上的惩罚性赔偿数额。因此，出借农作物种子生产经营许可证实质上对侵权人的侵权行为形成了帮助。

（2）行业内通常做法可否作为否认侵权的抗辩事由？

B 公司抗辩其借用 C 公司的种子生产经营许可证是行业内通常做法。但是，我国为保障主要农作物用种安全，对于从事种子生产经营活动设置市场准入制度，借用种子生产经营许可证使得不具备与种子生产经营相适应的生产条件的企业进入种子市场，扰乱了种子市场秩序，明确为《种子法》所禁止。因此，行业内通常做法并非有效的抗辩事由。

（3）如何认定不同类型的亲本对杂交种的贡献率？

'金禾玉 618'为玉米杂交品种，其他亲本的持有者对于该品种的培育也作出了一定贡献。但是，B 公司、C 公司并未提供证据证明被诉侵权种子'金禾玉 618'的母本'J2575'也受品种权保护，确定'YA8201'对于'金禾玉 618'玉米杂交品种的贡献率为 100%。'金禾 880'为玉米杂交品种，其他亲本的持有者对于该品种的培育也作出了一定贡献。经审查，'金禾 880'的母本'LSC107'也受品种权保护，考虑本案情况，确定'YA8201'对于'金禾 880'玉米杂交品种的贡献率为 50%。

此外，中国种子协会常务理事会审议通过的《玉米育种成果收益分配指导意见》明确父本持有者、母本持有者、组配者的收益比例为 3：3：4。通俗来讲就是：如甲用乙的 A 自交系作父本，用丙的 B 自交系作母本，组配成了杂交种 C，C 卖了 1 000 万元，甲应给乙、丙各 300 万元，自己得 400 万元。

5. 侵权繁殖材料被灭活处理后侵权人仍应承担赔偿损失责任

【案情摘要】

'裕丰 303' 系北京某种业有限公司（下称"A 公司"）培育的玉米植物新品种。2016 年 9 月 1 日，A 公司取得'裕丰 303'植物新品种权，品种权号为 CNA20130128.8。吴某寿未经许可，擅自繁育涉案品种的玉米种子达 207 亩，农业执法部门对上述种子果穗进行了灭活处理。

2020 年 5 月 25 日，A 公司以吴某寿的行为侵害了涉案品种权向兰州市中级人民法院提起诉讼，请求判令吴某寿赔偿损失并承担维权合理开支共计 315 500 元。

吴某寿辩称：①其系以农业种植为业，已经在政府监管部门的监督下，对收获的全部玉米种子进行灭活处理，作为普通玉米种子收仓、销售；其购买种子育种的行为不构成民事侵权，未侵犯 A 公司的植物新品种权。②其种植的玉米种子是从市场流通渠道购买的，如 A 公司的权益受损，侵害人应当为种子的销售者。其种植的玉米种子成熟后已全部被灭活，未流入种子市场，未给 A 公司造成任何实际损失。

【裁判结果】

兰州市中级人民法院于 2020 年 8 月 20 日作出（2020）甘 01 知民初 14 号民事判决，吴某寿赔偿 A 公司经济损失 5 000 元。宣判后，A 公司不服向最高人民法院提起上诉。最高人民法院于 2022 年 11 月 3 日作出（2021）最高法知民终 2105 号判决，撤销兰州市中级人民法院（2020）甘 01 知民初 14 号民事判决，判令吴某寿赔偿 A 公司经济损失及合理开支。

【案例指引】

（1）种子灭活与赔偿损失是否可以并行？

根据《民法典》《种子法》《最高人民法院关于审理侵害植物新品种权纠纷案件具体应用法律问题的若干规定（二）》规定可知，责令采取灭活措施既是侵权人因侵权行为应当承担的行政责任，也是民事责任，侵权人承担了采取灭活措施的责任，并不影响其另行承担赔偿损失的民事责任。因此，灭活处理与赔偿损失均为侵权责任的具体承担方式，二者并非排斥适用的关系；侵权人承担采取灭活措施的责任，虽然能够产生防止损失进一步扩大的效果，但不能避免损失的发生。即便作为繁殖材料的被诉侵权玉米种子因被灭活处理最终没有流入种子市场，也不意味着品种权人没有因其市场被挤占而遭受损失。

（2）侵权种子并未流向市场，侵权人赔偿金额如何计算？

最高人民法院综合考虑涉案杂交玉米种的销售价格、侵权行为的性质和情节，并适当考虑被诉侵权种子已全部做灭活处理，其损害后果轻于实际流入市场的损害后果等因素，按照每亩 1 000 元的标准计算赔偿数额为207 000 元（1 000 元/亩×207 亩）。

《种子法》第七十二条列举了赔偿金额的几种计算方式：①权利人的损失，侵权人获得的利益，植物新品种权许可使用费的倍数合理确定及法定赔偿标准。实践中，基于举证难的现状，法院适用法定赔偿标准的案件占比较大。②适用法定赔偿标准时法院除考虑植物新品种权的类型、侵权行为的性质和情节等因素外，还会考虑当事人的意思自治，即在意思自治的范畴内，当事人完全可以对侵权赔偿数额作出约定，这种约定既可以包括侵权方对协议签订之前已经发生的侵权行为应当承担的责任，也可以包括侵权方对协议签订之后未来发生侵权行为应当承担的责任。③侵权人与品种权人就有关生产、销售侵权产品行为的纠纷达成和解，对侵权责任的方式、侵权损害赔偿数额计算作出的约定，属于双方就未来可能发生的侵权损害赔偿达成的事前约定，在确定侵权赔偿数额时可以将之作为重要参考。①

6. 涉及品种真实性鉴定授权品种繁殖材料并不必然来自品种权审批机关的保藏中心

【案情摘要】

柑橘属新品种'中柑所5号'系中国农业科学院柑橘研究所（下称"中柑所"）曹立培育的新品种，2017年3月1日，农业部授予中柑所'中柑所5号'植物新品种权，品种权号为CNA20130475.7。2017年9月26日，甲方中柑所西南大学柑橘研究所与乙方重庆某果业有限公司（下称"A公司"）签订《柑橘新品种'中柑所5号'联合开发合同》约定乙方获得'中

---

① 参见最高人民法院（2021）最高法知民终 466 号民事判决书、（2023）最高法知民终 12 号民事判决书。

柑所5号'苗木和接穗的繁育和销售权利，有效期为2017年9月26日至2022年12月31日。2018年12月18日，甲方中柑所与乙方A公司签订中国农业科学院柑橘研究所授权维权合同书，约定在《柑橘新品种'中柑所5号'联合开发合同》确定的合同期限内，甲方授权乙方依法维权打假。2020年7月16日，中柑所出具的情况说明载明，A公司有权以自己的名义在全国范围内对侵害'中柑所5号'植物新品种的单位或个人提起民事诉讼，授权期限为10年，自2019年1月1日至2029年12月31日。

2021年4月19日A公司向重庆市第五中级人民法院提起诉讼，请求判令重庆某农业开发有限公司（下称"B公司"）停止侵权行为并赔偿经济损失。

B公司辩称，A公司所称"金秋砂糖橘"并非'中柑所5号'，（2020）赣抚民证内字第2634号公证书无效，第2634号公证书中所附检验报告不能作为定案依据。

【裁判结果】

重庆市第五中级人民法院于2021年12月20日作出（2021）渝05民初3309号民事判决，判令B公司停止侵权行为并赔偿经济损失。宣判后B公司不服，向最高人民法院提起上诉。最高人民法院于2022年11月11日作出（2022）最高法知民终782号民事判决，驳回上诉维持原判。

【案例指引】

对于生产中主要通过无性繁殖方式生产、繁殖，行政主管部门未保存标准样品的果树品种，如何确定保护范围？

根据《实施细则（农业部分）》第三十条可知，品种权人在向农业农村部申请植物新品种权时，均应向品种保护办公室植物新品种保藏中心（下称"保藏中心"）或者品种保护办公室指定的测试机构提交备份的繁殖材料，用以固定其申请保护的植物新品种的具体特征特性。若后续发生纠纷，权利人可向保藏中心调取其申请品种权时提交的备份繁殖材料。然而实践中并非全部如此，对于果树、花卉等无性繁殖材料审批机关并未保存授权品种繁殖材料，因此这成为无性繁殖材料维权的一大障碍。最高人民法院通过该案不仅明确了无性繁殖材料授权品种保护范围，也明确了对照品种来源路径。

授权品种的繁殖材料是植物新品种权的保护范围，是品种权人行使排他独占权的基础。一般而言，用来确定授权品种保护范围的繁殖材料是以品种权人向品种权审批机关提交并保存的标准样品为准。未能按照审批机关的要求提供授权品种繁殖材料，或经检测授权品种不再符合授权时的特征和特性的，品种权终止。涉案品种授权后审批机关并未要求品种权的申请人提交标准样品，因此授权品种的标准样品并未被审批机关保存，导致在侵权纠纷中无法通过调取审批机关保存的标准样品确定授权品种的性状特征。对于审批机关没有保存标准样品，以无性繁殖方式进行扩繁的果树作物而言，在品种权审查中现场考察指向的母树和通过母树的繁殖材料扩繁的其他个体，可以作为确定授权品种保护范围的繁殖材料。

7. 亲子鉴定报告也能作为认定侵权证据

【案情摘要】

'京科糯 2000'是以'京糯 6'和'白糯 6'为亲本生产的玉米杂交新品种。2010 年 7 月 1 日农业部授予北京市农林科学院'京糯 6'玉米植物新品种权，品种权号为 CNA20080072.8。2007 年 8 月 29 日，北京市农林科学院玉米研究中心与北京某育种开发有限责任公司（下称"A 公司"）签署《糯玉米新品种'京科糯 2000'及'京科糯 120'技术转让协议》：北京市农林科学院玉米研究中心将糯玉米品种'京科糯 2000'及'京科糯 120'的生产、经销以独占的方式转让给 A 公司，授权 A 公司独家生产、经营利用'京糯 6'和'白糯 6'为亲本生产的'京科糯 2000'玉米杂交种。2020 年 9 月 16 日，北京市农林科学院向原告出具授权委托书，授权 A 公司对未经许可使用'京糯 6''白糯 6'为亲本生产玉米品种'京科糯 2000'的侵权行为提起诉讼。

2022 年 4 月 28 日 A 公司向郑州市中级人民法院提起诉讼，请求法院判令河南某农业发展有限公司（下称"B 公司"）、某金种子种业（下称"C 主体"）立即停止侵害'京糯 6'植物新品种权的行为；判令 B 公司、C 主体连带赔偿 A 公司经济损失 50 万元及合理开支等。

B 公司辩称：A 公司不具备原告诉讼主体资格；B 公司没有实施侵害'京糯 6'及'京科糯 2000'的植物新品种权的行为，不排除有人利用 B 公司的包装袋或者冒用 B 公司的企业名称进行销售的可能；关于玉米品种亲子关系鉴定，我国目前没有具备检测资质的鉴定机构，国内亦无玉米品种亲子关系鉴定的标准，相应鉴定事项无法进行，因此鉴定报告不能作为定案依据。

【裁判结果】

郑州市中级人民法院于 2022 年 8 月 10 日作出（2022）豫 01 知民初 899 号民事判决，判令 B 公司停止侵权行为并赔偿经济损失及合理开支 40 万元，C 主体停止侵权行为并赔偿经济损失及合理开支 2 万元。宣判后，B 公司不服，向最高人民法院提起上诉。最高人民法院于 2023 年 6 月 30 日作出（2022）最高法知民终 1914 号民事判决，驳回上诉维持原判。

【案例指引】

（1）亲本被保护，杂交种未保护，如何运用亲本进行维权？

实践中亲本维权案类型主要包括以下两种：

①被诉侵权人为商业目的，用授权品种的繁殖材料繁殖其他品种（下称"被诉侵权品种"），并且被诉侵权品种的审定公告中明确的亲本名称与授权品种名称一致。《种子法》明确规定，同一植物品种在申请新品种保护、品种审定、品种登记、推广、销售时只能使用同一个名称。该情形下品种权人维权较容易，如在河南某种业股份有限公司诉北京某种业有限公司、河南省农业科学院侵害玉米'郑 58'品种权侵权纠纷案中，'郑单 958'在审定公告中明确其母本'郑 58'、父本'昌 7-2'；在四川某科技股份有限公司诉云南某种业有限公司侵害植物新品种权纠纷案件中，四川某科技股份有限公司享有'YA8201'植物新品种权，被诉侵权品种'金禾 880'在审定公告中明确其亲本为'LSC107'和'YA8201'。前述两起案件法院均在未启动鉴定的情况下依据审定公告判决被告承担相应的责任。

②被诉侵权品种的审定公告中明确的亲本名称与授权品种名称不一致，或者被诉侵权品种的亲本无法通过公开信息查询核实。

该种情形又可以分为基地取证维权与市场取证维权。基地取证维权与一般植物新品种权维权模式较为相近，即取证人员到被诉侵权人的制种基地公证保全亲本的叶片或植株，将保全的叶片或植株与授权品种繁殖材料通过 DNA 分子测试的方式进行真实性比对，进而认定被诉侵权人未经许可使用授权品种的繁殖材料繁殖被诉侵权品种。

如果品种权人及其利害关系人未能第一时间在制种基地取得被诉侵权人生产亲本的事实而是通过市场购买杂交种进行维权，则由于现有规则、技术等配套措施不健全，因此难度较大。该种维权也是近年才兴起，据公开可查询的案例，该类维权成功始于 2021 年海南自贸港知识产权法院审理的湖南亚华种业科学研究院与张某侵害植物新品种权纠纷案①，该案入选《最高人民法院第二批人民法院种业知识产权司法保护典型案例》。最高人民法院审理的荆州市恒彩农业科技有限公司与甘肃金盛源农业科技有限公司侵害植物新品种权纠纷案②进一步激发了品种权人及其利害关系人亲本维权的热情。值得注意的是这两起品种权人亲本维权成功的案件都经历了两种鉴定：将被诉侵权品种与通过授权品种获得的杂交种进行真实性比对；将被诉侵权品种与授权品种进行亲子鉴定。法院在前述鉴定基础上作出认定，并通过举证责任转移的方式作出裁判，即如果品种权人能够证明被诉侵权杂交种与使用授权品种作为父、母本杂交选育的杂交种构成基因型相同或者极近似品种时，可以初步推定被诉侵权的杂交种使用了授权品种作为亲本的可能性较大，此时应转由被诉侵权人提供证据证明其实际并未使用品种权人所主张的授权品种作为亲本，被诉侵权人并未提供证据或者提供的证据不足以推翻上述初步认定的，可以认定被诉侵权杂交种使用了授权品种作为亲本。

需要说明的是，由于目前国内对于植物的亲子鉴定尚无统一的鉴定标准，且目前在国内尚无具备相应检测资质的鉴定机构，因此在没有杂交种进行真实性比对的情况下，能否仅仅通过一份亲子鉴定报告认定被诉侵权人是否实施了侵权行为，目前不同法院存在不同的认知。我们认为，由于杂交种子的种皮来源于母本，如将被诉侵权品种的种皮与授权品种标准样品进行真实性检测比对，比对结果为极近似或相同，则可以认定品种权人及其利害关系人已经尽到了高度盖然性的举证义务，此时应转由被诉侵权人提供证据证明其实际并未使用品种权人及其利害关系人所主张的授权品种作为亲本，被诉侵权人并未提供证据或者提供的证据不足以推翻上述初步认定的，可以认定被诉侵权杂交种使用了授权品种作为亲本。最高人民法院通过本案明确了仅有一份亲子鉴定报告外加举证责任转移可以认定侵权行为，为今后实务操作提供了参考。

（2）重复使用授权品种的繁殖材料生产另一品种繁殖材料的销售行为是否构成侵权？

对于销售重复使用授权品种繁殖材料生产另一品种繁殖材料的行为，虽

---

① （2021）琼73知民初1号民事判决书。
② （2022）最高法知民终13号民事判决书。

然种子法并未明确将其规定为侵权行为，但是，如果该另一品种权人的两个授权品种作为父、母本直接杂交繁殖而来，则销售该另一品种繁殖材料的行为系重复使用授权品种生产行为的自然延续，势必导致侵权生产行为造成的损害结果进一步扩大。因此，实施生产行为的侵权行为人不得销售其生产的该另一品种的繁殖材料，是制止生产者侵权行为、防止损失扩大的应有之义。对于仅实施销售行为的主体而言，如果其明知销售的是未经植物新品种权所有人许可而重复使用授权品种繁殖材料生产得到的繁殖材料，其销售行为实质上是为生产者重复使用授权品种繁殖材料生产繁殖另一品种繁殖材料提供帮助，导致侵权行为的损害结果持续发生，构成《民法典》规定的"帮助侵权"，该销售行为亦应予以禁止。

第三节　与植物新品种权相关的犯罪行为

近些年来，我国对知识产权的保护力度不断加大，打击知识产权侵权行为中的犯罪行为力度也在不断加大。《刑法修正案（十一）》的一个重要修正内容就是全面提高了各类知识产权侵权犯罪行为的量刑幅度。但植物新品种侵权案件一律在民事法律范围内保护，目前没有纳入刑事保护范围。

一、侵害植物新品种权的行为一般不宜入刑

植物新品种权虽然与商标权、著作权、商业秘密一样都属于知识产权，但是其由于自身的特性而不宜通过刑法进行保护。首先，植物新品种权在法律上是一种推定有效的权利。一个品种权的授予，虽然基于育种者对植物品种的创新，但必须经过植物新品种保护办公室的审查，包括对植物品种的新颖性审查，以及对品种所具有的特异性、一致性和稳定性的测试与审查。审查人员对上述植物新品种授权要件的审查，有可能因主观或者客观的原因，无法真正做到审查结果的完全正确。同时，申请人也可能因主观或客观的因素，无法保证所提交申请资料的真实性。因此，从这一意义上来说，任何一项植物新品种权皆有可能在后续的品种权无效程序中被否定。其次，品种权侵权行为具有严格的界定，根据《种子法》的规定，主要是未经许可生产、销售授权品种的繁殖材料，或者未经许可为商业目的将该授权品种的繁殖材料重复使用于生产另一品种的繁殖材料的行为。从上述定义上可以看出，品种权侵权行为本身不涉及

品种的假冒问题，只是侵犯了品种权人的财产权利。因侵权行为对品种权人造成的损害，可以通过损害赔偿加以填补。如果法律上贸然规定对品种权侵权行为追究刑事责任，势必会导致民事案件刑事化的倾向，因此可能增加不少冤假错案。①

正是基于前述情况，《种子法》仅在第八十九条规定"违反本法规定，构成犯罪的，依法追究刑事责任"，但并未对侵犯植物新品种权是否构成犯罪作出相应规定。《刑法》也未对侵犯植物新品种权是否构成犯罪进行规定，基于罪刑法定原则，一般而言侵犯植物新品种权并不构成犯罪。

二、侵害植物新品种权的行为可能涉及的刑法罪名

2021年10月，中共中央办公厅、国务院办公厅联合下发《种业振兴行动方案》，部署实施种业市场净化行动，提出要"重拳出击、整治到底、震慑到位，依法严厉打击假冒伪劣、套牌侵权等违法犯罪行为，让侵权者付出沉重代价"。全国法院全面贯彻落实中央决策部署，认真做好涉种子刑事、民事、行政审判工作，打好司法组合拳，积极服务保障种业振兴。在此背景下，最高人民法院印发了《关于进一步加强涉种子刑事审判工作的指导意见》对涉种子相关犯罪行为的法律适用作出明确规定：

①准确适用法律，依法严惩种子制假售假犯罪。对生产、销售伪劣种子，使生产遭受较大损失的，以生产、销售伪劣种子罪定罪处罚。对生产、销售伪劣种子，因无法认定使生产遭受较大损失等原因，不构成生产、销售伪劣种子罪，但是销售金额在五万元以上的，以生产、销售伪劣产品罪定罪处罚。同时构成假冒注册商标罪等其他犯罪的，依照处罚较重的规定定罪处罚。

②立足现有罪名，依法严惩种子套牌侵权相关犯罪。审理案件时要把握种子套牌侵权行为经常伴随假冒注册商标、侵犯商业秘密等其他犯罪行为的特点，立足《刑法》现有规定，通过依法适用与种子套牌侵权密切相关的假冒注册商标罪、侵犯商业秘密罪等罪名，实现对种子套牌侵权行为的依法惩处。同时，应当将种子套牌侵权行为作为从重处罚情节，加大对此类犯罪的惩处力度。

③保护种质资源，依法严惩破坏种质资源犯罪。非法采集或者采伐天然种

---

① 李菊丹：《论知识产权侵权行为的刑事责任》，载《创新与竞争：网络时代的知识产权》，知识产权出版社，2018年版。

质资源，符合《刑法》第三百四十四条规定的，以危害国家重点保护植物罪定罪处罚。在种质资源库、种质资源保护区或者种质资源保护地实施上述行为的，应当从重处罚。

④贯彻落实宽严相济刑事政策，确保裁判效果。实施涉种子犯罪，具有针对稻、小麦、玉米、棉花、大豆等主要农作物种子实施，曾因涉种子犯罪受过刑事处罚，二年内曾因涉种子违法行为受过行政处罚等情形之一的，应当酌情从重处罚。对受雇佣或者受委托参与种子生产、繁殖的，要综合考虑社会危害程度、在共同犯罪中的地位作用、认罪悔罪表现等情节，准确适用刑罚。

⑤依法解决鉴定难问题，准确认定伪劣种子。对是否属于假的、失去使用效能的或者不合格的种子，或者使生产遭受的损失难以确定的，可以依据具有法定资质的种子质量检验机构出具的鉴定意见、检验报告，农业农村、林业和草原主管部门出具的书面意见，农业农村主管部门所属的种子管理机构组织出具的田间现场鉴定书等，结合其他证据作出认定。

因此，侵害植物新品种权的行为可能涉及的刑法罪名主要有以下几项：①生产、销售伪劣产品罪；②生产、销售伪劣种子罪；③假冒注册商标罪；④销售假冒注册商标的商品罪；⑤非法制造、销售非法制造的注册商标标识罪；⑥侵犯商业秘密罪；⑦为境外窃取、刺探、收买、非法提供商业秘密罪；⑧危害国家重点保护植物罪；⑨非法引进、释放、丢弃外来入侵物种罪。

三、侵害植物新品种权常见罪名解析

1. 生产、销售伪劣产品罪

生产、销售伪劣产品罪，是指生产者、销售者在产品中掺杂、掺假，以假充真，以次充好或者以不合格产品冒充合格产品，销售金额较大的行为。

（1）构成要件

①行为主体包括自然人与单位。

②生产、销售的是伪劣产品。其中的伪产品主要是指"以假充真"的产品，劣产品是指掺杂、掺假的产品或以次充好的产品及冒充合格产品的不合格产品。这里的"产品"是指经过加工、制作，用于销售的产品。不管是工业用品还是农业用品，不管是生活用品还是生产资料，不管是危害人身、财产安全的产品还是不会危害人身、财产安全的产品，都可能包括在本罪的伪

劣产品之中。①

③生产、销售行为表现为四种情形：在产品中掺杂、掺假，以假充真，以次充好，以不合格产品冒充合格产品。2001 年的《最高人民法院、最高人民检察院关于办理生产、销售伪劣商品刑事案件具体应用法律若干问题的解释》明确规定：在产品中掺杂、掺假是指在产品中掺入杂质或者异物，致使产品质量不符合国家法律、法规或者产品明示质量标准规定的质量要求，降低、失去应有使用性能的行为；以假充真是指以不具有某种使用性能的产品冒充具有该种使用性能的产品的行为；以次充好是指以低等级、低档次产品冒充高等级、高档次产品，或者以残次、废旧零配件组合、拼装后冒充正品或者新产品的行为；不合格产品是指不符合《中华人民共和国产品质量法》（下称《产品质量法》）第二十六条第二款②规定的质量要求的产品。对前述行为难以确定的，应当委托法律、行政法规规定的产品质量检验机构进行鉴定。2008 年的《最高人民检察院、公安部关于公安机关管辖的刑事案件立案追诉标准的规定（一）》明确规定：在产品中掺杂、掺假是指在产品中掺入杂质或者异物，致使产品质量不符合国家法律、法规或者产品明示质量标准规定的质量要求，降低、失去应有使用性能的行为；以假充真是指以不具有某种使用性能的产品冒充具有该种使用性能的产品的行为；以次充好是指以低等级、低档次产品冒充高等级、高档次产品，或者以残次、废旧零配件组合、拼装后冒充正品或者新产品的行为；不合格产品是指不符合《产品质量法》规定的质量要求的产品。

④销售金额在 5 万元以上。难以确定是否属于生产销售伪劣产品行为的，应当委托法律、行政法规规定的产品质量检验机构进行鉴定。"销售金额"，是指生产者、销售者出售伪劣产品后所得和应得的全部违法收入；"货值金额"，以违法生产、销售的伪劣产品的标价计算；没有标价的，按照同类合格产品的市场中间价格计算。货值金额难以确定的，按照《扣押、追缴、没收物品估价管理办法》的规定，委托估价机构进行确定。《最高人民检察院、公安部关于公安机关管辖的刑事案件立案追诉标准的规定（一）》明确规定："生产者、销

---

① 张明楷：《刑法学》，法律出版社，2021 年版。

② 《产品质量法》第二十六条第二款规定："产品质量应当符合下列要求：（一）不存在危及人身、财产安全的不合理的危险，有保障人体健康和人身、财产安全的国家标准、行业标准的，应当符合该标准；（二）具备产品应当具备的使用性能，但是，对产品存在使用性能的瑕疵作出说明的除外；（三）符合在产品或者其包装上注明采用的产品标准，符合以产品说明、实物样品等方式表明的质量状况。"

售者在产品中掺杂、掺假，以假充真，以次充好或者以不合格产品冒充合格产品，涉嫌下列情形之一的，应予立案追诉：（一）伪劣产品销售金额五万元以上的；（二）伪劣产品尚未销售，货值金额十五万元以上的；（三）伪劣产品销售金额不满五万元，但将已销售金额乘以三倍后，与尚未销售的伪劣产品货值金额合计十五万元以上的。"

（2）责任

根据《刑法》第一百四十条可知，销售金额五万元以上不满二十万元的，处二年以下有期徒刑或者拘役，并处或者单处销售金额百分之五十以上二倍以下罚金；销售金额二十万元以上不满五十万元的，处二年以上七年以下有期徒刑，并处销售金额百分之五十以上二倍以下罚金；销售金额五十万元以上不满二百万元的，处七年以上有期徒刑，并处销售金额百分之五十以上二倍以下罚金；销售金额二百万元以上的，处十五年有期徒刑或者无期徒刑，并处销售金额百分之五十以上二倍以下罚金或者没收财产。

根据《刑法》第一百五十条的规定，单位犯生产、销售伪劣产品罪的，对单位判处罚金，并对其直接负责的主管人员和其他直接责任人员，依照上述规定处罚。

2. 生产、销售伪劣种子罪

生产销售伪劣种子罪指销售明知是假的或者失去使用效能的种子，或者生产者、销售者以不合格的种子冒充合格的种子，使生产遭受较大损失的行为。

（1）构成要件

①行为主体包括自然人与单位。

②生产、销售的是伪劣种子。以同一科属的此品种种子冒充彼品种种子，属于刑法上的"假种子"，行为人对假种子进行小包装分装销售，使农业生产遭受较大损失的，应当以生产、销售伪劣种子罪追究刑事责任。

③使生产遭受损失在 2 万元以上。《最高人民检察院、公安部关于公安机关管辖的刑事案件立案追诉标准的规定（一）》明确规定："销售明知是假的或者失去使用效能的农药、兽药、化肥、种子，或者生产者、销售者以不合格的农药、兽药、化肥、种子冒充合格的农药、兽药、化肥、种子，涉嫌下列情形之一的，应予立案追诉：（一）使生产遭受损失二万元以上的；（二）其他使生产遭受较大损失的情形。"《最高人民法院、最高人民检察院关于办理生产、销售伪劣商品刑事案件具体应用法律若干问题的解释》明确规定："《刑法》第一百四十七条规定的生产、销售伪劣农药、兽药、化肥、种子罪中'使生产遭受

较大损失',一般以 2 万元为起点;'重大损失',一般以 10 万元为起点;'特别重大损失',一般以 50 万元为起点。"

(2)责任

根据《刑法》第一百四十七条,生产、销售伪劣种子使生产遭受较大损失的,处三年以下有期徒刑或者拘役,并处或者单处销售金额百分之五十以上二倍以下罚金;使生产遭受重大损失的,处三年以上七年以下有期徒刑,并处销售金额百分之五十以上二倍以下罚金;使生产遭受特别重大损失的,处七年以上有期徒刑或者无期徒刑,并处销售金额百分之五十以上二倍以下罚金或者没收财产。

根据《最高人民法院关于进一步加强涉种子刑事审判工作的指导意见》可知,司法实务中对实施生产、销售伪劣种子行为,因无法认定使生产遭受较大损失等原因,不构成生产、销售伪劣种子罪,但是销售金额在五万元以上的,依照刑法第一百四十条的规定以生产、销售伪劣产品罪定罪处罚。同时构成假冒注册商标罪等其他犯罪的,依照处罚较重的规定定罪处罚。

典型案例

1. 以同一科属的此品种种子冒充彼品种种子进行销售,属于刑法上的销售伪劣种子行为[①]

【案情摘要】

被告人王某,男,江西农业大学农学院毕业,四川隆平高科种业有限公司(下称"隆平高科")江西省宜春地区原区域经理。

2017 年 3 月,江西省南昌县种子经销商郭某珍询问隆平高科的经销商之一江西省丰城市"民生种业"经营部的闵某如、闵某蓉父子(下称"闵氏父子")是否有'T 优 705'水稻种子出售,在得到闵某蓉的肯定答复并报价后,先后汇款共 30 万元给闵某如用于购买种子。

闵氏父子找到王某订购种子,王某向隆平高科申报了'陵两优 711'稻种计划,后闵某如汇款 20 万元给隆平高科作为订购种子款(单价 13 元/千克)。王某找到某环保包装有限公司的曹某宝,向其提供制版样式,印制了

---

① 王某生产、销售伪劣种子案入选最高人民检察院于 2020 年 3 月 5 日发布第十六批指导性案例之二[检例第 61 号]。

标有"四川隆平高科种业有限公司"'T优705'字样的小包装袋29 850个。收到隆平高科寄来的'陵两优711'散装种子后，王某请闵氏父子帮忙雇工人将运来的散装种子分装到此前印好的标有'T优705'的小包装袋（每袋1千克）内，并将分装好的24 036斤*种子运送给郭某珍。郭某珍销售给南昌县等地的农户。农户播种后，禾苗未能按期抽穗、结实，导致200余户农户4 000余亩农田绝收，造成直接经济损失460余万元。

经查，隆平高科不生产'T优705'种子，其生产的'陵两优711'种子也未通过江西地区的审定，不能在江西地区进行终端销售。

【指控与证明犯罪】

2018年5月8日，江西省南昌县公安局以王某涉嫌销售伪劣种子罪，将案件移送南昌县人民检察院审查起诉。

审查起诉阶段，王某辩称自己的行为不构成犯罪，不知道销售的种子为伪劣种子。王某还辩称：印制小包装袋经过隆平高科的许可；自己没有请工人进行分装，也没有进行技术指导；没有造成大的损失。

检察机关审查认为，现有证据足以认定犯罪嫌疑人王某将'陵两优711'冒充'T优705'销售给农户，但其是否明知为伪劣种子、'陵两优711'是如何变换成'T优705'的、隆平高科是否授权王某印刷小包装袋、造成的损失如何认定、哪些人员涉嫌犯罪等问题，有待进一步查证。针对上述问题，南昌县人民检察院两次退回公安机关补充侦查，要求公安机关补充收集订购种子的货运单、合同、签收单、交易记录等书证；核实印制小包装袋有无得到隆平高科的授权，是否有合格证等细节；种子从四川发出，中途有无调换等，'陵两优711'是怎么变换成'T优705'的物流情况；对于损失认定，充分听取辩护人及受害农户的意见，收集受害农户订购种子数量的原始凭证等。

经补充侦查，南昌县公安局进一步收集了物流司机等人的证言、农户购买谷种小票、农作物不同生长期照片、货运单、王某任职证明等证据。物流司机证言证明货物没有被调换，但货运单上只写了种子，并没有写明具体的品种名称；隆平高科方面一致声称王某订购的是'陵两优711'，出库单上也

---

* 1斤＝0.5千克。——编者注

注明是'陵两优711'（散籽），散籽销售不受区域限制，并且该公司从不生产'T优705'；而闵氏父子辩称自己是应农户要求订购'T优705'，到货也是应王某要求提供场地，王某代表公司进行分装。因双方没有签订种子订购合同且各执一词，无法查实闵氏父子订购的是哪种种子。但可以明确的是，2010年5月17日广西农作物品种审定委员会对'陵两优711'审定通过，可在桂南稻作区或者桂中稻作区南部适宜种植感光型品种的地区作为晚稻种植，在江西省未审定通过。王某作为隆平高科的区域经理，对公司不生产'T优705'种子应该明知，对'陵两优711'在江西省未被审定通过也应明知。另查实，隆平高科从未授权王某进行设计、印制'T优705'小包装袋。

针对损失认定，公安机关补充收集了购种票据、证人证言等，认定南昌县及其他地区受害农户合计205户，绝收面积合计4 000余亩。为评估损失，公安机关开展现场勘查，邀请农科院土肥、农业、气象方面专家进行评估。评估认定：①南昌县部分稻田种植的'陵两优711'尚处始穗期，已无法正常结实，导致绝收。②2017年10月下旬评估时，部分稻田种植的'陵两优711'处于齐穗期，但南昌地区晚稻的安全齐穗期是9月20日左右，根据南昌往年气象资料，10月下旬齐穗的水稻将会受到11月份低温影响，无法正常结实，严重时会绝收。③根据种子包装袋上注明的平均亩产444.22千克的数据，结合南昌县往年晚稻平均亩产量，考虑到晚稻因品种和种植方式不同存在差异，产量评估可以以种子包装袋上注明的平均亩产444.22千克为依据，结合当年晚稻平均单价2.60元/千克计算损失。205户农户因种植假种子造成的经济损失为444.22千克/亩×2.60元/千克×4 000亩＝4 619 888元。

综合上述证据情况，检察机关采信评估意见，认定损失为461万余元，王某及辩护人对此均不再提出异议。2018年7月16日，南昌县人民检察院以被告人王某犯生产、销售伪劣种子罪向南昌县人民法院提起公诉。9月10日，南昌县人民法院公开开庭审理了本案。

法庭调查阶段，公诉人宣读起诉书指控被告人王某身为隆平高科宜春地区区域经理，负有对隆平高科销售种子的质量进行审查监管的职责，其将未通过江西地区审定的'陵两优711'种子冒充'T优705'种子，违背职责分装并销售，使农业生产遭受特别重大损失，其行为构成生产、销售伪劣种子罪。针对以上指控的犯罪事实，公诉人向法庭出示了四组证据予以证明：一是被告人王某的立案情况及任职身份信息，证明王某从江西农业大学毕业后就从事种子销售业务，有着多年的种子销售经验。2015年8月至2018年2月在隆平高科从事销售工作，身份是江西宜春地区区域经理，职责是介绍和推广公司种子，并代表公司销售种子，对所销售的种子品种、质量负责。二是相关证人证言，证明王某接受闵氏父子种子订单，并向公司订购了'陵两优711'种子，印制'T优705'小包装袋分装种子并予以冒充销售。其中，闵某蓉证言证明郭某珍需要'T优705'种子，自己向王某提出采购种子计划，王某表示有该种种子，并承诺有提成；证人曹某宝等的证言证明其按王某要求印制了'T优705'种子小包装袋，王某予以签字确认。证人闵某如的证言证明王某明知印制'T优705'小包装袋用于包装'陵两优711'种子，仍予以签字确认。三是相关证人证言，证明隆平高科研发、运送'陵两优711'到江西丰城等情况。其中，隆平高科副总张某强证言证明：王某向隆平高科江西省级负责人杨某辉报购了订购'陵两优711'计划；杨某辉证言证明公司收到'陵两优711'计划并向江西发出'陵两优711'散子，该散子可以销往江西，由江西有资质的经销商卖到广西，但不能在江西直接销售。隆平高科票据显示收到王某订购'陵两优711'计划并发货至江西。四是造成损失情况、相关鉴定意见及被害人陈述、证人证言等，证明农户购买种子后造成绝收等损失。

王某对以上证据无异议，但提出在小包装袋印制版式上签字是闵某如让他签的。法庭辩论阶段，被告人王某及其辩护人认为王某没有犯罪故意，其行为不构成犯罪。

公诉人针对辩护意见进行答辩：第一，从主观方面看，王某明知公司不生产'T优705'种子，却将其订购的'陵两优711'分装成'T优705'予以销售。王某主观上明知销售的种子不是订购时的种子，仍对种子进行名实不符的分装，具有销售伪劣种子的主观故意。第二，从职责角度看，不论是王某还是隆平高科的工作人员，都证明所有种子订购，是由经销商报单给区域经理，区域经理再报单给公司，公司发货后，由区域经理分销。王某作为隆平高科宜春地区区域经理，负有对种子质量进行审查的职责，其明知隆平高科不生产'T优705'种子，出于谋利，仍以此种子冒充彼种子进行包装、销售，具备犯罪故意，社会危害性大。第三，王某的供述证明，其实施了"在百度上搜索'Ⅰ优705'及'Ⅰ优705'审定公告内容"的行为，并将手机上搜索到的'Ⅰ优705'种子包装袋版式提供给印刷商，后在'Ⅰ优705'包装袋版式上签字；曹某宝和李某东（江西某制版有限公司设计师）都证实'Ⅰ优705'小包装袋的制版、印刷都是王某主动联系的，还拿出公司的授权书给他们看，并特别交代要在印刷好的袋子上打一个洞，说种子要呼吸；刘英（隆平高科在南昌县的经销商）也证实，从种子公司运过来的种子不可以换其他品种的包装袋卖，这是犯法的事。王某能够认识"在包装袋印制版式上签字就是对种子的种类、质量负责"的法律意义，仍予以签字。第四，王某作为隆平高科的区域经理，实施申报销售计划、设计包装规格、寻找印刷点、签字确认、指导分包作业等行为，均表明王某积极实施生产、销售伪劣种子犯罪行为。王某提出是闵某如让他签字，与事实不符。

【裁判结果】

江西省南昌县人民法院于2018年10月25日作出一审判决，以生产、销售伪劣种子罪判处被告人王某有期徒刑八年，并处罚金人民币十五万元。王某不服一审判决，提出上诉。其间，王某及其家属向南昌县农业局支付460万元用于赔偿受害农民损失。南昌市中级人民法院于2018年12月26日作出终审判决，维持一审法院对上诉人王某的定性，鉴于上诉期间王某已积极赔偿损失，改判其有期徒刑七年，并处罚金人民币十五万元。

【案例指引】

（1）《种子法》中的"假种子"与《刑法》中的"假种子"含义是否相同？

一般而言，《种子法》中的"假种子"不仅包括以此种子冒充彼种子，也包括无标签或者标签与内容不符合的种子。根据刑法第一百四十七条规定，生产、销售假种子，使生产遭受较大损失的，应认定为生产、销售伪劣种子罪。假种子有不符型假种子（种类、名称、产地与标注不符）和冒充型假种子（以甲冒充乙、非种子冒充种子）。现实生活中，完全以非种子冒充种子的，比较少见。犯罪嫌疑人往往抓住种子专业性强、农户识别能力低的弱点，以此种子冒充彼种子或者以不合格种子冒充合格种子进行销售。因农作物生产周期较长，案发较为隐蔽，冒充型假种子往往造成农民投入种植成本，得不到应有收成回报，严重影响农业生产，应当依据刑法予以追诉。因此，以此种子冒充彼种子应认定为假种子。该指导案例在一定程度衔接了

《种子法》上"假种子"与《刑法》上"假种子"，即，对于以此种子冒充彼种子的行为，无论是《种子法》还是《刑法》均应当给予否定性的评价。

（2）对伪劣种子造成的损失如何认定？

伪劣种子造成的损失是涉假种子类案件办理时的疑难问题。实践中，可由专业人员根据现场勘察情况，对农业生产产量及其损失进行综合计算。具体可考察以下几个方面：一是根据现场实地勘察，邀请农业、气象、土壤等方面专家，分析鉴定农作物生育期异常的原因，能否正常结实，是减产还是绝收等，分析减产或者绝收面积、产量；二是通过审定的农作物区试平均产量与根据现场调查的往年产量，结合当年可能影响产量的气候、土肥等因素，综合评估平均产量；三是根据农作物市场行情及平均单价等，确定直接经济损失。

2. 生产销售套包种子金额在 5 万元以上未使生产遭受损失仍面临被追究刑事责任的风险

【案情摘要】

被告人朱某某，男，1971 年 3 月 18 日出生，汉族，中共党员，小学文化，原河南省滑县顺达种业科技有限公司实际控制人，籍贯河南省滑县，住河南省安阳市滑县。因涉嫌犯生产、销售伪劣产品罪，于 2020 年 10 月 14 日被临颍县公安局刑事拘留，2020 年 10 月 19 日被临颍县公安局取保候审；2021 年 1 月 29 日被临颍县人民检察院决定取保候审；2021 年 4 月 3 日被本院决定取保候审。

【指控与证明犯罪】

临颍县人民检察院以漯临检刑诉（2021）11 号起诉书指控被告人朱某某犯生产、销售伪劣产品罪，向本院提起公诉。本院依法适用简易程序，实行独任审判，于 2021 年 4 月 9 日公开开庭审理了本案，临颍县人民检察院指派检察员许慧出庭支持公诉，被告人朱某某到庭参加诉讼。

临颍县人民检察院指控：2020 年 9 月 23 日上午，和某某到滑县顺达种业科技有限公司向被告人朱某某购买了品种名称为'伟隆 169'的'豫农 035 号'和'中原 6 号'两种包装的小麦种子 50 000 斤，总价 74 500 元。经河南中农检测技术有限公司检验，朱某某销售的'豫农 035 号'和'中原 6 号'包装袋小麦种子均与新乡市金苑邦达富农科技有限公司的'伟隆 169'小麦种子为疑同品种。

被告人朱某某到案后，如实供述自己的犯罪事实。2021年1月15日被告人朱某某退还非法所得74 500元。

公诉机关认为，被告人朱某某销售种子品种与标签标注内容不符的假种子，销售额达74 500元，其行为已触犯《刑法》第一百四十条之规定，犯罪事实清楚，证据确实充分，应当以生产、销售伪劣产品罪追究被告人朱某某的刑事责任。被告人有坦白情节，认罪认罚，已退还违法所得，公诉机关建议判处有期徒刑六个月，宣告缓刑一年，并处罚金。

上述事实，被告人朱某某在开庭审理过程中亦无异议，且有被告人朱某某的供述、证人和某某的证言、辨认笔录、被辨认人照片、被辨认人照片说明、河南中农检测技术有限公司检验报告、鉴定意见通知书、新乡市金苑邦达富农科技有限公司营业执照复印件、临颍县公安局接收的证据材料、转账明细截图、临颍县公安局涉案资金专用收据（证明朱某某提交至临颍县公安局现金74 500元）、现场勘验笔录、现场示意图、现场照片、扣押决定书、扣押清单（证明临颍县公安局扣押小麦种子50 000斤）、小麦种子购销合同、公证书、无犯罪记录证明、党员证明、举报函、被告人户籍证明等证据证实，足以认定。

【裁判结果】

河南省临颍县人民法院于2021年4月19日作出（2021）豫1122刑初137号刑事判决，被告人朱某某犯生产、销售伪劣产品罪，判处有期徒刑六个月，宣告缓刑一年，并处罚金人民币38 000元；扣押在案的小麦种子50 000斤；涉案款人民币74 500元，由扣押单位依法处理。

【案例指引】

销售套包种子未给生产造成损失是否会被追究刑事责任？

被告人朱某某销售种子品种与标签标注内容不符的种子，销售金额74 500元，其行为已构成生产、销售伪劣产品罪。

第七章　植物新品种权维权调查取证

　　"取证难，维权难"是植物新品种维权实务中面临的共性问题，无论是行政执法还是司法过程均离不开证据。在侵害植物新品种权案件处理中最为核心的就是证据，植物新品种权人和利害关系人能否调取有效证据事关维权成败。

第一节　证据概述

一、证据的概念和特征

1. 证据的概念

　　"证据"一词包含两层含义：其一，作为证据信息物质载体，是法院用于认定事实的资料，通常称为"证据资料"；其二，利用某种物体和其他形式作为证明案件事实的方法，通常称为"证据方法"。[①] 例如，以物体的外部特性、质量、数量来证明或认定案件事实的方法即物证方法。一般来说证据的合法性应指作为证据方法的合法性，作为客观存在的物质载体本身不存在合法性问题。当事人要证实自己提出的主张，需向法院提供相应证据材料，这些证据材料可以表现为书证、物证、视听资料、电子数据、证人证言、当事人陈述、鉴定意见、勘验笔录八种形式，当事人可采用任何一种或几种证据形式来证实自己的主张。

2. 证据的特征

　　证据的特征是证据概念的合理延伸和解释，按照目前通说，证据具有客观性、关联性与合法性三大特征[②]。

---

　　① 张卫平：《民事诉讼法》，法律出版社，2016 年版。
　　② 宋朝武：《民事诉讼法学》，中国政法大学出版社，2015 年版。

（1）客观性

证据的客观性，是指证据所反映的内容必须是客观存在的事实，不是主观臆想的或虚构之物。证据的客观性表现在两个方面：①证据内容的客观性，即证据的内容必须是客观存在的事实，必须反映客观实际。强调证据内容客观性的意义在于强调证据的真实性，即证据必须是真实的，只有真实的证据才可能成为法院认定事实的基础。②证据形式的客观性，即证据以某种方式为人所感知，只有以特定物质载体表现出来并为人们所感知，才能对案件事实起到证明作用。

（2）关联性

我国三大诉讼法中没有关于证据关联性的明确定义，学理上证据的关联性是指证据与案件事实之间存在某种联系或对证明案件事实具有某种意义。有关联性只说明该证据与待证事实之间存在联系。是否具有关联性并非法律问题，而是事实问题，由法官根据经验法则与科学规律加以判断。证据的关联性具有两层含义：①从形式上看，证据与待证事实之间必须存在逻辑上的联系，即我们可以运用逻辑推理从已知证据推导案件事实；②从内容上看，由于证据与案件事实之间的联系可以是直接联系、间接联系、偶然联系或必然联系，联系的方式不同，证据对证明案件事实的作用也不同。证据的关联性标准要求每个具体的证据对证明案件事实必须具有实质性意义。

（3）合法性

国内多数学者将证据的合法性分解为形式合法、取证主体合法、取证手段合法及符合实体法规定的多个构成要件。按照通说，证据的合法性是指在诉讼过程中使用的证据必须符合法定要求，以合法的手段和程序收集、提供。它包括三层含义：①从形式上看，证据必须符合法定表现形式。如《民事诉讼法》规定，证据有八种表现形式，那么只有属于这八种表现形式的证据才能在诉讼中使用。②从取证方法上看，证据必须由法定人员根据法定程序和方法取得，即收集证据的行为必须合法，用肉体折磨、精神虐待或私自安装窃听装置等方法取得的证据不具有合法性。③从证据使用的程序上看，当事人提供的证据材料必须经过法定程序才能成为定案依据。我国法律规定，证据应当在法庭上出示，由当事人进行质证。未经质证，不能作为认定案件事实的依据。但在民事诉讼中，当事人在审理前的准备阶段已经认可的证据，经审判人员在庭审中说明后，视为已被质证的证据。

二、证据分类

1. 理论界对证据的分类

根据证据的本质特征或外部形式等特定标准，可以将证据划分为不同类别[①]。

①以证据的存在和表现形式为标准，证据可以分为言词证据与实物证据。言词证据以人的陈述为表现形式，又称人证。我国法定证据形式中的当事人陈述、证人证言、鉴定意见都属于言词证据。实物证据是实物形态为存在和表现形式，又称广义的物证，包括物证、书证、勘验笔录等。

②根据证据对当事人所主张的事实的证明作用，将证据分为本证和反证。本证是对待证事实负有举证责任的一方当事人提出的，能够证明待证事实成立的证据。反证则是指对待证事实不负举证责任的一方当事人提出的，能够证明该事实不存在或不真实的证据。

③以证据与案件事实的关系为标准，证据可以分为直接证据与间接证据。直接证据，是指能够直接、单独证明案件主要事实的证据。间接证据是单独一个证据不能直接证明案件主要事实，必须与其他证据结合才能证明案件主要事实的证据。

④根据证据来源的不同，可以将证据分为原始证据与传来证据。原始证据是指直接来源于案件事实的证据，也称第一手证据，如物证、书证、视听资料的原件等。传来证据是指经过复制、复印、传抄、转述等中间环节，间接来源于案件事实的证据，如证人转述他人对案件事实的证言。

2. 诉讼法中的证据类型

根据《民事诉讼法》第六十六条，证据包括：①当事人的陈述；②书证；③物证；④视听资料；⑤电子数据；⑥证人证言；⑦鉴定意见；⑧勘验笔录。

根据《行政诉讼法》第三十三条，证据包括：①书证；②物证；③视听资料；④电子数据；⑤证人证言；⑥当事人的陈述；⑦鉴定意见；⑧勘验笔录、现场笔录。

根据《刑事诉讼法》第五十条，证据包括：①物证；②书证；③证人证言；④被害人陈述；⑤犯罪嫌疑人、被告人供述和辩解；⑥鉴定意见；⑦勘验、检查、辨认、侦查实验等笔录；⑧视听资料、电子数据。

---

① 宋朝武：《民事诉讼法学》，中国政法大学出版社，2015年版。

3. 植物新品种保护中的证据类型

根据证据在植物新品种保护中的作用，可以将证据分为权利证据、侵权证据和赔偿证据三类。

（1）权利证据

权利证据是指用于证明植物新品种权人或利害关系人（包括植物新品种实施许可合同的被许可人、品种权财产权利的合法继承人等，下同）有权制止侵权行为的证据；根据民事诉讼"谁主张，谁举证"的基本原则，当事人是否享有植物新品种权或是否取得植物新品种权人授权，是能否提起知识产权诉讼的前提。因此，在植物新品种权侵权案件中，提起侵权之诉的一方需首先证明自己是权利人。

植物新品种权人及其代理人应调查、收集有关证据证明权利人身份。该类证据主要有植物新品种权证书、商标权证书、授权委托书、独家占有许可合同。在诉讼中如果是一般实施许可或排他实施许可，还应提交植物新品种权人授权其单独对侵权行为提起行政举报或诉讼的权利的相关证据。

（2）侵权证据

侵权证据，是指能证明侵权行为人实施了侵犯植物新品种权行为的证据。这类证据主要包括：①侵权主体资格的相关证据，如侵权主体是自然人、法人或其他组织；②证明侵权事实存在的证据，如侵权行为人未经许可，生产、繁殖和为繁殖而进行处理、许诺销售、销售、进口、出口以及为实施上述行为储存该授权品种的繁殖材料，为商业目的将该授权品种的繁殖材料重复使用于生产另一品种的繁殖材料，这也是最核心的侵权证据；③合法性抗辩证据，该类证据主要是指进入诉讼程序或者行政举报程序后，被告或被举报人会提出的原告或举报人并非权利人或者利害关系人，而其有合法来源或该植物新品种权已超过保护期限等证据。

（3）赔偿证据

赔偿证据，指用于证明侵权行为给权利人或利害关系人造成损失的证据。植物新品种权的无形性导致侵犯知识产权的损失很难确定。我国《种子法》《植物新品种保护条例》及相关司法解释规定了一些计算方式，实践中仍需当事人向法院提供损失的具体计算依据，否则法庭不会支持被侵权人的诉讼请求或只会酌情判令侵权人少量赔偿被侵权人的损失。根据《种子法》《最高人民法院关于审理侵害植物新品种权纠纷案件具体应用法律问题的若干规定》的规定，损失计算可以从以下几个方面着手：①人民法院可以根据权利人的请求，按照权利人因被侵权所受实际损失；②按侵权人因侵权所得利益确定赔偿数额；③在权利人的损失或者侵权人获得的利益难以确定时，可以参照该植物新品种权许可使用费的倍数合理确定；④故意侵犯植物新品种权，情节严重的，可以先按照上述方法确定数额，再在一倍以上五倍以下确定赔偿数额；⑤权利人的损失、侵权人获得的利益和植物新品种权许可使用费均难以确定的，人民法院可以根据植物新品种权的类型、侵权行为的性质和情节等因素，确定给予五百万元以下的赔偿。

赔偿数额应当包括权利人为制止侵权行为所支付的合理开支。《北京市高级人民法院侵害著作权案件审理指南》明确了合理开支的范围：①律师费；②公证费及其他调查取证费；③审计费；④差旅费；⑤诉讼材料印制费；⑥原告为制止侵权支付的其他合理费用。诉前自行委托鉴定的费用、购买侵权产品的费用应属于"其他合理费用"。

因此在搜集赔偿证据时应优先考虑获取植物新品种权人或利害关系人因侵权行为遭受损失、侵权行为人通过实施侵权行为而获利的相关证据，其后再考虑许可费等。实务中，确定赔偿数额时，法院还可参考如下因素：通过行业平均利润率酌定的侵权人获利金额，行业协会的参考性意见，侵权人主观过错，权利人维权合理开支，最高人民法院《关于当前经济形势下知识产权审判服务大局若干问题的意见》中关于基于社会利益判决不停止侵权行为而以更充分赔偿替代，加强植物新品种保护有助于推动国家"三农"政策落实，等。

需要注意的是，植物新品种实施许可合同的被许可人在与植物新品种权所有权人签订许可合同时除了在合同中明确许可方式、被许可人是否有权对第三方实施侵权行为提起行政举报或民事诉讼外，还应明确许可费的金额、许可费的计算方式或许可费的计提方式等，同时应按照合同约定的履行方式进行履行并保留履行的相关凭证，为必要时提起侵权之诉做准备。

第二节　调查取证

植物新品种维权调查取证是指调查取证人员（包括品种权人或者利害关系人及其授权第三方）获取侵权行为人侵犯植物新品种权证据的过程，包括市场调查和证据收集两个环节，这两个环节既可独立开展又相互联系。

一、调查取证的方式

根据调查取证主体的不同，实务中常用的证据收集方式主要有权利人自行取证、第三方专业机构代为取证及人民法院依法调取证据等。

1. 权利人或利害关系人自行取证

权利人或者利害关系人自行取证是最常见、最直接的取证方式，他们往往对涉案植物新品种的外观、特征特性和培育、生产、销售环节比较熟悉，更易识别侵权品种。以购买侵权种子为例，权利人或者利害关系人自行取证时应将购买品种、发票等销售文件一同作为证据。权利人自行取证时，往往由于不熟悉相关法律规定导致所取证据不能形成有效的证据链而影响后续工作。

2. 律师事务所或调查机构取证

植物新品种权侵权案件专业性较强，律师或调查机构具有专业的法律知识和丰富的办案经验，熟悉调查取证技巧，相比权利人或利害关系人自行收集证据，更加便捷高效。

3. 申请法院进行证据保全

证据保全是指在证据可能灭失或以后难以取得的情况下，法院根据申请人申请或依职权，对证据加以固定和保护。采取保全措施后，当事人或利害关系人应在法定期限内向法院提起诉讼；否则保全措施应予以解除，申请人还应对造成的损失承担赔偿责任。

4. 申请公证机关进行证据保全

申请公证机关进行证据保全在知识产权维权中被广泛应用。现行《中华人民共和国公证法》第十一条明确规定保全证据是公证机关的法定业务之一，赋予了公证证据推定为真的法律效果。此外，《民事诉讼法》第七十二条规定，经过法定程序公证证明的法律事实和文书，人民法院应当作为认定事实的根据，但有相反证据足以推翻公证证明的除外。因此当事人应在诉前积极通过公证机关收集、保全证据，为诉讼做好充分准备。

5. 法院依法调取证据或开具调查令

《民事诉讼法》第六十七条规定，当事人及其诉讼代理人因客观原因不能自行取得的证据，或者人民法院认为审理案件需要的证据，人民法院应当调查收集。由此可见，人民法院调查收集证据包括两种情形：一是依职权主动调查收集；二是依当事人申请调查收集。

知识产权诉讼中，当事人在提起著作权、专利权和植物新品种权侵权诉讼的同时，提出调取证据申请。需要注意的是：①提出申请的人必须是当事人本人或其代理人。②须提交申请书。当事人申请法院调查收集证据的，在程序上还须向法院提出书面申请。申请书应当载明被调查人的姓名或者单位名称、住所地等基本情况、所要调查收集的证据的内容、需要由人民法院调查收集证据的原因及其要证明的事实。③符合申请提交的期限。当事人及其诉讼代理人申请人民法院调查收集证据，不得迟于举证期限届满前七日。调取的证据一般包括侵权人实施了侵权行为、保全侵权产品、侵权单位财务账册等。实务中法官会依法向案件代理人开具调查令，由代理人持法院调查令到证据保存部门进行调取。

6. 行政调查取证

我国现行法律法规赋予了农业行政执法部门依法查处侵犯植物新品种权行为的权力。《种子法》《植物新品种保护条例》明确规定，省级以上人民政府农业、林业行政部门依据各自的职权处理品种权侵权案件时，为维护社会公共利益，可以责令侵权人停止侵权行为、没收违法所得和植物品种繁殖材料等。

省级以上人民政府农业、林业行政部门依据各自的职权在查处品种权侵权案件时和县级以上人民政府农业、林业行政部门依据各自的职权在查处假冒授权品种案件时，根据需要，可以封存或者扣押与案件有关的植物品种的繁殖材料，查阅、复制或者封存与案件有关的合同、账册及有关文件，询问当事人和证人，采用测量、拍照、摄像等方式进行现场勘验。该类证据在诉讼过程中也可以作为维权的重要证据。

7. 刑事处罚取证

农业、林业行政执法部门在调查取证时发现侵权行为人所实施的侵权行为情节严重涉嫌犯罪的，会将案件移送公安机关。有时也会与当地公安部门开展联合执法检查，依法核实并扣押侵权产品，其所收集的证据也可用于民事诉讼，用于计算侵权行为造成的损害赔偿。

二、调查取证的准备工作

调查工作一般经过以下程序：接受并理解调查任务和目标→设计调查方案→实施调查方案→提交调查结果（包括调查报告和相关证据）。

1. 收集调查线索

植物新品种权维权线索收集应当包括七个基本要素：①何人，主要是涉嫌侵权主体的确定，如实施侵权行为的主体类型是个人还是企业、涉案主体数量、涉案主体特征等；②何事，即侵权事件基本概况，如涉案品种类别，根据涉案品种的适宜种植区域划出大致调查区域；③何时，即侵权行为发生的具体时间、持续周期、有什么规律；④何地，能清楚表述具体发生在哪里、必要时须绘制草图辅助说明，可以寻找标记；⑤何物，即侵权物品种类、数量、涉案品种真假辨认；⑥何故，多方面分析侵权发生原因及侵权方式和手段；⑦何情，即情节如何、涉嫌侵权的行为是否涉及刑事犯罪等。按照前述七个要素能够全面准确找到调查取证的切入点，这也是当前实务取证的常用方式。

2. 调查手段

植物新品种维权实务中常用的调查手段有以下四种。

（1）实地调查

实地调查是获取侵权行为人生产销售侵权品种证据的重要手段。尤其是大田作物，侵权行为人的育种基地往往距离市区较远，欲获取品种类型、种植面积等有效证据必须进行实地调查锁定侵权线索，为后续进行公证保全或者申请法院采取诉前禁令、证据保全等奠定基础。

（2）通过互联网监控侵权行为

《种子法》明确我国实行种子生产经营许可制度。从事种子的生产经营除法律规定无需取得生产经营许可证外，生产经营主体均应当依法取得种子生产经营许可证。《种子法》明确了销售者不需要办理种子生产经营许可证的应当向当地农业农村、林业和草原主管部门备案，因此可以通过相关备案平台（如中国种业大数据平台等）查询侵权人生产销售的侵权种子数量、价格等。互联网监控收集信息具有很大价值，已经成为落实企业知识产权保护战略的重要途径。

（3）利用科技手段监控

植物新品种权侵权实务中，侵权行为人的育种基地往往和加工厂在一起，占地面积较大，位于人烟稀少的地方，且远离市区、交通不便，传统的取证手段已难以实现取证目的。随着民用无人机技术推广，越来越多的行业开始使用无人机航拍取证，且公证部门广泛使用。[①] 因此，在植物新品种权

---

① 邵益婷：《办理证据保全公证 无锡市上了无人机航拍》，载《中国江苏网》，网址：http://js-news.jschina.com.cn/wx/a/201703/t20170316_224529.shtml，浏览日期：2021年2月1日；深圳市司法局：《宝安公证处首次使用无人机航拍参与证据保全公证》，载《深圳政府在线》，网址：http://www.sz.gov.cn/ztfw/hysy/wyk/content/post_8074800.html，浏览日期：2021年2月1日。

维权取证中可以予以借鉴，将无人机航拍技术用于大田作物的品种权侵权取证。

（4）参加展会

随着我国市场经济的发展，展会成为企业销售产品、展示创新成果、促进招商引资的重要手段。因此展会也成为发现知识产权侵权的重要场所，可以通过参加展会获得在侵权者网站或实体店获取不到的证据。取证人员一旦在展会上发现涉嫌侵权的产品，应立即收集相关证据，如产品手册、目录、照片等，亦可通过购买侵权产品等方式获取相关证据。

3. 注意事项

（1）伪装身份

不同植物新品种有其特定的适宜生长区域，在实体店购买涉嫌侵权的种子时应选择特定区域。种子的销售网点多在区县或乡镇贸易市场的肥料或农资销售点，农村人口流动性相对较小，同一县城或乡镇的人口音基本一样，警觉性较高的侵权行为人一旦发现购买人为外地人，往往不予售卖。多数调查工作属暗访性质，调查人员要注意自身着装和言谈举止，尽量做到"入乡随俗"。

（2）询问知情人

知情人是对品种培育研发、生产、销售、种植等比较了解的人，他们可能是某一环节的参与人（如侵权行为实施主体），也可能仅仅是旁观者，对品种的商业竞争力、市场占有规模、销售量、销售额等情况都较为了解，提供的线索可信度较高。在确定知情人后，调查人员需以普通消费者、加盟商身份或者利用其他正当理由接近知情人，让对方相信有交易机会。调查人员在交流过程中应注意询问技巧，备好应对话术。以进入种子销售门市部为例，进入店铺后把自己当作真实的消费者，轻松地与调查对象（销售人员）交谈，询问店内品种情况，并想好看完后不购买的理由，切勿表现得目的性很强，销售人员一旦发觉异常，就会影响后续取证。如单独调查不方便可找同伴同行，在调查时一人拖住销售人员，另一人查找主体信息。

（3）搜集侵权主体背景资料

搜集资料是为后续维权做准备的。不管是行政举报还是诉讼，首先应确认行为的实施主体有没有实施侵权行为，即有没有主体信息、有没有侵权品种。因此调查人员进入店铺调查前应先浏览销售门市部门店的招牌，获取商号或企业名称，并通过关键字搜索其主体信息，看注册地址与经营地址是否一致，也可以通过店内营业执照公示、POS机签购单、收据或发票、名片、微信或者支付宝等渠道获取主体信息。走出销售门市部后及时通过公开渠道对前述收集的侵权主体背景资料进行核实，如全国企业信用信息公示系统；必要时也可借助外力，如与相关公司、社会组织、专业人士开展业务交流。调查后要及时制作表格详细记录店铺名称、地址、其他主体信息、侵权品种名称、侵权品种数量、生产厂家等基本信息。

三、如何把握种业知识产权案件取证的时机？[①]

举证难是种业知识产权保护中最为突出的问题。所有的繁殖材料都会随着时节进行种植，因此权利人要把握好取证时机，及时进行取证，避免种植、收获等因素导致取证困难。取证的链条要尽量完整，保证可以追溯到生产者和销售者。

①繁育阶段，取证的重点在于亲本等繁殖材料，可以就是否以窃取等方式非法获取亲本等繁殖材料进行取证，进而为今后维权做准备。

②生长阶段，虽然无法反映该品种的全部性状，但是也具有一定的取证价值，取证的重点是青苗等材料，同时也可以进行现场勘验，为日后鉴定做相应的准备。

③收获阶段，刚刚收获还未进行脱穗或未进入晾晒场进行晾晒是比较好的取证时机。及时将收获材料进行公证取证，以便于对比性状。在取证时尽量通过种植户获知其购进种子的来源和上家，以进一步追究生产者和销售者的责任。

④销售阶段，是最佳的取证时机。无论是侵犯品种权，还是销售套牌侵权、"白包种子"，均可在此时间段进行取证。

⑤运输阶段，一般还需要结合其他阶段取得的证据认定侵权种子的生产者和销售者。

第三节　公证取证

公证取证就是当事人为维护自身合法权益，根据侵权的具体情况，通过公证方式进行取证。由于植物新品种具有周期性、季节性等特点，需要事先对证

---

①　天津市高级人民法院、天津市农业农村委员会：《关于涉种业市场主体知识产权保护指导手册（一）》。

据进行收集和固定，避免证据灭失难以取得。

一、公证取证的概述

1. 概念与种类

公证取证是指公证机构根据自然人、法人或者其他组织的申请，依法对与申请人有利害关系的、以后可能灭失或者难以取得的证据、行为过程通过复制、拍照、录像、录音等方式加以提取、收存、固定、描述、监督，以确保其真实性和证明力的活动。公证一般经过申请与受理、审查、出具公证书三个基本环节。

根据取证的内容，公证取证可以分为对书证的保全公证、对物证的保全公证、对视听资料的保全公证、对证人证言和当事人陈述的保全公证、对电子数据的保全公证、对行为过程和事实的保全公证等。

2. 申请

公证取证由当事人住所地、经常居住地、保全行为地或待证事实发生地的公证机构受理[1]。

自然人、法人或者其他组织申请公证时应提交下列材料：①申请人的身份证明、资格证明；②申请人与保全的证据有利害关系的证明材料，如植物新品种权证书、商标注册证、专利证书、著作权权属文件及其他能够证明有利害关系的证明材料；③与申请保全证据相关的其他证明材料。

3. 注意事项[2]

①公证机构办理保全证据公证，可以根据具体情况利用绘图、照相、录像、录音、复制、封存、下载、截屏、实时打印、存储打印、软件、电子数据保全平台、非专业性鉴定和勘验、制作笔录等工具或方法，并制作详细记录。保全证据过程中涉及专业技术鉴定、评估的事项，由当事人自行委托或者征得当事人同意后由公证机构代为委托专业机构办理。

②办理保全书证、物证、视听资料和电子数据的公证，公证员和公证机构

---

[1]　实践中包括最高人民法院在内的司法机关倾向于认为："双方当事人住所地、行为地以及事实发生地均与受理公证事项并出具公证书的公证机构位于不同地域，公证书的出具违反了相关法律及部门规章的规定。但是，根据《公证机构执业管理办法》第三十六条第二款规定，公证机构违规跨区域执业，应由司法行政机关予以制止并责令改正，并不导致公证书无效。"参见（2016）最高法民申1878号民事裁定书、（2019）最高法民申2918号民事裁定书。

[2]　参见重庆市高级人民法院、重庆市司法局：《办理知识产权保全证据公证指南》。

的其他工作人员（下称"公证人员"）应采取现场勘验和当场提取证据的方式进行，并将相关情况制作工作记录。记录的内容包括：勘验时间、地点；办理保全证据公证的公证人员及在场的相关人员的人数、姓名；保全对象的基本情况；保全的方式、方法；证据取得的时间、地点、方式；证据的存放方式、地点、现状；取得的证据数量、种类、形式等。

③对不易收存的物证可以采取记录、绘图、照相、录像、复制等方式保全。办理保全物证、书证和视听资料的公证需由专业机构或者专业人员采用技术手段进行的，公证人员应审查专业人员的身份和资格，告知其操作的法律意义与法律后果，并对保全过程予以证明。保全物证、书证和视听资料过程中，委托专业机构或者专业人员照相、录像、录音、测绘、评估或者鉴定等形成的证据，应由专业机构的承办人员或专业人员签名并及时由公证机构封存。

④办理保全证据公证可以申请以下列视听方式进行：以照相、录像方式在公共场所（包括营业场所）对财产、行为办理保全证据公证的；以录像、录音方式对其与他人的谈话办理保全证据公证的。

⑤办理保全证人证言的公证，可以由使用证人证言的当事人、提供证言的证人单独或共同提出申请。保全证人证言，可以由证人在公证人员面前亲笔书写或陈述证言，或由使用证言的当事人在公证人员面前对证人进行询问并做出记录，必要时也可以由公证人员对证人进行询问，公证人员可以采用录像、录音等方式保全证人证言形成的过程。公证人员在证人作出证言前，应告知其享有的权利、承担的义务及其法律责任，并将告知内容制作询问笔录。询问笔录和所保全的证人证言应由证人签名。申请保全若干证人的证言，公证机构应分别办理。保全危重病人的证言，应由医疗机构证明其精神状况并可以酌情采用录像、录音等方式保全证人证言形成的过程。保全限制行为能力人的证言，应当审查其年龄、智力或者保全时的精神状况，并有其监护人在场，监护人应当在询问笔录和所保全的证人证言上签名确认。保全证人证言的公证书中可以载明："本公证书仅证明证人证言的形成过程，不对前面的×××的证言内容的真实性作出证明。"保全当事人陈述的，参照保全证人证言的公证办理。

⑥办理保全涉嫌侵权物证的公证，公证机构可以根据当事人的要求和被保全对象的不同特点，采取客观记录当事人购买或索取实物（包括索要发票、凭证）的过程、照相、录像、询问证人等方式，保全现场真实情况。办理涉嫌侵权物证保全时，为便于申请人取证，公证人员可以不公开身份，但必须亲临现

场，并制作工作记录。工作记录应载明取证时间、地点、证据名称、数量等，并交由申请人或者在场人签名。取证过程中取得的票据、单据等凭证，公证机构应当收存原件，有正当理由无法收存原件的，应收存经公证机关核实无误的复印件。

⑦办理保全互联网实时数据的公证，应使用公证机构的电子设备、公证人员的电子设备或无利害关系第三人的电子设备进行。公证人员或当事人应按照当事人提供的书面操作程序进行操作。公证人员应按照操作顺序记录登录网络、进入相关网址（网页）、下载、打印（或者刻录光盘）等整个过程和所使用的操作软件的名称，并注意审核下载的内容是否与网页内容相符，必要时可以对保全过程进行录像。公证书中应记载对电子设备进行清洁性检查及互联网接入情况。

二、植物新品种侵权案件公证取证要点

植物新品种侵权案件公证取证主要围绕三个方面展开：一是侵权主体，即侵权种子的生产者、经营者和销售者；二是侵权行为或侵权事实，侵权行为或侵权事实是判断是否侵权的基础证据，需要根据农业或林业相应的鉴定规定进行鉴定；三是侵权数量，侵权数量的确定关系赔偿数额。

三、取样公证注意事项

①在购买取证（取样）时，在其开具的单据上尽量要求信息详细以便于诉讼举证；在进行制种基地公证时需注意公证面积的真实性，一般的育种制种基地都在西北地区，且面积较大，因此在公证时应尽量找参照物。

②尽量获取最容易鉴别的样品（证物），为保证证据的真实性和全面性，可以从不同角度对同一个侵权目标进行多次公证取证。

③公证取证由当事人住所地、经常居住地、保全行为地或待证事实发生地的公证机构受理。公民的住所地是户籍所在地，经常居住地是公民离开住所地至起诉时连续居住一年以上的地方，但住院就医的地方除外，可以通过工作居住证或连续两年的暂住证证明；法人或者其他组织的住所地，是法人或其他组织主要办事机构所在地或主要营业地。如果是没有办事机构的公民合伙、合伙型联营体，注册登记地为住所地。

④由于种子经营的特殊性，在店铺公证时可能找不到营业执照，其门匾上的信息也可能不全，则可以先采取电子支付，在诉讼中再请求法院通过电子支

付信息调取收款方开户信息，从而找到收款人信息，进而追加或变更被诉主体。

⑤种子都有特定生长区域。寻找侵权地时要了解以下信息：一是品种特征特性，如玉米的花药是红色、之中的父本母本之比是 1：4 等；二是品种的适应性区域，即可能种植的区域，避免"撒网式""大海捞针式"寻找，从而尽早制止品种侵权。

⑥保证证据链完整。从公证到鉴定结果出来需要经过不同环节，要保证各个环节能够形成闭合整体。如通过邮寄方式将待检测样本送至检测机构的，应对交付给承运人的待测样本的密封状态进行录像，录像中显示交给承运人的待测样本系公证机构密封且封条完整。同时检测机构也要在开封检测前对所取快递进行录像，录像中显示其收到的待测样本封条完好无损。

⑦由于无性繁殖材料的特殊性，在对苗场和果树进行公证时可依法录音录像，通过交谈了解苗木来源，判断是否是侵权品种。

四、公证取证分类

本部分以专业代理机构公证取证为例，介绍三种主要类型，即实体店面公证、网络公证和制种基地公证。

1. 实体店面公证相关事项

①调查员接受品种权人或利害关系人（下称"客户"）委托，研究涉案植物新品种权的权属证书、植物新品种和涉嫌侵权产品区别及购买注意事项等。

②申请公证前，调查员应实地调查涉案侵权产品可能出现的地址，了解涉案侵权产品销售情况和侵权商家信息（对于个体户，留意商铺营业执照或通过门头信息查询营业执照）。

③联系公证处，调查员将客户签字或盖章的身份信息（自然人身份证复印件、法人营业执照复印件）、涉案植物新品种权证书复印件和公证委托书提交到公证处，办理公证申请手续。如果是批量申请，公证处发票应分别开具。

④介绍公证事宜，由于公证人员对植物新品种权侵权案件取证操作细节不太了解，在办理公证申请手续后，调查员应向公证处指派的两名公证人员说明购买情况和注意事项。

⑤在公证购买过程中，调查员在留意涉案侵权产品的同时，要默记商铺营业执照信息（如商铺名称和个体户姓名等），选择好要购买的涉案侵权产品后，

要求商铺开具购买清单或发票（加盖章）、名片；如果是通过微信或支付宝等支付方式购买，要保存完整的截图并附在公证书内。种子有包装袋的一定要拍清楚案涉品种的包装袋，核实包装袋上喷码，并将相关信息记载在公证书内。

⑥调查员与公证人员一起将买回的涉案侵权产品带回公证处，拍照保留信息，及时反馈至客户，确认涉案侵权产品。

⑦在市场监管总局网站或各省市市场监管局网站检索核实卖家及生产厂家主体信息，并整理案件的基本信息（如侵权商家名称、联系方式、销售地址、企业查询信息、侵权客体等）。

⑧校对公证处制作公证书（根据案情至少一式四份），确保公证书信息全面、清楚、具体，尤其是侵权商铺的主体信息。收取公证书和封存样品后，编号归档，给客户送达一份公证书。

⑨根据实际情况，申请人可建议案件承办人取回封存物提交至法院，或者请求法院现场勘验。

⑩涉及同一销售者销售的多个被控侵权产品，应根据品种类别分别封存。

注意：在整个购买过程公证中，侵权产品都不能脱离公证员视线。

2. 网络证据公证保全

（1）网络宣传证据公证保全

①用公证处电脑或手机下载 APP 打开网页，若用委托人或权利人的手机，需公证人员对设备进行清理，或直接同公证人员一起购买新的手机、平板或电脑且在公证人员的监督下下载 APP 打开网页，全程由公证人员录像。

②要证明注册用户与被告的关系，查清网上销售侵权产品的主体类型。

③公证文书要写清楚账号和登录口令信息。

（2）网络购买证据公证保全

①在公证人员的手机或电脑上申请购买，如用委托人或权利人的电子产品购买，需公证人员对设备进行清理。

②在手机 APP 平台上购物时，买方信息要完善，且进行截图保存。

③进入侵权网店后，了解侵权网店的信息和涉案产品的销售情况（如月销售数量等）。

④购买成功后，截图保存店铺寄送货物使用的物流单号，且在公证文书中描述侵权网店基本信息和物流单号。

⑤货物到达后，在公证处的见证下，委托人或权利人和公证人员一起取出货物，并对货物信息进行核对，确认无误后，对侵权产品正反面进行拍照，最

后封样保存。

3. 制种基地证据公证保全

①前期准备工作。熟悉所取样品对应的检验规程，根据检验规程要求进行取样，了解基地周边环境及当地民风民俗，尽量避开农户田间劳作时间以免发生不必要的冲突，提前准备封存样品所需物品，节约田间工作时间。

②侵权地块情况。申请人对所要公证的地块前期应充分了解，包括地块面积分布区域、周边标记物、地头牌位置、所属村社（组）、规划好对地块的测量路线等。

③所需物品的准备。视基地侵权物所封存样品的属性而定，一般植物侵权可提取的样品包括植物的根、茎、叶片、枝芽、果实果穗、种子等，所需物品一般包括测亩仪、密封袋、剪刀、双面胶、胶带、档案袋、打孔器、记号笔、便笺纸、手提袋等，采样多个品种时，为避免样本被污染还需湿纸巾对刀具进行清理。

④提前沟通公证员。外出保全公证工作需要的工作人员较多，对于需要在田间完成的工作应提前和公证处人员沟通，说明所要保全地块面积、地块数量及地块之间的距离，以便公证处做好人员安排。

⑤根据侵权地块分布规划路线。多处地块公证时，出发前一天对路线要做好合理规划。

⑥制种基地田间证据保全要领。对地块作物进行采样封存、面积测量、GPS定位的整个过程要具有客观性、准确性、科学性，采样点的选择尤为重要，一般制种田的标记物有地头标牌（上面有公司名称或农户姓名及电话）、电线杆、变压器（均有不同编号）或其他不易灭失的标志物，面积测量可用测亩仪或手机软件（GPS工具箱、奥维地图等）。

⑦采样过程。对侵权物采样要全程摄像，量化采样数及采样点，采样数视作物类型而定，如玉米杂交种（父母本植株叶片）一个采样点一般取 20 至 30 叶片，玉米杂交种果穗一个采样点取 5 穗，采样点数量视地块分布情况而定，一般一个地块或同一隔离区有 3 至 5 处即具有代表性。

⑧初步封样。在田间可对所采样品进行初步封存要全程摄像，样品分段混合后一般一式三份（调查员可根据需要增减份数），外包装由公证员填写编号。对样品进行分段裁剪时需注意不同品种，彻底清洗刀具避免样品污染。同一天对多处地块采样的还需对各地块样品进行分别收集包装临时封存，贴上标签并编号，全程摄像。

五、涉外证据公证

1. 涉外证据的认定

涉外证据主要存在于中华人民共和国领域外，涉及的法律关系主体往往是域外公民或组织。

《最高人民法院关于民事诉讼证据的若干规定》第十六条明确规定，当事人提供的公文书证系在中华人民共和国领域外形成的，该证据应当经所在国公证机关证明，或者履行中华人民共和国与该所在国订立的有关条约中规定的证明手续。当事人向人民法院提供的证据是在香港、澳门、台湾地区形成的，应当履行相关的证明手续。因此域外形成的证据要得到我国法院的认定，须经公证认证程序，但我国现行法律对"域外形成的证据"并未进行明确规定。实务中，一般参照《天津市高级人民法院关于民商事诉讼域外证据审查若干问题的指南》的相关规定来认定：①该证据是否涉及国籍国或经常居所地在域外的主体；②该证据是否采用域外文字、数字、历法、图章、币种、计量单位、标准、制作习惯和方式；③该证据是否反映发生在域外的事实；④该证据是否约定适用域外法律或由域外法院、域外仲裁机构解决争议；⑤该证据是否具有其他能够证明其形成于域外的因素。

2. 涉外证据调查取证流程

以我国法院委托外国法院协助进行民商事案件调查取证为例，调查取证需经如下程序：法院制作调查取证请求书和转递函→各级法院→最高法→司法部→被请求国中央机关；调查取证结果再按原路径返回，即被请求国中央机关→司法部→最高法→各级法院→提出调查取证请求的法院。

3. 涉外证据的认定

对当事人所提供的证据，其真实性、合法性和关联性需经法院认定后才能被采信，即由法院确定证据有无证明力和证明力大小。不管证据是否涉外，法院均以证据的"三性"为认定标准。但涉外证据在内容和形式上会有些许不同，很多时候涉及公证和司法鉴定。在公证方面，世界上很多国家的公证机构并不是国家机关，而是中介机构，这就涉及证据的合法性问题，经公证认证的域外证据也可能不被法院采信。

域外品种权人在中国经营种子主要采取直接经营或与国内公司合作经营的方式，他们发现国内市场上存在侵犯植物新品种权的行为，有维权需求时，不管是基于民事委托代理还是植物新品种权利害关系人授权，都存在权利文书域外授权问题。[①] 植物新品种权维权实务中使用较多的涉外文书为授权委托书，根据签署地点的不同，域外品种权人委托中国代理机构代理植物新品种权维权案件签署的授权委托书分为在境外签署、在境内签署、在境内人民法院法官见证下签署三种情形：①在中国境外签署的授权委托书，应根据客户所在国与中国的外交关系，履行相应手续[②]后才具有法律效力；②境外企业的代表人直接在中国境内人民法院法官的见证下签署授权委托书的，无需履行其他证明手续，人民法院应予认可；③境外企业的代表人在中国境内签署授权委托书，经中国公证机构公证后，人民法院方予认可。

---

① 何美群、杨雄、程丁卯：《海外植物新品种权人在维权委托中存在的问题及完善检疫》，载《中国种业》，2020年第5期。

② 履行的手续有三种：经所在国公证机关证明，并经中华人民共和国驻该国使领馆认证；履行中华人民共和国与该所在国订立的有关条约中规定的证明手续后，才具有效力；外国当事人所在国与中华人民共和国没有建立外交关系的，可以经该国公证机关公证，经与中华人民共和国有外交关系的第三国驻该国使领馆认证，再转由中华人民共和国驻该第三国使领馆认证。

第八章　植物新品种权的保护

植物新品种保护，是通过对植物新品种权侵权纠纷的解决，达到保护品种权人的合法权利不受他人非法侵害的目的。从世界各国植物新品种保护体系的情况看，多数国家的植物新品种权行政执法机构虽有权对侵权行为进行调查，但除了海关以外，一般无权作出决定或者处罚，是否构成侵权以及应当承担什么样的责任均须由法院判决。我国植物新品种权保护制度实行司法与行政保护"双轨制"，即当植物新品种权利人或利害关系人的权利受到侵犯时，可以请求行政执法部门对侵权人的侵权行为进行行政处理。实践中，由于受"强行政、弱司法"传统理念影响，对于大部分人，尤其是从事农业生产的广大农民群众，遇到问题仍习惯找政府而非法院，因此当植物新品种权人或利害关系人的权利受到侵犯时他们往往首要考虑的是政府。

第一节　植物新品种保护概况

一、我国植物新品种保护

植物新品种在不同的保护环节所涉及的保护部门也不同，总的来说包括行政部门和司法部门，行政部门又可以细分为农业行政部门与林业和草原行政部门。

1. 植物新品种行政保护

（1）农业部分

自 1999 年 4 月 23 日农业部受理第一个农业植物新品种权申请以来，经过二十多年的快速发展，农业植物新品种权的申请与授权明显呈快速增长之势。截至 2023 年底，累计受理农业植物新品种权申请 76 914 件，授予农业植物新品种权超过 3 万件；2017 年至 2023 年，我国的植物新品种申请量居世界第一，尤其是 2017 年以后增幅较大。我国申请植物新品种权的作物主要是大田作物，其他作物所占比例较少；而西方发达国家的植物新品种权申请主要集中在经济作物，例如果树、蔬菜等。总的来说，我国植物新品种保护制度的实施效果非常显著，较好地促进了我国植物品种领域的育种创新，自主选育品种面积占比超过 95%，良种对粮食增产贡献率达 45%[①]，为我国粮食的连年丰收提供了支撑和保障。

截至 2023 年 12 月底，农业农村部先后颁布了 11 批植物品种保护名录，受保护的农业植物种或者属有 191 个[②]；为配合植物新品种权的审查，农业农村部建立了 1 个中心、27 个测试分中心、6 个专业测试站，编制了 300 多项DUS 测试指南和 DNA 分子标准。

（2）林草部分

自 1999 年国家林业局开始受理林业植物新品种权申请以来，林业植物新品种保护制度体系不断完善。国家林草局先后制定《实施细则（林业部分）》《林业植物新品种保护行政执法办法》《林业植物新品种测试管理规定》《林业植物新品种权申请审查规则》等规章制度。自 2018 年以后，林业植物新品种权每年授权超过 300 余件，其中 2023 年授予植物新品种权 915 个，截至 2023 年底，国家林草局已授予植物新品种权 4 970 件。由此说明林业的植物新品种权申请也取得了可观的效果，植物新品种保护意识正在逐步提高。

截至 2023 年 9 月 30 日，林草部门先后颁布了 8 批林草保护名录，受保护的林草种或者属有 293 个，建立了 1 个植物新品种测试中心、5 个区域测试分中心、2 个分子测定实验室和 7 个综合性测试站，编制了 165 个新品种测试指南标准，其中 64 个测试指南已经发布实施。[③]

2. 植物新品种司法保护

自 2000 年 9 月吉林省四平市中级人民法院审理我国第一起植物新品种侵权案件以来，植物新品种权司法保护也取得了长足发展。截至 2023 年 9 月 30 日[④]：以"植物新品种权权属、侵权纠纷"为案由，通过中国裁判文

[①] 蒋建科：《农作物自主选育品种面积占比超过 95% 良种对粮食增产贡献率已超过 45%》，载《人民日报海外版》，2021 年 1 月 16 日第 3 版。

[②] 见附录一：《植物新品种保护名录》。

[③] 见附录一：《植物新品种保护名录》。2024 年 1 月 2 日，国家林草局公布了《中华人民共和国植物新品种保护名录（林草部分）（第九批）》，该批有 20 个种或属。

[④] 访问日期为 2023 年 9 月 30 日。

书网检索发现，2011 年至 2023 年 9 月 30 日，我国法院审理涉植物新品种案件共有 1 432 件；以"植物新品种合同纠纷"为案由，通过中国裁判文书网检索发现，2014 年至 2023 年 9 月 30 日，我国法院审理涉植物新品种案件共有 71 件。

此外，最高人民法院自 2021 年起先后发布了 3 批共 35 件人民法院种业知识产权司法保护典型案例，为推动种业创新和高质量发展提供了有力司法保障。

二、我国植物新品种保护机构设置

我国目前采用行政保护与司法保护相结合的植物新品种保护体系。该体系以植物新品种保护办公室授予植物新品种权为开端，以地方政府部门和司法机关（主要指人民法院）监管和处理涉植物新品种权纠纷案件为"两翼"，整个体系由审批机关、复审机构、执法机构和司法机关四个部分组成。植物新品种保护体系的执法机构由地方政府的农业行政执法部门和林业行政执法部门组成，相互之间分工合作，各执法部门所处的层次不同，其所管辖的职责范围也有所不同①。

1. 植物新品种的行政保护

《种子法》第二十五条规定，国务院农业、林业主管部门授予植物新品种权，保护植物新品种权所有人的合法权益。《植物新品种保护条例》第三条规定，国务院农业、林业行政部门按照职责分工共同负责植物新品种权申请的受理和审查并对符合本条例规定的植物新品种授予植物新品种权。据此，我国植物新品种的行政管理分为农业植物新品种管理和林业植物新品种管理，分别由农业农村部、国家林草局负责。《植物新品种保护条例》第三十九条、第四十条分别将植物新品种侵权的行政处理和行政查处等行政执法权分配给农业农村部和国家林草局。因此，我国植物新品种保护在中央层面的行政体制是，农业农村部负责农业植物新品种的行政管理，国家林草局负责林业植物新品种的行政管理，并分别制定《实施细则（农业部分）》和《实施细则（林业部分）》。

（1）农业植物新品种行政管理

农业行政部门对植物新品种保护机构体系主要有四项职责：审批、复审、

---

① 郭霞：《植物新品种行政管理体制改革研究》，载《科技与法律》，2016 年第 2 期。

执法和其他。

①审批。农业农村部植物新品种保护办公室负责《植物新品种保护条例》《实施细则（农业部分）》的组织实施工作，是负责农业植物新品种保护的办事机构，承担着农业植物新品种权申请的受理、初步审查、实质审查等所有受理审查工作；监控审查状态、期限，提供各种统计数据；承办授权后的著录项目变更等植物新品种权管理相关事务；负责植物新品种权档案管理工作。具体工作分别由以下处室承担：

a. 农业农村部种业管理司品种创新处。

农业农村部种业管理司品种创新处为农业农村部植物新品种保护办公室秘书处，负责具体指导和协调农业植物新品种保护各项工作，主要包括：

协助立法部门制定农业植物新品种保护法律法规，制定并组织实施农业植物新品种保护相关的规章、制度和发展规划。

负责农业植物新品种权申请的受理、审查、测试和繁殖材料保藏的协调管理；负责农业植物新品种 DUS 测试指南研制的组织管理和品种保护名录发布的相关工作；负责农业植物新品种保护的信息管理与发布工作；组织农业植物新品种保护的宣传、培训工作。

组织和指导农业植物新品种权的行政执法工作；协助司法部门处理农业植物新品种权的相关司法事务；负责与最高人民法院、国家知识产权局、国家林草局、国家市场监督管理总局、海关总署等相关部门的归口联络并处理相关事务。

组织农业植物新品种保护的国际合作与交流，负责与 UPOV 的联络工作并处理相关事务。

b. 农业农村部科技发展中心植物新品种保护处。

受农业农村部植物新品种保护办公室的委托，农业农村部科技发展中心植物新品种保护处作为品种权申请审查部门，主要具体承办以下工作：

负责农业植物新品种权申请的受理、初步审查、实质审查等所有品种权受理审查工作；监控审查状态、期限及费用，提供各种统计数据；承办授权后的著录项目变更等品种权管理相关事务；负责品种权档案管理工作。

负责编辑、出版、发行《农业植物新品种保护公报》；印制、发放品种权证书；建设及管理维护农业植物新品种保护办公自动化等相关信息平台和农业农村部科技发展中心网站品种保护栏目。

协助农业农村部种业管理司做好植物新品种保护的宣传、培训、咨询工作。

受植物新品种复审委员会委托，代收复审材料，承办指定复审案件的前置审查等工作。

c. 农业农村部科技发展中心（农业农村部植物新品种测试中心）植物新品种测试处。

安排、落实 DUS 测试任务，监管 DUS 测试工作，审核 DUS 测试报告，分析相关测试数据并及时向品种保护处提交测试报告。

起草农业植物新品种 DUS 测试指南研制规划等相关文件，组织、承担指南的研制和修订；组织开展测试、鉴定新技术和新方法的研究工作及测试技术交流与培训；建设与管理测试信息系统；承担植物新品种侵权、假冒和复审案件的技术鉴定工作。

组织品种权申请相关的无性繁殖材料的长期保藏工作；组织收集、整理、繁殖、纯化、保存、发放 DUS 测试所需的国内外植物品种；根据测试指南，商保藏中心确定每种作物的繁殖材料提交数量，测试取种数量和执法鉴定提取繁殖材料数量。

维护与管理测试中心试验基地，指导、管理、监督检查各测试分中心的业务工作；开展与测试技术有关的国际合作与交流工作；承担全国植物新品种测试标准化技术委员会秘书处的工作。

d. 农业农村部植物新品种保护办公室植物新品种保藏中心。

接收、检测并长期保藏与品种权相关的有性繁殖材料。及时向申请者或代理人及相关部门反馈繁殖材料的接收及检测结果情况。

负责核对实际收到的繁殖材料名称与《提供繁殖材料通知书》中的材料名称是否一致，以通知书中的正确名称将其登记入库和录入数据库。

在规定时间内，按《国家种子检验规程》对每份送交繁殖材料进行生活力检测（检测周期需 7～15 天），并及时将检测结果提交品种保护处和反馈给申请者或代理人。

根据需要测试的品种清单，协助测试部门分装繁殖材料。

根据品种保护办公室的《提取繁殖材料通知书》，向法院等单位提供保藏的繁殖材料。

编写年度工作总结和制定次年工作计划，并于 12 月底前报品种保护办公室。

确保贮藏冷库温湿度的稳定以及防火、防盗的安全生产，以保证繁殖材料的长期安全保藏。

完成其他相关工作。

②复审。农业农村部设立农业农村部植物新品种复审委员会负责审理驳回品种权申请的复审案件、品种权无效宣告案件和新品种更名案件。

复审委员会由主任委员、副主任委员、秘书长和委员组成。主任委员由农业农村部主管领导兼任，副主任委员由农业农村部种业管理司等相关司局负责人兼任，秘书长由农业农村部种业管理司市场监管处负责人兼任。复审委员会下设大田作物、果树、观赏植物及草类、蔬菜作物等四个复审小组。复审委员会的主要职责是：

负责审理农业农村部植物新品种保护办公室在初步审查和实质审查程序中驳回品种权申请的复审请求。

负责审理无效宣告和品种更名请求。

依据职权宣告品种权无效，以及对授权品种予以更名。

复审委员会秘书处设在农业农村部种业管理司市场监管处，负责复审委员会的日常工作。

③执法。县级以上农业行政执法部门主要负责对侵犯植物新品种权的纠纷案件进行调解，查处假冒授权植物新品种的行为，查处销售授权品种未使用其注册登记的名称的行为等。省级以上人民政府农业行政部门依据各自的职权在查处品种权侵权案件和县级以上人民政府农业行政部门依据各自的职权在查处假冒授权品种案件时，根据需要，可以封存或者扣押与案件有关的植物品种的繁殖材料，查阅、复制或者封存与案件有关的合同、账册及有关文件。

④其他。涉及的部门主要包括中国种子协会及各省市种子协会与品种权代理机构。

（2）林业植物新品种行政管理

林业植物新品种主要由国家林草局科技发展中心（林业植物新品种保护办公室）负责，该部门为参照公务员管理的公益一类事业单位，主要负责林草植物新品种保护等相关工作，具体如下：拟定林草植物新品种保护工作方针政策、法律法规和部门规章，并贯彻实施；负责编制林草植物新品种保护规划和年度计划，并组织实施；组织制定、修订林草植物新品种保护管理规定和技术标准，负责《林草植物新品种保护名录》征集和发布工作；负责审批林草植物新品种权授予、终止、更名、复审、宣告无效等工作；负责向外国人转让林草植物新品种申请权或植物新品种权行政许可工作；负责 UPOV 公约履约工作，开展林草植物新品种保护国际合作与交流；负责林草植物新品种保护执法工作，督办查处重大案件，发布执法通报；负责林草植物新品种保护执法、测试等相关人员培训工作，负责新品种测试机构、保藏机构建设和管理工作；承担国家林草局植物新品种保护复审委员会办公室工作。

2. 司法保护

基于植物新品种纠纷案件的专业性较强，全国人民代表大会常务委员会及最高人民法院就涉植物新品种案件的管辖做了专门规定，《最高人民法院关于审理植物新品种纠纷案件若干问题的解释》第三条规定："本解释第一条①所列第一至五类案件，由北京知识产权法院作为第一审人民法院审理；第六至十八类案件，由知识产权法院，各省、自治区、直辖市人民政府所在地和最高人民法院指定的中级人民法院作为第一审人民法院审理。当事人对植物新品种纠纷民事、行政案件一审判决、裁定不服，提起上诉的，由最高人民法院审理。"

2016 年 7 月 5 日，最高人民法院印发《关于在全国法院推进知识产权民事、行政和刑事案件审判"三合一"工作的意见》，为植物新品种保护开辟了新的司法保护模式。2018 年 10 月 19 日，中央批准最高人民法院设立知识产权法庭，2019 年 1 月 1 日最高人民法院知识产权法庭成立后，裁判标准有效统一，审判质效明显提升。自 2021 年 3 月起，最高人民法院知识产权法庭设立专门的植物新品种合议庭，进一步加强了对涉种业案件的集中审理和统筹指导。

截至 2023 年 9 月 30 日，我国先后设立 4 家专门知识产权法院和 28 家知识产权法庭（审判庭），集中审理包括植物新品种案件在内专业性较强的知识产权案件，为植物新品种权提供了更有力的司法保护。目前全国共有

---

① 《最高人民法院关于审理植物新品种纠纷案件若干问题的解释》第一条规定："人民法院受理的植物新品种纠纷案件主要包括以下几类：（一）植物新品种申请驳回复审行政纠纷案件；（二）植物新品种权无效行政纠纷案件；（三）植物新品种权更名行政纠纷案件；（四）植物新品种权强制许可纠纷案件；（五）植物新品种权实施强制许可使用费纠纷案件；（六）植物新品种申请权权属纠纷案件；（七）植物新品种权权属纠纷案件；（八）植物新品种申请权转让合同纠纷案件；（九）植物新品种权转让合同纠纷案件；（十）侵害植物新品种权纠纷案件；（十一）假冒他人植物新品种权纠纷案件；（十二）植物新品种培育人署名权纠纷案件；（十三）植物新品种临时保护期使用费纠纷案件；（十四）植物新品种行政处罚纠纷案件；（十五）植物新品种行政复议纠纷案件；（十六）植物新品种行政赔偿纠纷案件；（十七）植物新品种行政奖励纠纷案件；（十八）其他植物新品种权纠纷案件。"

40 余家具有植物新品种案件管辖权的第一审法院。其中于 2020 年底设立的海南自由贸易港知识产权法院将紧密围绕"南繁硅谷"建设，打造国际化高水平种业知识产权保护新高地。此外，各地法院积极探索建立和完善技术调查、专家咨询等制度做法，在疑难复杂植物新品种案件审理中注重发挥育种专家作用，准确查明技术事实，提高案件审判质效。

第二节　植物新品种权的行政保护

前文已简单介绍了我国植物新品种权行政保护的基本情况，本节重点阐述行政执法部门在植物新品种保护中发挥的重要作用以及行政管辖和执法程序。

一、保护行政执法部门

《种子法》和《植物新品种保护条例》已赋予农业行政执法部门和林业行政执法部门对植物新品种保护的执法权，未赋予海关部门相关权力。但《中华人民共和国知识产权海关保护条例》第二十三条规定，知识产权权利人在向海关部门提出采取保护措施的申请后，可以依照《中华人民共和国商标法》《中华人民共和国著作权法》《专利法》或者其他有关法律的规定，就被扣留的侵权嫌疑货物向人民法院申请采取责令停止侵权行为或者财产保全的措施。这里的"其他有关法律的规定"也给海关部门对植物新品种进行保护提供了法律依据。基于此，品种权人对于进出口品种涉嫌侵犯其植物新品种权的可以向海关申请采取保护措施。

1. 行政执法部门简介

我国植物新品种保护领域行政执法部门主要有农业主管部门、林业主管部门、海关部门等，但我国地大物博、幅员辽阔，在不同地方，同一类主体名称也不尽相同。

（1）林业主管部门

国家和省、市、县等各级政府林业主管部门，担负着各自所辖区域内的林业生态规划建设、林业产业指导与管理、野生动植物保护、森林病虫害防治和森林资源保护等重任。在植物新品种保护中主要负责林木品种权的维护。其职能主要有：

第一，加强对种子质量的监督检查。林业主管部门可以采用国家规定的快速检测方法对生产经营的种子品种进行检测，检测结果可以作为行政处罚依据。

第二，禁止生产经营假、劣种子。林业主管部门和有关部门依法打击生产经营假、劣种子的违法行为，保护农民合法权益，维护公平竞争的市场秩序。

第三，对侵害植物新品种权案件进行调解。省级以上人民政府林业主管部门依职权，根据当事人自愿的原则，对侵权损害赔偿可以进行调解。

第四，对销售授权品种未使用其注册登记名称的进行处罚等。

（2）农业主管部门

地级市、县级市、县一级分管"三农"工作的农业主管部门，监督农业行为。根据《农业综合行政执法事项指导目录（2020年版）》，农业主管部门主要负责农业部分所涉植物新品种的保护，其职能除了承担与前述林业行政主管部门类似的职能外还承担以下职能：

第一，农业转基因执法。在指导目录中有7项，其中省级负责4项，市县有3项：①对未经批准擅自从事农业转基因生物环境释放、生产性试验等行为的行政处罚；②对在生产性试验结束后未取得农业转基因生物安全证书擅自将农业转基因生物投入生产和应用的行政处罚；③对未经批准生产、加工农业转基因生物或者未按照批准的品种、范围、安全管理要求和技术标准生产、加工的行政处罚；④对生产、经营转基因植物种子、种畜禽、水产苗种的单位和个人，未按照规定制作、保存生产、经营档案的行政处罚；⑤对未经国务院农业主管部门批准擅自进口农业转基因生物的行政处罚；⑥对违反农业转基因生物标识管理规定的行政处罚；⑦对假冒、伪造、转让或者买卖农业转基因生物有关证明文书的行政处罚。

第二，种子执法。在指导目录中有15项，其中省级负责2项，市县负责13项：①对农作物品种测试、试验和种子质量检测机构伪造测试、试验、检验数据或出具虚假证明的行政处罚执法依据主要是《种子法》，少量事项涉及《农作物种质资源管理办法》《主要农作物品种审定办法》《非主要农作物品种登记办法》《植物新品种保护条例》等。②对侵犯农作物植物新品种权行为的行政处罚；③对假冒农作物授权品种的行政处罚；④对生产经营农作物假种子的行政处罚；⑤对生产经营农作物劣种子的行政处罚；⑥对未取得农作物种子生产经营许可证生产经营种子等行为的行政处罚；⑦对应当审定未经审定的农作物品种进行推广、销售等行为的行政处罚；⑧对未经许可进出口农作物种子等行为的行政处罚；⑨对销售的农作物种子应当包装而没有包装等行为的行政处罚；⑩对侵占、破坏农作物种质资源、私自采集或者采伐国家重点保护的天然农作物种质资源的行政处罚；⑪对未经批准向境外提供或者从境外引进农作物种质资源或者与境外机构、个人开展合作研究利用农作物种质资源的行政处罚；⑫对农作物种子企业审定试验数据造假行为的行政处罚；⑬对在农作物种子生产基地进行检疫性有害生物接种试验的行政处罚；⑭对拒绝、阻挠农业主管部门依法实施监督检查的行政处罚；⑮对销售农作物授权品种未使用其注册登记的名称的行政处罚。

（3）农业综合行政执法机构

自 2019 年以来，部分省市推进农业综合行政执法改革。以河北省为例，单独成立了河北省农业综合执法局，主要职责包括编制全省农业综合执法工作的中长期规划和年度计划；统筹、协调、监督、指导全省农业行政综合执法工作；承担法律法规明确要求省级承担的执法职责；负责重大案件查处和跨区域执法的组织协调工作；负责全省农业行政执法队伍建设。必要时，省农业农村厅可以按程序调用市县农业综合执法队伍人员力量。设区的市由市级综合行政执法机构行使执法权，区级不再设立执法队伍。省会城市中心城区以外的其他市辖区可以实行区级执法。如雄安新区可根据工作实际和发展需要，进一步优化机构设置和职能配置，在现有综合执法部门组建农业行政执法队伍，行使相关执法职能。设区市的农业综合行政执法机构加挂动物卫生监督所牌子，实行"一套人马、两块牌子"，统一名称为市农业综合行政执法支队（市动物卫生监督所）。县级农业综合行政执法机构一般与农业农村部门实行"局队合一"体制，即将兽医兽药（含动物卫生监督）、畜禽屠宰、饲料、种子（含种畜禽）、化肥、农药、农机、农产品质量等分散在农业农村部门内设机构及所属单位的行政处罚以及与行政处罚相关的行政检查、行政强制职能剥离，由农业综合行政执法机构以农业主管部门的名义统一执法。

（4）市场监督管理部门

市场监督管理部门在植物新品种保护过程中的主要职能可以概括为以下几个方面：

第一，负责市场主体统一登记注册。指导各类企业、农民专业合作社和从事经营活动的单位、个体工商户的登记注册工作；按权限办理外国（地区）企业常驻代表机构等市场主体的登记注册工作。建立市场主体信息公示和共享机制，依法公示和共享有关信息，加强信用监管，推动市场主体信用体系建设。

第二，负责市场监管综合执法工作。推动实行统一的市场监管。组织协调重大复杂案件查处和跨区域执法工作，查处侵犯植物新品种权的行为。规范市场监管、知识产权行政执法行为。

第三，按权限负责反垄断统一执法。统筹推进竞争政策实施，指导和推动公平竞争审查制度落实。按权限对经营者集中行为进行反垄断审查，依法依授权负责垄断协议、滥用市场支配地位和滥用行政权力排除、限制竞争等反垄断执法工作。负责县内企业的反垄断应诉工作。

第四，负责监督管理市场秩序。依法监督管理市场交易，指导网络商品交易及有关服务的行为。负责查处价格收费违法违规、不正当竞争、违法直销、传销、侵犯商标专利知识产权和制售假冒伪劣等违法行为。指导广告业发展，监督管理广告活动。负责查处无照生产经营和相关无证生产经营行为。指导消费者协会开展消费维权工作，指导县内个体私营企业协会开展工作。

第五，负责农作物种子认证①。会同农业农村部还将制定发布农作物种子认证目录、认证实施规则、技术规范等配套文件，并通过多种渠道大力开展农作物种子认证制度宣传和政策解读，推动行业管理、市场流通等领域采信认证结果，共同推进认证工作全面实施。

（5）海关部门

根据《海关法》，海关部门所涉植物新品种权的主要职能有：

第一，海关行政强制。为保证行政管理职能，海关部门根据《海关法》及相关法律法规，对行政管理相对人作出的带有直接强制作用的具体行政行为，分为财物强制、行为强制、人身强制等。

第二，海关行政处罚。作为国家进出关税监督管理机关，海关部门在对进出境货物、物品、运输工作监管过程中，对违反《海关法》及相关法律法规，依法应受处罚的行为给予法律制裁，包括申诫罚、财产罚和行为罚。

（6）公安机关

公安机关是我国打击刑事犯罪最有效的机关之一。随着国家对种业知识产权保护力度的加大，各地公安机关陆续成立了食品药品和生态环境犯罪侦查大队，主要职能有：第一，负责掌握食品药品、知识产权、生态环境、森林草原、生物安全等领域犯罪动态；第二，拟订预防、打击对策，组织开展对食品药品、知识产权、生态环境、森林草原、生物安全等领域犯罪案件和制售伪劣

---

① 农作物种子认证是认证机构根据企业自愿申请，对农作物种子质量开展的合格评定活动。

商品案件的侦查工作；第三，参与食品药品、生态环境领域重大事件应急处置和集中专项整治行动。

具体管辖案件范围见《公安部刑事案件管辖分工规定》（公通字〔2020〕9号）规定的33种犯罪案件。

2. 执法部门对侵权行为的处理方式

行政执法部门对侵害植物新品种权处理的方式主要有以下几种：

（1）责令侵权人停止侵权行为

责令侵权人停止侵权行为一般是省级以上人民政府农业、林业行政部门在认定侵权行为后采取的一项制裁措施，有时也可作为一种预防性措施，避免侵权活动给品种权人带来更大损失，如在特定情况下省级以上人民政府农业、林业行政部门可以根据品种权人或者利害关系人的请求，并提供担保的情况下，在进行调查时，责令侵权人停止其侵权行为。但一旦经调查认定侵权事实不存在，因采取预防措施给侵权人造成损失的，由品种权人或者利害关系人负责赔偿。

在责令停止侵权行为过程中，人民政府农业、林业行政部门一般会采取两种解决方法。一是销毁侵权品种，在田间进行粉碎或灭活处理，使该种子不能再作为繁殖材料使用。二是不销毁侵权品种，考虑到可能会造成巨大经济损失，可以将种子与一般粮食混合，如转为商品粮；或经品种权人与侵权人协商以合理的价格将种子卖给品种权人；或品种权人同意授权侵权人，发展合作，达到共赢。

（2）封存或扣押与案件有关的植物新品种繁殖材料

农业行政部门对封存或扣押的植物新品种繁殖材料，应在一个月内作出处理；对没收的植物新品种繁殖材料处理所得的收入应当上缴国库。对于封存或扣押的需根据种子类型进行适当处理：若查处的是种子类的侵权物，可根据实际情况进行封存或扣押；若查处的是无性繁殖类的侵权物，建议双方进行协商合作，注意需在适宜且登记的区域内进行种植。

（3）没收违法所得，可以并处违法所得五倍以下罚款

农业行政部门依照《植物新品种保护条例》第三十九条、第四十条、第四十二条规定没收的违法所得和收缴的罚款应当上缴国库。《种子法》也有相关规定。

（4）责令赔偿利害关系人经济损失

如果侵权人的侵权行为确实给品种权人或者利害关系人造成损失，省级

以上人民政府农业、林业行政部门为维护社会公共利益，可以责令侵权人停止侵权行为，没收违法所得，赔偿损失。赔偿损失的多少可以参考最高人民法院关于类似侵权案件的赔偿计算方法计算。县级以上人民政府农业、林业主管部门处理侵犯植物新品种权案件时，为维护社会公共利益，责令侵权人停止侵权行为，没收违法所得和种子；货值金额不足五万元的，并处一万元以上二十五万元以下罚款；货值金额五万元以上的，并处货值金额五倍以上十倍以下罚款。

二、行政管辖及执法程序

行政机关对于某事是否具有处理和决定的权力取决于其是否具有管辖权。行政管辖权明确了某一行政事务应当由哪一个行政主体首次处置。对于行政相对人来说，行政管辖权可以确定受理处置行政事务的行政主体。虽然行政管辖权不涉及行政事务的实体性处置，但它关系到行政主体能否公正、有效地处理行政事务。而行政执法程序则是保障行政执法有序进行的重要依据。

1. 管辖

管辖不仅是诉讼法中一项极其重要的制度，在行政执法中也很重要，因为管辖涉及执法机构的职权分工。中国目前行政执法实行属地管辖，即以违法行为发生地的行政机关管辖为一般原则，"违法行为发生地"包括违法行为着手地、实施地、经过地和危害结果发生地。

植物新品种权侵权案件或涉种案件以地域管辖为基本原则，即由违法行为发生地县级以上农业（如农业综合行政执法大队）、林业主管部门管辖。违法行为发生地的认定包括 3 个部分：①异地生产经营主体，由产地主管部门管辖。②结果发生地，生产厂家直销地、异地购进地。③运输途径地，生产者自己运输，则运输主体是生产者，运输经过地相关部门可处罚生产者；生产者委托运输的，运输主体是物流企业，运输经过地的部门不可对生产者处罚，需移送到生产地处罚。

根据相关法律及司法解释的规定，电商平台经营者和通过自建网站、其他网络服务销售商品或提供服务的电商经营者的农业违法行为由其住所地县级以上农业行政处罚机关管辖。平台内经营者的农业违法行为由其实际经营地县级以上农业行政处罚机关管辖。电子商务平台经营者住所地或者违法物品的生产、加工、存储、配送地的县级以上农业行政处罚机关先行发现违法线索或者收到投诉、举报的，也可以管辖。

2. 行政执法程序的启动

依据启动原因不同，行政执法可分为主动查处和被动查处。主动查处即农业、林业行政执法部门执法人员在执法检查中发现行为人实施侵犯植物新品种权的行为而主动依职权对该行为进行查处。被动查处指农业、林业行政执法部门执法人员在接到品种权人或利害关系人举报、控告或其他行政执法部门移送等情况下对侵权行为进行查处。

3. 品种权人或利害关系人证据材料准备

①植物新品种权权属证明文件：包括但不限于植物新品种权证书、知识产权许可使用合同备案登记等。②主体资格材料：包括但不限于品种权人或利害关系人的营业执照、执业许可证等。③授权文件：包括但不限于品种权人的授权委托书等。前述各项文件证据材料如来自国外，还需经公证（国外公证机构）等环节。④其他证据材料：包括但不限于公证书、检测报告等其他必需的材料。

4. 行政执法的一般程序

本部分主要以行政处罚为例介绍行政执法的基本流程。《行政处罚法》第五十一条规定，违法事实确凿并有法定依据，对公民处以二百元以下、对法人或者其他组织处以三千元以下罚款或者警告的行政处罚的，可以当场作出行政处罚决定。法律另有规定的，从其规定。实施农业行政处罚，除适用简易程序的外，应适用一般程序，一般程序如下：

(1) 立案调查与审查决定

①发现或者接到举报、控告、移送、上级交办、主动交代等违反农业、林业法律法规、规章的行为，应填写"农业、林业行政处罚登记表"，报行政负责人审批，符合立案条件的应在七日内予以立案，否则不予立案。立案必须符合下列条件：有违法行为发生；违法行为是应受处罚的行为；属于本机关管辖；属于一般程序适用范围。

②农业、林业行政执法人员调查处理农业、林业行政处罚案件时，应当向当事人或者有关人员出示执法证件。省级以上农业、林业行政主管部门法制工作机构负责执法证件的发放和管理工作。农业、林业行政执法人员与当事人有利害关系的，应当回避。农业、林业行政执法人员在调查处理农业、林业行政处罚案件时应当依法收取证据。

③当事人有权陈述申辩。农业、林业行政主管部门必须充分听取当事人的意见，对当事人提出的事实、理由和证据，应当进行复核；当事人提出的事

实、理由或者证据成立的，农业、林业行政主管部门应当采纳。农业、林业行政主管部门不得因当事人申辩而加重处罚。

④作出行政处罚决定。具备下述条件，应当给予农业、林业行政处罚：有明确的违法行为人；有具体的违法事实和证据；根据法律法规和规章规定应当给予农业、林业行政处罚的；属于查处机关管辖。

⑤制作行政处罚决定书决定给予农业、林业行政处罚的，应当制作"农业/林业行政处罚决定书"，决定书应载明下列事项：当事人的姓名或者名称、地址；违反法律法规或者规章的事实和证据；农业、林业行政处罚的种类和依据；农业、林业行政处罚的履行方式和期限；不服农业、林业行政处罚决定，申请行政复议或者提起行政诉讼的途径和期限；作出农业、林业行政处罚决定的农业、林业行政主管部门名称和作出决定的日期。

⑥农业、林业行政主管部门或其委托的组织作出农业、林业行政处罚的，应当在"农业/林业行政处罚决定书"上加盖农业、林业行政主管部门印章。法律法规授权的组织作出的农业、林业行政处罚决定，应当在"农业/林业行政处罚决定书"上加盖授权组织的印章。

（2）听证程序

农业、林业行政主管部门作出责令停产停业、吊销许可证、较大数额罚款等行政处罚决定之前，应当告知当事人有要求举行听证的权利；当事人要求听证的，农业、林业行政主管部门应当组织听证，制发"举行听证通知"，制作"农业/林业行政处罚听证笔录"。当事人不承担农业、林业行政主管部门组织听证的费用。听证依照法定程序进行。听证结束后，农业、林业行政主管部门依法作出决定。

（3）送达与执行

根据《行政处罚法》第六十一条，行政处罚决定书应当在宣告后当场交付当事人；当事人不在场的，行政机关应当在七日内依照《民事诉讼法》的有关规定，将行政处罚决定书送达当事人。"农业/林业行政处罚决定书"应当及时送达被处罚人，并由被处罚人在"农业/林业行政处罚送达回证"上签名或者盖章；受送达人是公民的，本人不在交他的同住成年家属签收；受送达人是法人或者其他组织的，应当由法人的法定代表人、其他组织的主要负责人或者该法人、组织负责收件的人签收；受送达人有代理人的，可以送交其代理人签收；受送达人指定代收人的，送交代收人签收。受送达人的同住成年家属，法人或者其他组织的负责收件的人，代理人或者代收人在送达回证上签收的日期为送达日期。受送达人或者他的同住成年家属拒绝接收的，送达人可以邀请有关基层组织或者所在单位的代表到场，说明情况，在送达回证上记明拒收事由和日期，由送达人、见证人签名或者盖章，把文书留在受送达人的住所；也可以把诉讼文书留在受送达人的住所，并采用拍照、录像等方式记录送达过程，即视为送达。

当事人逾期不履行农业、林业行政处罚决定的，作出行政处罚决定的农业、林业行政主管部门可以采取下列措施：①到期不缴纳罚款的，每日按罚款数额的3%加处罚款；②根据法律规定，将查封、扣押的财物拍卖或者将冻结的存款划拨抵缴罚款；③申请人民法院强制执行。当事人确有经济困难，需要延期或者分期缴纳罚款的，经当事人申请和作出处罚决定的农业、林业行政主管部门审查批准，可以暂缓或者分期缴纳。

5. 行政相对人的救济程序

（1）行政复议

根据《行政复议法》第二十条，公民、法人或者其他组织认为行政行为侵犯其合法权益的，可以自知道或者应当知道该行政行为之日起六十日内提出行政复议申请；但是法律规定的申请期限超过六十日的除外。因不可抗力或者其他正当理由耽误法定申请期限的，申请期限自障碍消除之日起继续计算。行政机关作出行政行为时，未告知公民、法人或者其他组织申请行政复议的权利、行政复议机关和申请期限的，申请期限自公民、法人或者其他组织知道或者应当知道申请行政复议的权利、行政复议机关和申请期限之日起计算，但是自知道或者应当知道行政行为内容之日起最长不得超过一年。因此，被处罚人认为处罚决定侵犯其合法权益的，可以在处罚决定书载明日期前向复议机关提出行政复议申请。

（2）行政诉讼

根据《行政诉讼法》第四十六条，法人或者其他组织直接向人民法院提起诉讼应当自知道或者应当知道作出行政行为之日起六个月内提出。法律另有规定的除外。据此，被处罚人也可以在六个月内直接向处罚决定书载明的人民法院起诉。

三、行政执法文书制作规范

为规范林业行政处罚案件文书制作，国家林业局于2005年5月27日公布了《林业行政处罚案件文书制作管理规定》。为规范农业行政执法行为，提高农业行政执法文书制作水平，农业农村部于 2020 年 9 月印发了《农业行政执法文书制作规范》，同时也提供了 38 种农业行政执法基本文书格式，为农业行政执法部门制作执法文书提供了操作指引。本节简单介绍行政执法文书制作过程中的注意事项，品种权人或利害关系人可以在证据材料准备中借鉴。

1. 当事人情况填写要求

①根据案件情况确定"个人/个体工商户"或者"单位"，"个人/个体工商户""单位"两栏不能同时填写；

②当事人是自然人的，应当按照身份证或者其他有效证件记载事项填写其姓名、性别、出生年月日、民族、工作单位和职务、住所；当事人工作单位和职务不明确的，可以不填写；当事人住所以其户籍所在地为准；离开户籍所在地有经常居住地的，经常居住地为住所；现住址与住所不一致的，还应当记载其现住址；

③当事人是个体工商户的，按照本款第二项的要求写明经营者的基本信息；有字号的，以营业执照上登记的字号为当事人，并写明该字号经营者的基本信息；有统一社会信用代码或者注册码的，应当填写统一社会信用代码或者注册码；

④当事人是起字号的个人合伙的，在其姓名后应当用括号注明"系……（写明字号）合伙人"；

⑤当事人是法人的，写明名称、统一社会信用代码、住所以及法定代表人的姓名和职务；

⑥当事人是其他组织的，写明名称、统一社会信用代码、住所以及负责人的姓名和职务。

个体工商户、个人合伙、法人、其他组织的名称应当写全称，以其注册登记文件记载的内容为准。

2. 笔录制作要求

这里的笔录包括询问笔录、现场检查（勘验）笔录、查封（扣押）现场笔录、听证笔录等。该类文书应当当场交当事人阅读或者向当事人宣读，并由当事人逐页签字、盖章或者按指纹等方式确认。无法通知当事人、当事人不到场或者拒绝接受调查，以及当事人拒绝签名、盖章或者以按指纹等方式确认的，办案人员应当在笔录上注明情况，并采取录音、录像等方式记录，必要时可邀请基层组织或者所在单位的代表等有关人员作为见证人。邀请见证人到场的，应当填写见证人身份信息，并由见证人逐页签名。执法人员也应当在笔录上逐页签名。笔录需要更正的，涂改部分应当由当事人以签名、盖章或者以按指纹等方式确认。

3. 文书保存期限

农业行政执法案卷应当于次年一季度前移交本单位档案管理机构集中统一管理。保管期限从案卷装订成册次年1月1日起计算，简易程序案卷保管期限为10年，一般程序案卷保管期限为30年。案件涉及行政复议、行政诉讼的，保管期限为永久。

第三节 植物新品种权的司法保护

对植物新品种权通过司法途径进行保护，即由品种权人或国家公诉人向法院对侵权人提起民事、刑事诉讼，以追究侵权人的民事、刑事责任，以及认为行政机关具体行政行为侵犯其合法权益的当事人向法院提起行政诉讼，通过法院对行政行为进行司法审查，切实保护其合法权益。

广义的植物新品种权行政诉讼不仅包括品种权人、植物新品种权申请人或利害关系人对植物新品种复审委员会提起的行政诉讼，也包括植物新品种权侵权行为人对行政机关作出的行政处罚不服而提起的行政诉讼，狭义的植物新品种权行政诉讼仅包括品种权人、植物新品种权申请人或利害关系人对植物新品种复审委员会提起的行政诉讼。该部分本书在第三章已经做了介绍，本章重点介绍植物新品种权的民事诉讼保护。

一、我国法院审理植物新品种相关的纠纷类型

根据《最高人民法院关于审理植物新品种纠纷案件若干问题的解释》第一条，人民法院受理的植物新品种纠纷案件主要包括以下十八类："（一）植物新品种申请驳回复审行政纠纷案件；（二）植物新品种权无效行政纠纷案件；（三）植物新品种权更名行政纠纷案件；（四）植物新品种权强制许可纠纷案件；（五）植物新品种权实施强制许可使用费纠纷案件；（六）植物新品种申请权权属纠纷案件；（七）植物新品种权权属纠纷案件；（八）植物新品种申请权转让合同纠纷案件；（九）植物新品种权转让合同纠纷案件；（十）侵害植物新品种权纠纷案件；（十一）假冒他人植物新品种纠纷案件；（十二）植物新品种培育人署名权纠纷案件；（十三）植物新品种临时保护期使用费纠纷

案件；（十四）植物新品种行政处罚纠纷案件；（十五）植物新品种行政复议纠纷案件；（十六）植物新品种行政赔偿纠纷案件；（十七）植物新品种行政奖励纠纷案件；（十八）其他植物新品种权纠纷案件。"该解释第一条所列第一至五类案件，由北京知识产权法院作为第一审人民法院审理；第六至十八类案件，由知识产权法院，各省、自治区、直辖市人民政府所在地和最高人民法院指定的中级人民法院作为第一审人民法院审理。当事人对植物新品种纠纷民事、行政案件一审判决、裁定不服，提起上诉的，由最高人民法院审理。

此外，《最高人民法院关于审理侵犯商业秘密民事案件适用法律若干问题的规定》第一条第一款规定："与技术有关的结构、原料、组分、配方、材料、样品、样式、植物新品种繁殖材料、工艺、方法或其步骤、算法、数据、计算机程序及其有关文档等信息，人民法院可以认定构成反不正当竞争法第九条第四款所称的技术信息。"因此侵害技术秘密纠纷也是植物新品种相关纠纷类型之一。

二、人民法院受理涉植物新品种案件具体案由

民事案件案由是民事案件名称的重要组成部分，反映案件所涉民事法律关系的性质，是人民法院确定各民事审判业务庭管辖分工、提高民事案件司法统计准确性和科学性、创新和加强民事审判管理、服务司法决策的重要手段。同时科学、完善的民事案件案由体系，有利于统一民事案件法律适用标准，方便当事人进行民事诉讼。目前我国已建成完善的植物新品种法律保护体系，该体系下涉植物新品种案件的民事诉讼三级案由有 6 个，四级案由有12 个：

（1）植物新品种合同纠纷

①植物新品种育种合同纠纷；②植物新品种申请权转让合同纠纷；③植物新品种权转让合同纠纷；④植物新品种实施许可合同纠纷。

（2）植物新品种权权属、侵权纠纷

①植物新品种申请权权属纠纷；②植物新品种权权属纠纷；③侵害植物新品种权纠纷；④植物新品种临时保护期使用费纠纷。

（3）确认不侵害知识产权纠纷

具体案由为确认不侵害植物新品种权纠纷。

（4）因申请知识产权临时措施损害责任纠纷

①因申请诉前停止侵害植物新品种权损害责任纠纷；②因申请海关知识产权保护措施损害责任纠纷。

（5）侵害商业秘密纠纷

具体案由为侵害技术秘密纠纷。

（6）申请诉前停止侵害植物新品种权

人民法院明确诉讼案件受理类型及民事诉讼案由，为品种权人在植物新品种权受到侵害时通过民事诉讼程序维护自身合法权益提供了便利和保障。

三、诉讼管辖

1. 地域管辖

《民事诉讼法》第二十二条规定，对公民提起的民事诉讼，由被告住所地人民法院管辖；被告住所地与经常居住地不一致的，由经常居住地人民法院管辖。对法人或者其他组织提起的民事诉讼，由被告住所地人民法院管辖。同一诉讼的几个被告住所地、经常居住地在两个以上人民法院辖区的，各该人民法院都有管辖权。

2. 移送管辖和指定管辖

《民事诉讼法》第三十七条规定，人民法院发现受理的案件不属于本院管辖的，应当移送有管辖权的人民法院，受移送的人民法院应当受理。受移送的人民法院认为受移送的案件依照规定不属于本院管辖的，应当报请上级人民法院指定管辖，不得再自行移送。第三十八条规定，有管辖权的人民法院由于特殊原因，不能行使管辖权的，由上级人民法院指定管辖。人民法院之间因管辖权发生争议，由争议双方协商解决；协商解决不了的，报请它们的共同上级人民法院指定管辖。前述规定对于植物新品种侵权纠纷案件的管辖同样适用。

3. 侵害植物新品种权案件的管辖

（1）侵害植物新品种权案件的管辖原则

《最高人民法院关于审理植物新品种纠纷案件若干问题的解释》第四条规定，以侵权行为地确定人民法院管辖的侵害植物新品种权的民事案件，其所称的侵权行为地，是指未经品种权所有人许可，生产、繁殖或者销售该授权植物新品种的繁殖材料的所在地，或者为商业目的将该授权品种的繁殖材料重复使用于生产另一品种的繁殖材料的所在地。第五条规定，关于植物新品种申请驳回复审行政纠纷案件、植物新品种权无效或者更名行政纠纷案件，应当以植物新品种审批机关为被告；关于植物新品种强制许可纠纷案件，应当以植物新品种审批机关为被告；关于实施强制许可使用费纠纷案件，应当根据原告所请求的事项和所起诉的当事人确定被告。

（2）通过网络销售侵害植物新品种权的种子苗木案件的管辖

《最高人民法院关于适用〈中华人民共和国民事诉讼法〉的解释》第二十五条规定，信息网络侵权行为实施地包括实施被诉侵权行为的计算机等信息设备所在地，侵权结果发生地包括被侵权人住所地。该条所规定的信息网络侵权行为具有特定含义，指的是侵权人利用互联网发布直接侵害他人合法权益的信息的行为，主要针对的是通过信息网络侵害他人人身权益以及侵害他人信息网络传播权等行为，即被诉侵权行为的实施、损害结果的发生等均在信息网络上，并非侵权行为的实施、损害结果的发生与网络有关即可认定属于信息网络侵权行为。在网络普及化程度很高的当代社会，如果案件事实中出现网站平台或者双方通过微信等涉网络相关的方式沟通，抑或双方系通过信息网络平台进行被诉侵权产品的交易，即认定为构成信息网络侵权行为，属于对《最高人民法院关于适用〈中华人民共和国民事诉讼法〉的解释》第二十五条规制的范围理解过于宽泛，不符合立法的本意①。

（3）侵害技术秘密纠纷案件的管辖

根据《最高人民法院关于审理不正当竞争民事案件应用法律若干问题的解释》第十八条第一款规定："反不正当竞争法第五条、第九条、第十条、第十四条规定的不正当竞争民事第一审案件，一般由中级人民法院管辖"。侵犯商业秘密纠纷属于《反不正当竞争法》第十条规定的不正当竞争案件，其一审案件，由中级人民法院管辖。根据《最高人民法院关于审理侵犯商业秘密民事案件适用法律若干问题的规定》第一条可知，侵害商业秘密纠纷案件包括侵害技术秘密纠纷和侵害经营秘密纠纷两类。因此侵害技术秘密纠纷民事第一审案件，一般由中级人民法院管辖。

四、民事诉讼的时效

侵犯植物新品种权的诉讼时效为三年，自品种权人或者利害关系人知道或者应当知道侵权行为之日起计算。自权利受到损害之日起超过二十年的，人民法院不予保护，有特殊情况的，人民法院可以根据权利人的申请决定延长。在品种权申请期间的侵权行为可以进行追诉。

---

① 最高人民法院：（2019）最高法知民辖终 13 号民事裁定书。

五、诉前禁令

1. 诉前禁令概念

诉前禁令，又称诉前行为保全，是指权利人或利害关系人在起诉前采取的申请法院责令侵权人停止有关行为的措施。申请诉前禁令应当由权利人或利害关系人递交书面申请，根据规定载明相应事项，提交相应证据，向有管辖权的人民法院提出，并交纳诉讼费用。

2019 年施行的《最高人民法院关于审查知识产权纠纷行为保全案件适用法律若干问题的规定》第一条明确将《民事案件案由规定》中的知识产权与竞争纠纷纳入诉前行为保全的范围，突破了此前仅适用于商标、专利两个领域这一局限，为植物新品种、网络域名、不正当竞争与垄断等领域的诉前行为保全提供了明确的法律适用规范，避免了前期诉前行为保全在上述领域适用难。

2. 注意事项

（1）诉前禁令申请主体

知识产权许可合同的被许可人申请诉前责令停止侵害知识产权行为的，独占许可合同的被许可人可以单独向人民法院提出申请；排他许可合同的被许可人在权利人不申请的情况下，可以单独提出申请；普通许可合同的被许可人经权利人明确授权以自己的名义起诉的，可以单独提出申请。

（2）诉前禁令申请要求

申请诉前禁令应当由权利人或利害关系人递交书面申请，提交相应证据，向有管辖权的人民法院提出，并交纳诉讼费用。

申请书应当载明下列事项：申请人与被申请人的身份、送达地址、联系方式；申请采取行为保全措施的内容和期限；申请所依据的事实、理由，包括被申请人的行为将会使申请人的合法权益受到难以弥补的损害或者造成案件裁决难以执行等损害的具体说明；为行为保全提供担保的财产信息或资信证明，或者不需要提供担保的理由；其他需要载明的事项。

（3）诉前禁令的管辖

申请诉前行为保全，应当向被申请人住所地具有相应知识产权纠纷管辖权的人民法院或者对案件具有管辖权的人民法院提出。当事人约定仲裁的，应当向前款规定的人民法院申请行为保全。

（4）申请诉前禁令的案由

根据《民事案件案由规定》中申请诉前停止侵害植物新品种权的案由申请

诉前禁令。

（5）申请诉前禁令必须提供担保及担保数额

申请人申请行为保全的，应当依法提供担保。申请人提供的担保数额，应当相当于被申请人因执行行为保全措施可能遭受的损失，包括责令停止侵权行为所涉产品的销售收益、保管费用等合理损失。在执行行为保全措施过程中，被申请人可能因此遭受的损失超过申请人担保数额的，人民法院可以责令申请人追加相应的担保。申请人拒不追加的，可以裁定解除或者部分解除保全措施。

（6）被申请人的反担保

人民法院采取行为保全措施，一般不因被申请人提供担保而解除，但申请人同意的除外。

（7）诉前禁令效力期限

人民法院裁定采取行为保全措施的，应当根据申请人的请求或案件具体情况等因素合理确定保全措施的期限。裁定停止侵害知识产权行为的效力，一般应当维持至案件裁判生效时止。

人民法院根据申请人的请求、追加担保等情况，可以裁定继续采取保全措施。申请人请求续行保全措施的，应当在期限届满前七日内提出。

（8）诉前禁令费用缴纳

申请人申请行为保全，应当依照《诉讼费用交纳办法》中关于申请采取行为保全措施的规定交纳申请费。

六、一审程序

为维护合法权利，品种权人及其利害关系人在诉讼过程中，应充分了解和运用民事诉讼规则，包括申请回避、证据保全、财产保全、侵权鉴定、或增加或减少或变更诉讼请求、接受或拒绝调解、提起反诉等。

1. 一审审限

人民法院适用普通程序审理一审案件，应当在立案之日起六个月内审结。有特殊情况需要延长的，由本院院长批准，可以延长六个月；还需要延长的，报请上级人民法院批准。

人民法院审理上诉案件，应当在二审立案之日起三个月内审结。有特殊情况需要延长的，由本院院长批准。人民法院审理涉外民事案件的期间，不受以上限制。

根据最高人民法院《案件审限管理规定》第十条，涉外、涉港澳台民事案件应当在庭审结束后三个月内结案；特殊情况需要延长的，由院长批准。

2. 植物新品种权侵权的民事责任承担

一般民事司法救济：司法机关可提供的民事救济主要是判决侵权人承担停止侵害、赔偿损失等民事责任。赔偿损失的计算方式与侵犯专利权赔偿损失的计算方式基本相同，法定赔偿额上限为 500 万元。

特殊民事司法救济：被侵权人和侵权人均同意将侵权物折价抵扣被侵权人所受损失的，人民法院应当准许。被侵权人或者侵权人不同意折价抵扣的，人民法院依照当事人的请求，责令侵权人对侵权物做出消灭活性等使其不能再被用作繁殖材料的处理。侵权物正处于生长期或者销毁侵权物将导致重大不利后果的，人民法院可以不采取责令销毁侵权物的方法，但法律、行政法规另有规定的除外。这种民事司法救济方式为植物新品种权侵权案件中所特有的。

3. 人民法院确定赔偿标准的考量因素

《最高人民法院关于审理侵害植物新品种权纠纷案件具体应用法律问题的若干规定》第六条规定，人民法院审理侵害植物新品种权纠纷案件，应当依照《民法典》第一百七十九条、第一千一百八十五条和《种子法》第七十二条的规定，结合案件具体情况，判决侵权人承担停止侵害、赔偿损失等民事责任。

人民法院可以根据权利人的请求，按照权利人因被侵权所受实际损失或者侵权人因侵权所得利益确定赔偿数额。权利人的损失或者侵权人获得的利益难以确定的，可以参照该植物新品种权许可使用费的倍数合理确定。权利人为制止侵权行为所支付的合理开支应当另行计算。

如果仍难以确定赔偿数额的，人民法院可以综合考虑侵权的性质、期间、后果，植物新品种权许可使用费的数额，植物新品种实施许可的种类、时间、范围及权利人调查、制止侵权所支付的合理费用等因素，在 500 万元以下确定赔偿数额。故意侵害他人植物新品种权，情节严重的，可以按照该确定数额的一倍以上三倍以下确定赔偿数额。

七、二审、再审程序

当事人（原被告双方以及实际承担法律义务的第三人）对人民法院的第一审判决不服的，有权在判决书送达之日起十五日内向最高人民法院知识产权法庭提起上诉。对人民法院第一审裁定不服的，有权在裁定书送达之日起十日内向最高人民法院知识产权法庭提起上诉。

最高人民法院知识产权法庭作出的第二审判决、裁定，是终审生效判决、裁定。当事人认为已经发生法律效力的判决、裁定有错误的，可根据《民事诉讼法》规定提出再审申请。

八、申请执行

对于发生法律效力的民事判决、裁定，以及刑事判决、裁定中的财产部分，当事人可以向第一审人民法院或者与第一审人民法院同级的被执行的财产所在地人民法院申请执行。申请执行的期间为二年。

第九章　植物新品种商业秘密保护

信息化时代，信息不仅是企业重要的生产力，也是企业生产经营的主要对象，信息产业已经成长为当代社会的支柱产业。信息革命带来了信息的财产化与信息财产的产权化。以技术信息和经营信息为主要内容的商业秘密，即这一法律制度变革的结果，商业秘密的权利人对该商业秘密享有商业秘密权。在无形财产权体系中，与传统的著作权、专利权、商标权不同，商业秘密是一种具有相对独占性、地域性、时间性且客体非公开性特点的"信息产权"①。

第一节　商业秘密概述

长期以来，无论是大陆法系还是英美法系，对商业秘密的保护主要以合同法、侵权法等私法保护模式。20 世纪 50 年代国际商会率先承认商业秘密的知识产权属性，自此，商业秘密逐步成为现代知识产权体系的重要组成部分。一般认为，商业秘密法律制度是在英美司法实践中发展起来的，而后又为大陆法系国家所借鉴。由于深受极为灵活的判例法的影响，加之商业秘密概念本身无可限量的包容性，对于商业秘密法律制度的学理总结显得十分困难，至今，尚不存在统一而权威的商业秘密制度理论。② 近年来，美国、欧盟、日本等国家或地区不断通过完善立法、出台司法判例等方式加大对于商业秘密的保护力度，力图最大力度保护本国企业的商业秘密。20 世纪 90 年代中期，TRIPS 协议（《与贸易有关的知识产权协定》）以"未公开信息"为名，将商业秘密保护纳入知识产权法律体系。我国的《反不正当竞争法》《最高人民法院关于审理

---

① 吴汉东：《无形财产权基本问题研究》，中国人民大学出版社，2013 年版。
② 唐昭红：《商业秘密研究》，载《民商法论丛》，法律出版社，1997 年版。

不正当竞争民事案件应用法律若干问题的解释》《最高人民法院关于审理侵犯商业秘密民事案件适用法律若干问题的规定》等法律、法规和司法解释构建了我国的商业秘密保护体系。

一、商业秘密的概念

《反不正当竞争法》采取概括的方式对商业秘密进行了界定："本法所称的商业秘密，是指不为公众所知悉、具有商业价值并经权利人采取相应秘密的技术信息、经营信息等商业信息。"《最高人民法院关于审理侵犯商业秘密民事案件适用法律若干问题的规定》进一步明确了技术信息和经营信息的具体内涵：与技术有关的结构、原料、组分、配方、材料、样品、样式、植物新品种繁殖材料、工艺、方法或其步骤、算法、数据、计算机程序及其有关文档等信息，人民法院可以认定构成《反不正当竞争法》第九条第四款所称的技术信息；与经营活动有关的创意、管理、销售、财务、计划、样本、招投标材料、客户信息、数据等信息，人民法院可以认定构成《反不正当竞争法》第九条第四款所称的经营信息。

二、商业秘密的构成要件

根据前文商业秘密的界定可知，商业秘密必须满足三个条件，即秘密性、价值性、保密性，缺一不可。

1. 秘密性

不为公众所知悉是商业秘密中的秘密性要件，也是核心要件。秘密性是指"不为公众所知悉"，即有关信息不为其所属领域的相关人员普遍知悉和容易获得，也可以理解为该信息是不能从公开渠道直接获取的。根据《最高人民法院关于审理侵犯商业秘密民事案件适用法律若干问题的规定》，具有下列情形之一的，可以认定有关信息不构成不为公众所知悉：①该信息为其所属技术或者经济领域的人的一般常识或者行业惯例；②该信息仅涉及产品的尺寸、结构、材料、部件的简单组合等内容，进入市场后相关公众通过观察产品即可直接获得；③该信息已经在公开出版物或者其他媒体上公开披露；④该信息已通过公开的报告会、展览等方式公开；⑤该信息从其他公开渠道可以获得；⑥该信息无须付出一定的代价而容易获得。另外，若将为公众所知悉的信息进行整理、改进、加工后形成新信息，满足一定条件时也可以被认定为不为公众所知悉。

商业秘密的秘密性与植物新品种的新颖性相比，虽然两者所涉及的信息都限于非公知、共用的信息，但是商业秘密的秘密性是在相关领域内的不被普遍知晓，即符合秘密性的要求，而植物新品种的新颖性是指在申请品种权前未被销售，或者经过育种者许可在规定的时间段内未被销售。

2. 价值性

价值性是指该有关信息具有现实的或者潜在的商业价值，能为权利人带来竞争优势。商业秘密必须具有商业价值或者经济价值，这是商业秘密构成企业无形资产的重要基础。具体而言，下列情形可以认定为可带来的商业利益或者竞争优势，但有相反证据能证明该信息不具有商业价值的除外：①该信息给权利人带来经济收益的；②该信息对其生产经营产生重大影响的；③权利人为了获得该信息，付出了相应的价款、研发成本或者其他物质投入的；④涉嫌侵权人以不正当手段获取或者试图获取权利人的商业秘密的；⑤其他证明该信息能为权利人带来商业利益或者竞争优势的情形。在商业秘密认定中，价值认定与秘密性认定是不同的，后者是一种比较性质的判定，即将请求保护的信息与其信息进行事实状态的对比分析，看其是否处于"不为公众所知悉"的状态；前者是一种品质的定性分析，看其是否产生了相应的具体经济价值。[①] 2017 年我国《反不正当竞争法》修订将"实用性"的说法转而采取了"商业价值"的表述，这与 TRIPS 协议的表达更为贴切。商业秘密的实用性并不等同于价值性，因为商业秘密的价值可能是现实的，也可能是潜在的，可能是积极的价值，也可能是消极的价值，例如在试验过程中，可能每年组配的材料有几万份，最后只有几百份可能是配合力较好的，所以在这过程中的失败的试验也可以说是消极的价值。

3. 保密性

保密性是指权利人为防止信息泄露所采取的与其商业价值等具体情况相适应的合理保护措施。权利人采取保密措施，包括订立保密协议，建立保密制度及采取其他合理的保密措施。

商业秘密主要依赖于权利人采取保密措施，信息若无保密性，商业秘密就无从谈起，也就不受法律保护。《最高人民法院关于审理不正当竞争民事案件应用法律若干问题的解释》明确应当根据所涉信息载体的特性、权利人保密意愿、保密措施的可识别程度、他人通过正当手段获得的难易程度等因素，认定权利人是否采取了保密措施。一般而言，保密措施包括物理措施和法律措施。

---

① 吴汉东：《知识产权法》，法律出版社，2021 年版。

在正常情况下足以防止涉密信息泄露的，应当认定权利人采取了保密措施：①限定涉密信息的知悉范围，只对必须知悉的相关人员告知其内容；②对于涉密信息载体采取加锁等防范措施；③在涉密信息的载体上标有标志信息；④对于涉密信息采用密码或者代码等；⑤签订保密协议；⑥对于涉密的机器、厂房、车间等场所限制来访者或者提出保密要求；⑦确保信息秘密的其他合理措施。

权利人通过与其工作人员签订一份保密协议来解决"保密措施"的事例并不少见，该种措施一旦遇到诉讼往往会导致权利人陷于被动。尤其是在种业领域，植物新品种从培育到走向市场需要经过培育、试验、生产、运输、销售等环节，中间经手的人员较多，所以对外也需要采取一定的保密措施。

亲本等繁殖材料是育种的关键技术材料，在育种过程中，繁殖材料被泄露、窃取的情况较为常见。繁殖材料泄露的途径主要有三种：一是部分育种相关人员离职后，会将繁殖材料带走；二是在制繁种阶段，因需要开展田间种植，部分不法分子会在农田中盗窃苗木；三是部分参与制繁种的受托人能猜出其种植的是繁殖材料，为获取非法利益而自行留种或留取苗木。当然，育种的过程很长，涉及的环节很多，还有其他途径可能导致繁殖材料泄露。

此外，根据种业行业常识，权利人将未被授予植物新品种权的繁殖材料作为产品销售或者委托给制种基地公司生产杂交种子，而制种基地公司再将该繁殖材料作为产品，加价后卖给或者委托给村社以及农户。即使权利人与制种基地公司签订有保密条款，但如果制种基地公司与村社、种植户之间没有保密协议，也不能认定权利人采取了适当的、有效的、可为一般人识别的保密措施。

三、植物新品种中的商业秘密

我国现行法律体系下，将植物新品种的繁殖材料作为技术秘密保护是有条件的：第一，该繁殖材料（包括植物新品种原始材料、中间材料、自交系与亲本以及涉及植物新品种所有权人对前述材料的文字记录、摄影录像资料等，本章下同）系植物新品种所有权人在培育或改良该植物品种过程中获得的；第二，该繁殖材料系植物新品种所有权人自主培育或者改良的，而非公众所普遍知晓的材料或者已经是被普遍运用的材料；第三，该繁殖材料尚未申请品种权的；第四，该繁殖材料具备商业秘密的基本特性。

在实践中，商业秘密案件普遍存在举证难的问题，特别是一些民营农业企业，只注重保护植物新品种的繁殖材料，而忽略了在新品种培育过程中数据观察、试验方案等资料的记录保存。商业秘密对植物新品种的保护可以涉及育种、生产、储存、销售等四个环节，特别是育种环节的亲本的选择、育种方案和实施技术等内容，最能发挥商业秘密的作用。①《种子法》第二十九条第一款规定："在下列情况下使用授权品种的，可以不经过植物新品种权所有人许可，不向其支付使用费，但不得侵犯植物新品种权所有人依照本法、有关法律、行政法规享有的其他权利：（一）利用授权品种进行育种及其他科研活动；（二）农民自繁自用授权品种的繁殖材料。"培育新品种的科研活动会用到授权品种的繁殖材料，在该过程中，授权品种的繁殖材料的亲本（杂交种的亲本，指亲本材料未申请品种权）必须是合法取得，若是不正当手段获取的也需要承担侵犯商业秘密的责任。

四、商业秘密权与植物新品种权的关系

根据《民法典》第一百二十三条可知，商业秘密与植物新品种都属于我国知识产权保护的客体。

1. 二者的联系

法律并未限制作物育种材料只能通过植物新品种保护而排除通过商业秘密等其他知识产权保护，对作物育种材料给予商业秘密等其他知识产权保护不会削弱植物新品种保护效力，而是相辅相成、相得益彰。植物新品种权、商业秘密与专利权等共同构建了我国多元化、立体式的农作物育种成果综合法律保护体系。

2. 二者的区别

商业秘密权与植物新品种权的区别主要表现在以下五个方面：

第一，权利取得方式不同。与植物新品种权的审查制度不同，商业秘密是自动取得制度，也就是成果一旦完成即产生自动保护，权利归生产者所有，但是在发生纠纷时权利人需要证明该权利的合法存在；植物新品种权是经过有关部门审批合格后才能取得相关的权利证书，由此证明获得了权利的归属。

第二，权利效力程度不同。与植物新品种权的排他的独占权不同，商业秘密权具有相对性，商业秘密的权利不能排除他人通过合法的途径和方式获得相同或者类似的秘密信息；植物新品种权具有唯一性，适用"优先申请原则"，相同的植物新品种只能存在一个权利人，之后申请相同的品种视为无效。

---

① 刘振伟、余欣荣、张建龙主编：《中华人民共和国种子法导读》，中国法制出版社，2016 年版。

第三，权利客体不同。商业秘密权的技术信息及经营信息，包括工艺、方法或其步骤、算法、数据、计算机程序等，均属于思想内容的范畴；而植物新品种保护的客体为植物新品种的繁殖材料。

第四，保护范围不同。在植物新品种保护领域，与植物新品种权仅保护授权品种不同，商业秘密权还保护植物新品种原始材料、中间材料、自交系与亲本以及涉及植物新品种所有权人对前述材料的文字记录、摄影录像资料等。

第五，保护期限不同。商业秘密只要不被公开，就可以享有无限期的法律保护；植物新品种权的保护有一定的期限，保护期经过，即成为公知公用品种，任何人均可以使用。

五、商业秘密保护措施

育种者应当把握各个阶段繁殖材料泄露及被窃取的风险特点，有针对性地采取保密措施。

1. 采取保密措施需要考虑的因素

对于商业秘密权利人而言，为防止商业秘密泄露，在侵权行为发生以前要根据商业秘密及其载体的性质、存在形态、商业秘密的商业价值等采取合理保密措施。在采取保护措施时需要考虑以下因素：一是有效性，所采取的保密措施要与被保密的客体相适应，以他人不采取不正当手段或不违反约定就难以获得为标准；二是可识别性，采取的保密措施，在通常情况下足以使相对人意识到该信息是需要保密的信息；三是适当性，保密措施应当与该信息自身需要采取何种程度的保密措施即可达到保密要求相适应，这需要根据案件具体情况具体判别，通常情况下，适当性原则并非要求保密措施万无一失。

2. 种业企业保密措施[①]

首先，育种企业应当通过建立商业秘密制度、签订保密协议等形式保护繁殖材料。具体可以采取以下措施：

①在单位内部建立较为完备的保密制度，规定育种技术资料、样品以及繁殖材料等属于单位秘密，保密制度可以在单位内部张贴或通过办公电脑滚动提示。

②对实验室或试验田分类分等级管理，对不同级别的人员分别设置进入资

---

① 参见天津市高级人民法院、天津市农业农村委员会联合编制《关于涉种业市场主体知识产权保护指导手册（一）》。

源库、实验室或试验田的相应权限。

③与单位内部员工和相关工作人员签订保密合同，明确禁止内部人员对外泄露、扩散繁殖材料。

④对繁殖材料冠以代号，提高繁殖材料的保密性。

⑤在实验室或试验田中安装监控设备。

⑥如发现繁殖材料被泄露或被窃取等情况，及时向有关部门寻求法律救济。

其次，育种者与受托人签订制繁种合同应从以下方面采取措施：

①受托人按计划生产的合格种子全部交给育种者，不得截留或自行销售。

②受托人对育种者提供的原种、亲本等繁殖材料及技术资料负有保密义务，不得向外扩散。

③受托人不得自留原种、亲本等繁殖材料及技术资料。

④受托人不得私自扩大合同约定的生产规模，不得私繁滥制。

⑤督促受托人按法律规定向相关行政管理机关进行备案。

⑥合同中可以约定合理的违约金。

最后，预防员工离职导致亲本等繁殖材料泄露，育种单位或实验室可以采取如下防范措施：

①对员工进行分类管理，与高级管理人员、科研技术人员、销售人员等分别签订保密协议。

②对员工进行保密教育，与员工进行有关商业秘密保护方面的谈话，告知其对育种单位的商业秘密负有保密义务，并要求其作出保密承诺。

③建立保护制度，要求员工在工作期间及离职后的一定时间内对亲本材料、育种技术资料等商业秘密尽到保密义务，离职时应当将本人掌握的商业秘密资料进行移交，并办理移交手续。

④加强商业秘密保护方面的风险监控。

⑤接触公司技术秘密的员工离职时，与他们签订竞业禁止协议。

第二节　植物新品种商业秘密保护

农业企业的种质资源是企业的无形资产，有巨大的潜在或者实际的经济价值。国内的种业企业对商业秘密的保护程度不够重视，即使发生侵犯商业秘密的行为，也难以采取重要的维权手段。本节重点讲解侵犯商业秘密的行为类型、举证责任、救济途径。

一、我国商业秘密保护的法律体系

在我国，商业秘密保护制度属于知识产权法律体系的组成部分，但未采取单行法、专门法的模式，而是以《反不正当竞争法》为主要法源，以《民法典》《中华人民共和国科学技术进步法》《中华人民共和国促进科技成果转化法》《中华人民共和国劳动法》《中华人民共和国劳动合同法》《反垄断法》《公司法》《中华人民共和国民事诉讼法》《刑法》等相关条款为补充法源，从而形成一个繁杂、零散、多层次的法律规范体系。在 1993 年《反不正当竞争法》颁布之前，有关商业秘密的规定散见于各种法律文件之中。商业秘密作为正式法律用语首次见之于《民事诉讼法》，该法将商业秘密与国家秘密和个人隐私列为应当保密的证据。

为了有效地处理涉及商业秘密纠纷案件，最高人民法院和最高人民检察院单独或共同制定《关于办理侵犯知识产权刑事案件具体应用法律若干问题的解释》《关于办理侵犯知识产权刑事案件具体应用法律若干问题的解释（二）》《关于办理侵犯知识产权刑事案件具体应用法律若干问题的解释（三）》《关于审理不正当竞争民事案件应用法律若干问题的解释》《关于审理侵犯商业秘密民事案件适用法律若干问题的规定》《关于当前形势下做好劳动争议纠纷案件审判工作的指导意见》《关于当前形势下知识产权审判服务大局若干问题的意见》《关于审理技术合同纠纷案件适用法律若干问题的解释》《关于审理劳动争议案件适用法律若干问题的解释（四）》等一系列司法解释。

此外，国家有关部门还先后制定了《科学技术保密规定》《违反〈劳动法〉有关劳动合同规定的赔偿办法》《关于商业秘密构成要件问题的答复》《关于禁止侵犯商业秘密行为的若干规定》《关于劳动争议案中涉及商业秘密侵权问题的函》《关于加强国有企事业单位商业秘密保护工作的通知》等，与前述法律法规和司法解释共同构建了我国商业秘密保护的法律体系。

二、侵犯商业秘密的行为类型

我国《反不正当竞争法》列举了侵犯商业秘密的主要表现形式：

1. 以不正当手段获取商业秘密

不正当手段指的是盗窃、贿赂、欺诈、胁迫、电子侵入或者其他不正当手段。在植物新品种领域的不正当手段多指盗窃亲本材料组配出新品种。一般而言，对于行为人以违反法律规定或者公认的商业道德的方式获取原告的商业秘密的，法院应当认定属于以其他不正当手段获取原告的商业秘密。

2. 披露、使用或者允许他人以不正当手段获取的商业秘密

披露是指公开散布不正当获取的商业秘密，足以破坏权利人的竞争优势或者损害其经济利益。使用是指行为人将非法获取的商业秘密直接运用到生产经营中。允许他人使用是指行为人将非法获取的商业秘密有偿或者无偿让与他人使用。在植物新品种领域的使用是指将亲本材料或者其他较好的材料直接运用于组配其他品种，从而选育出新的品种等。

3. 违反保密义务或者违反权利人有关保守商业秘密的要求，披露、使用或者允许他人使用其所掌握的商业秘密

权利人主张被诉侵权人违反保密义务的，可以举证证明根据法律规定或者合同约定等被诉侵权人应承担保密义务。若未在合同中约定保密义务，可以举证证明根据诚信原则以及合同的性质、目的、缔约过程、交易习惯等，被诉侵权人知道或者应当知道其获取的信息属于权利人商业秘密。

保密义务可以分为合同约定的保密义务和法律法规明确规定的保密义务。合同约定的保密义务是指与员工、前员工或者是其经营者、管理人员以及具有劳动关系的其他人员通过签订书面形式的合同或者口头约定的方式来达到保密的目的。法律法规明确规定的保密义务也分两种情况：一是指在法律法规中明确规定，但当事人在合同中未有约定的保密义务，例如《公司法》《律师法》等规定会计师、律师等专业技术人员当事人具有保密义务；二是根据诚信原则，长时间行业管理、交易习惯等产生的保密义务。

4. 第三方披露、使用商业秘密

教唆、引诱、帮助他人违反保密义务或者违反权利人有关保守商业秘密的要求，获取、披露、使用或者允许他人使用权利人的商业秘密。这是一种间接侵权的行为，即教唆、诱导或者帮助他人侵权成功。

第三人明知或者应知原告的员工、前员工或者其他单位、个人以盗窃、贿赂等不正当手段获取原告的商业秘密，仍获取、披露、使用或者允许他人使用该商业秘密。

三、商业秘密侵权认定及举证责任

接触加实质性相似的侵权认定原则，在民事诉讼中，实质性相似需要经过鉴定才能判定，接触是指被告侵权人存在某种形式与商业秘密非法接触。这两种举证的责任均由商业秘密权利人承担。简单来说，一是权利人要举证证明享有该权利；二是该信息包括商业秘密的载体、具体内容、商业价值和对该项商业秘密所采取的具体保密措施，符合商业秘密的法定要件。鉴于"不为公众所知悉"这一要件属于消极事实，权利人对此举证难度较大，一般而言，权利人可以说明其主张的信息与公众所知悉的信息的区别，或者提供鉴定书、检索报告证明其请求保护的信息不为公众所知悉。[①]

《反不正当竞争法》第三十二条规定，如权利人提供初步证据证明其已经对所主张的商业秘密采取保密措施、合理表明商业秘密被侵犯，且提供以下证据的，涉嫌侵权人应当证明其不存在侵犯商业秘密的行为：①有证据表明涉嫌侵权人有渠道或者机会获取商业秘密，且使用的信息与该商业秘密实质上相同；②有证据表明商业秘密已经被涉嫌侵权人披露、使用或者有被披露、使用的风险；③有其他证据表明商业秘密被涉嫌侵权人侵犯。上述条款明确了举证责任，减少了商业秘密权利人的举证责任负担，加重了涉嫌侵权人的侵权行为的举证责任。

四、侵犯商业秘密的法律责任

根据《反不正当竞争法》《民法典》《刑法》等法律相关规定，侵犯商业秘密的行为人应该承担民事责任、行政责任和刑事责任。

1. 民事责任

侵犯商业秘密的民事纠纷案件的民事责任主要包括停止侵权、赔偿损失、销毁或者返还侵权载体等。

（1）停止侵权

停止侵权即不得披露、使用或者允许他人使用权利人所主张的商业秘密。在对商业秘密适用停止侵权责任时，停止侵权的时间一般应当持续该商业秘密已为公众所知悉为止。若判决停止侵害的时间明显不合理的，可以在依法保护原告商业秘密竞争优势的情况下，判决侵权人在合理期限或者范围内停止侵权行为。

（2）返还或者销毁侵权载体

《最高人民法院关于审理侵犯商业秘密民事案件适用法律若干问题的规定》

---

① 江苏省高级人民法院 2021 年 4 月 15 日发布的《江苏省高级人民法院侵犯商业秘密民事纠纷案件审理指南》（修订版）。

明确规定："权利人请求判决侵权人返还或者销毁商业秘密载体，清除其控制的商业秘密信息的，人民法院一般应予支持。"销毁侵权载体会损害社会公共利益，或者销毁侵权载体不具有可执行性等情形除外。通过清除侵权人侵犯商业秘密的有形载体或者返还权利人关于商业秘密的有形财产来达到保护商业秘密权利人的财产的目的。

（3）赔偿损失

侵犯商业秘密行为的赔偿，《最高人民法院关于审理侵犯商业秘密民事案件适用法律若干问题的规定》规定人民法院可以根据权利人的请求，按照权利人因被侵权所受到的实际损失或者侵权人因侵权所获得利益确定赔偿数额。在适用数量计算方法时，可以考虑商业秘密的商业价值确定赔偿数额。确定商业价值时，应当考虑研究开发成本、实施该项商业秘密的收益、可得利益、可保持竞争优势的时间等因素。在参照许可费的合理背书确定赔偿数额时，法院需要考虑商业秘密的类型、侵权行为的性质和情节、许可的性质、范围、时间、是否实际支付及支付方式、行业许可的通用标准等因素。

①法定赔偿。权利人的实际损失和侵权人所获利益难以确定的，可以根据商业秘密的性质、商业价值、研究开发成本、创新程度、能带来的竞争优势以及侵权人的主观过错、侵权行为的性质、情节、后果等因素判决给予原告 500 万元以下的赔偿。

②惩罚性赔偿。经营者故意侵犯商业秘密，情节严重的，可以在按照上述方法确定数额的基础上再按 1～5 倍确定赔偿数额。有的法院对"故意"及"情节严重"明确了认定标准[①]，如明确"故意"的认定主要情形包括：被告或其法定代表人、管理人是原告的利害关系人、管理人、实际控制人；被告与原告或者利害关系人之间存在劳动、劳务、合作、许可、经销、代理、代表等关系，且接触或知悉被侵害的商业秘密；被告以盗窃、贿赂、欺诈、胁迫、电子侵入或者其他不正当手段获取原告的商业秘密；被告经原告或者利害关系人通知、警告后，仍继续实施侵权行为；其他可以认定为故意的情形。"情节严重"的情形包括：因侵害商业秘密被行政处罚或者法院裁判其承担责任后，再次实施相同或者类似侵权行为；以侵权为业；伪造、毁坏或者隐匿侵权证据；拒不履行保全裁定；侵权人获利或者权利人损失巨大；侵权行为可能危害国家

---

① 江苏省高级人民法院 2021 年 4 月 15 日发布的《江苏省高级人民法院侵犯商业秘密民事纠纷案件审理指南》（修订版）。

安全、公共利益或者个人健康；其他可以认定为情节严重的情形。

2. 行政责任

行政责任是指由市场监督部门依照《反不正当竞争法》等对受控侵权行为作出的强制性处罚。《反不正当竞争法》第二十一条规定："一般侵权行为，可处 10 万以上 100 万以下的罚款；情节严重的。处 50 万以上 500 万以下的罚款。"

3. 刑事责任

商业秘密的保护在育种过程中体现为繁殖材料的流失，尤其是未登记未审定未保护的科研材料的流失。2020 年 9 月 17 日《最高人民检察院、公安部关于公安机关管辖的刑事案件立案追诉标准的规定（二）》第七十三条将侵犯商业秘密刑事案件立案追诉标准修改为："侵犯商业秘密，涉嫌下列情形之一的，应予立案追诉：（一）给商业秘密权利人造成损失数额在三十万元以上的；（二）因侵犯商业秘密违法所得数额在三十万元以上的；（三）直接导致商业秘密的权利人因重大经营困难而破产、倒闭的；（四）其他给商业秘密权利人造成重大损失的情形。"

五、商业秘密侵权的抗辩事由

实践中，行为人在被控侵害他人商业秘密时，可以采取的抗辩事由主要有反向工程、自行开发研制、个人信赖、生存权利等。

1. 反向工程

反向工程，是指通过技术手段对从公开渠道取得的产品进行拆卸、测绘、分析等而获得该产品的有关技术信息。反向工程是各国商业秘密保护制度普遍认可的一种合法抗辩事由。《最高人民法院关于审理侵犯商业秘密民事案件适用法律若干问题的规定》第十四条明确规定，通过反向工程等类似方式获得被诉侵权信息的，应视为侵犯商业秘密行为的例外。反向工程抗辩主要适用于技术信息，指被告抗辩其通过技术手段对公开渠道取得的产品进行拆卸、测绘、分析而获得该产品的有关技术信息。对此，被告需提供证据予以证明。反向工程产生两个法律效果：一是行为人不构成侵权；二是反向工程并不意味着该商业秘密丧失秘密性。

需要注意：①须合法取得产品。反向工程是一种以含有秘密信息的产品为作用对象，从结果推导原因、从产品载体推导技术内容的逆向行为，其行为性质的正当性决定了获取技术秘密的合法性。如果行为人以不正当手段知悉了权利人商业秘密之后，又以反向工程为由主张其行为合法的，则不应被法律支持。②须不违反保密义务。反向工程的成立，以无保密义务为基础，即不仅要求产品系合法取得，而且行为人没有保密义务的法律约束。有义务而不遵守义务，而将产品分解、分析，其获得商业秘密的行为，将因违反"黑箱封闭条款"而构成侵权。③法律、行政法规对某类客体明确禁止反向工程的，行为人的抗辩不能成立。

2. 自行开发研制

自行开发是指以独立研发的手段获取商业秘密。严格地讲，反向工程也是一种自主开发而获得与他人商业秘密相同信息的方法。两者不同之处在于，反向工程是基于对他人产品的拆卸、分解而获取技术信息，其他自行开发行为是通过自己独立的创造性活动掌握技术信息。① 对于商业秘密权利人而言，自行开发是一种权利限制，由于其权利的来源是经营者通过合理的保密措施对其经营信息或者技术信息采取的自我保护，因而具有一定相对性。法律并不排除在同一商业秘密之上有两个以上的不同权利主体，因此权利人不能禁止他人自行开发出相同的技术秘密，也不能禁止他人对自行研制出来的技术秘密采取法律保护措施。自行开发与反向工程一样，其研发过程本身不得非法依赖他人的专有信息，其开发独立性、自主性是诚实信用原则所要求的。行为人主张其使用的技术信息或经营信息系自行开发形成的，需提供充足证据予以证明。

3. 个人信赖

个人信赖是指客户基于对员工个人的信赖而与该员工所在单位进行交易，该员工离职后，客户自愿选择与该员工或者该员工所在的新单位进行交易的，不构成侵犯商业秘密。行为人适用个人信赖抗辩时，应当注意以下三点：①该种抗辩的适用一般发生在医疗、法律服务等较为强调个人技能的行业领域。②该客户是基于与商业秘密权利人的员工之间的特殊信赖关系而与商业秘密权利人发生交易，即客户是基于该员工才与商业秘密权利人发生交易。如果员工是利用商业秘密权利人所提供的物质条件、商业信誉、交易平台等才获得与客户的交易机会的，则不属于个人信赖。③该员工从商业秘密权利人处离职后，客户系自愿与该员工或其所属新单位发生交易。

---

① 吴汉东：《知识产权法》，法律出版社，2021年版。

4. 生存权利

商业秘密权利人的员工在单位工作过程中掌握和积累的与其从事的工作有关的知识、经验和技能，为其生存基础性要素。要注意将该知识、经验和技能与单位的商业秘密相区分。运用生存权利抗辩时，需注意：①员工在职期间掌握和积累的知识、经验、技能不属于商业秘密；②员工所掌握的知识、经验、技能中属于单位商业秘密内容的，员工不得违反保密义务，不得擅自披露、使用或者允许他人使用其商业秘密，否则应当认定构成侵权。

典型案例

河北某种业有限公司与
武威市某种业有限责任公司侵害技术秘密纠纷案

【案情摘要】

'万糯2000'系郭少臣、郭英选育的玉米新品种，2012年6月11日，河北省万全县某特用玉米种业有限责任公司就该品种向原农业部申请品种保护。2015年11月1日，'万糯2000'玉米品种被农业部授予植物新品种权，品种权号为CNA20120515.0。'万糯2000'玉米品种于2014年起先后通过上海、河北、广东及原农业部国家农作物品种审定委员会审定为省农作物审定品种、国家农作物审定品种。以上审定证书均记载'万糯2000'品种来源为'W67'和'W68'。

2014年起，河北省万全县某特用玉米种业有限责任公司制定保密制度，规定公司的育种技术资料、育种样品、育种亲本、繁殖材料、用于开发培育的种子亲本及研发种子样品、研发技术资料、种子繁殖材料等属于公司秘密，不得泄露，并与郭少臣、郭英等分别签订保密协议，约定郭少臣、郭英等在任职期间及离职后的一定时间内对种子育种方法、育种亲本、用于繁育种子技术材料、繁殖材料等商业秘密进行保密，离职时应将所持有的所有商业秘密资料等物品移交指定人员并办妥相关手续，否则承担违约责任。2016年8月18日，河北省万全县某特用玉米种业有限责任公司更名为"河北某种业有限公司"（下称"A种业公司"）。2020年9月12日，A种业公司与案外人甘肃某种业股份有限公司（下称"B种业公司"）签订委托繁育合同，繁育玉米种子品种名称为'209'等。合同约定B种业公司按计划生产的合格种子全部交给 A 种业公司，不得截留和自行销售，否则承担违约责任，B 种业公司对 A 种业公司提供的自交系亲本种子要负责保密，不得向外扩散。2020 年 11 月 13 日，B 种业公司出具证明记载，委托繁育合同中约定的名称为'209'的玉米品种系'万糯 2000'玉米品种。

2020 年 10 月 16 日，A 种业公司以武威市某种业有限责任公司（下称"C 种业公司"）侵害其技术秘密为由向兰州市中级人民法院起诉，请求判令 C 种业公司立即停止侵害 A 种业公司'W68'玉米自交系亲本种子技术秘密并赔偿经济损失及合理开支。

C 种业公司辩称，C 种业公司没有生产'W68'玉米自交系种子；'万糯 2000'审定公告披露了'W68'是用万 6 选系与万 2 选系杂交后，经自交 6 代选育而成，'W68'已经为公众所知悉，不属于商业秘密；'W68'是公开销售的产品，就不可能属于商业秘密，不具备商业秘密要求的秘密性；A 种业公司并没有提供有效证据证明'W68'是其选育的且有权作为自己的商业秘密予以保护，与'W68'具有相同特征特性的繁殖材料已经在多个审定品种上使用，A 种业公司作为本案原告的主体资格存疑。A 种业公司并没有采取足够的保密措施防止'W68'为他人所知悉。

【裁判结果】

兰州市中级人民法院于 2021 年 7 月 15 日作出（2020）甘 01 知民初 61 号民事判决，判令 C 种业公司停止侵害 A 种业公司技术秘密的行为并赔偿经济损失及合理开支。宣判后 C 种业公司不服提起上诉，最高人民法院于 2022 年 11 月 2 日作出（2022）最高法知民终 147 号民事判决，驳回上诉维持原判。

【案例指引】

（1）杂交种的亲本是否属于商业秘密保护的对象？

作物育种过程中形成的育种中间材料、自交系亲本等，不同于自然界发现的植物材料，其是育种者付出创造性劳动的智力成果，承载有育种者对自然界的植物材料选择驯化或对已有品种的性状进行选择而形成的特定遗传基因，该育种材料具有技术信息和载体实物兼而有之的特点，且二者不可分离。通过育种创新活动获得的具有商业价值的育种材料，在具备不为公众所知悉并采取相应保密措施等条件下，可以作为商业秘密依法获得法律保护。

（2）作为商业秘密保护的育种材料是否为公众所知悉的判断标准是什么？

育种材料作为商业秘密保护的客体是否为公众所知悉，应当以其是否为所属领域的相关人员普遍知悉和容易获得为标准，同时是否为公众所知悉的对象应当是指具体的技术信息内容，而非只是技术信息的名称或代号。权利人对育种材料的实际控制是利用其遗传信息进行育种的关键，尚未脱离权利人实际控制、依法采取保密措施的育种材料难以满足被所属领域的相关人员普遍知悉和容易获得的构成要件，即具有秘密性。

（3）公开育种编号是否导致该育种材料丧失秘密性？

对于选择育种而言，从杂种第一次分离世代开始选株，分别种成株行到以后世代的选育，均是在优良的系统中选择优良单株，直到选出优良一致的品系。为便于考查株系历史和亲缘关系，对各世代中的单株、株系均予以系统的编号。'W68'仅是育种材料的编号，是育种者在作物育种过程中为了下一步选择育种而自行给定的代号，其指向的是育种者实际控制的育种材料。虽然特定编号如'W68'代表了育种者对自然界的植物材料选择驯化形成的特定遗传基因，但是特定遗传基因承载于作物材料中，脱离作物材料本身的代号并不具有育种价值，对育种材料的实际控制才是利用其特定遗传信息的前提。在创造变异、选择变异、固定变异的育种过程中，作物代号仅用于标注遗传信息的来源，只凭借品种审定公告中披露的'W68'的名称信息，并不能实际知悉、获得、利用'W68'育种材料所承载的特定遗传信息。由于育种创新的成果体现在植物材料的特定基因中，无法将其与承载创新成果的植物材料相分离，公开该代号并不等于公开该作物材料的遗传信息，在该作物材料未脱离育种者控制的情况下，相关公众无法实际知悉、获得、利用该代号所指育种材料的遗传信息。因此，公开代号的行为并不会导致其所指育种材料承载的遗传信息的公开。

（4）公开育种来源是否必然导致特定的自交系亲本丧失秘密性？

审定公告记载'万糯2000'以'W67'为母本、以'W68'为父本杂交，披露了'W68'是用万6选系与万2选系杂交后，经自交6代选育而成。该事实证明'W68'的育种来源已经被公开，但不能证明'W68'本身属于容易获得的育种材料，丧失了不为公众所知悉的秘密性。首先，万2选系和万6选系作为选育亲本的作物材料，按照育种领域的惯例，是作物育种的核心竞争力，通常育种者并不进行公开销售，公众难以获得。C种业公司并无证据证明万2选系和万6选系属于公共育种资源。而如果没有万2选系和万6选系的育种来源，则难以进行选择育种进而获得稳定的自交系'W68'。其次，杂交育种涉及杂交亲本的选配、杂交技术与杂交方式的确定、杂交后代的选择等育种阶段，需要进行大量的选种制种工作，且杂交的结果并不唯一。在通过杂交创造变异的群体，然后在变异的群体中选择变异，自交后稳定变异，最后形成纯系品种的选育过程中，各世代要经历选择变异和稳定变异的环节。因此，退一步而言，即便能够获得万2选系和万6选系，在选育自交系亲本的过程中，育种者面临对优良单株、株系的选择时，子代的选择具有一定程度的不确定性。对于玉米制种而言，即使在公开亲本自交系的选育来源以及作物目标的情况下，不同的育种者得到的纯系品种也不可能完全一致。因此，即便能够利用万2选系和万6选系进行杂交育种，获得的自交系也并不必然是'W68'，不能仅从公开'W68'的育种来源推定得出'W68'已为公众所知悉。

（5）公开销售杂交种是否导致其自交系亲本丧失秘密性？

尽管玉米杂交种是由其亲本杂交育种获得，但是基于玉米杂交繁育特点和当前的技术条件，从杂交种反向获得其亲本的难度很大。反向获得的难易程度与所付出的成本呈正相关性，需要付出的成本越高则反向获得的难度越高，反向获得的可能性就越小。从已公开销售'万糯2000'的事实是否可以推定得出其亲本'W68'丧失秘密性，需要审查通过'万糯2000'获取其亲本'W68'所付出的成本，从而判断是否容易获得。很显然，从子代分离出亲本并培育亲本并非普通育种者不付出创造性的劳动就容易实现的。如果不通过对'万糯2000'进行专业的测序、分离，难以获得其亲本，更难以保证获得的亲本与'W68'完全相同。C种业公司也并未提供任何证据证明通过'万糯2000'可以容易获得其亲本'W68'。因此，公开销售'万糯2000'的事实不能当然导致其亲本'W68'为公众容易获得，更不能得出亲本'W68'丧失秘密性的结论。

（6）育种材料的权利人采取的保密措施是否符合商业秘密的构成要件？

人民法院认定保密措施时，应当考虑保密措施与商业秘密的对应程度。植物生长依赖土壤、水分、空气和阳光，需要进行光合作用，'W68'作为育种材料自交系亲本，必须施以合理的种植管理，具备一定的制种规模。在进行田间管理中，权利人对于该作物材料采取的保密措施难以做到万无一失。因此，对于育种材料技术信息的保密措施是否合理，需要考虑育种材料自身的特点。对于采取合理保密措施的认定不宜过于严苛，应以在正常情况下能够达到防止被泄露的防范程度为宜。

附录一 中华人民共和国植物新品种保护名录

1. 中华人民共和国农业植物新品种保护名录

中华人民共和国农业植物新品种保护名录（第一批）

（1999 年 6 月 16 日农业部令第 14 号公布）

序号	属或者种名	学　　名
1	水稻	*Oryza sativa* L.
2	玉米	*Zea mays* L.
3	大白菜	*Brassica campestris* L. ssp. *pekinensis*（Lour.）Olsson
4	马铃薯	*Solanum tuberosum* L.
5	春兰	*Cymbidium goeringii* Rchb. f
6	菊属	*Chrysanthemum* L.
7	石竹属	*Dianthus* L.
8	唐菖蒲属	*Gladiolus* L.
9	紫花苜蓿	*Medicago sativa* L.
10	草地早熟禾	*Poa pratensis* L.

中华人民共和国农业植物新品种保护名录（第二批）

（2000 年 3 月 7 日农业部令第 27 号公布）

序号	属或者种名	学　　名
1	普通小麦	*Triticum aestivum* L.
2	大豆	*Glycine max*（L.）Merrill
3	甘蓝型油菜	*Brassica napus* L.
4	花生	*Arachis hypogaea* L.
5	普通番茄	*Lycopersicon esculentum* Mill.
6	黄瓜	*Cucumis sativum* L.
7	辣椒属	*Capsicum* L.
8	梨属	*Pyrus* L.
9	酸模属	*Rumex* L.

中华人民共和国农业植物新品种保护名录（第三批）

（2001 年 2 月 26 日农业部令第 46 号公布）

序号	属或者种名	学　名
1	兰属	*Cymbidium* Sw.
2	百合属	*Lilium* L.
3	鹤望兰属	*Strelitzia* Ait.
4	补血草属	*Limonium* Mill.

中华人民共和国农业植物新品种保护名录（第四批）

（2002 年 1 月 4 日农业部令第 3 号公布）

序号	属或者种名	学　名
1	甘薯	*Ipomoea batatas*（L.）Lam.
2	谷子	*Setaria italica*（L.）Beauv.
3	桃	*Prunus persica*（L.）Batsch.
4	荔枝	*Litchi chinensis* Sonn.
5	普通西瓜	*Citrullus lanatus*（Thunb.）Matsum et Nakai
6	普通结球甘蓝	*Brassica oleracea* L. var. *capitata*（L.）Alef. var. *alba* DC.
7	食用萝卜	*Raphanus sativus* L. var. *longipinnatus* Bailey & *Raphanus sativus* L. var. *radiculus* Pers.

中华人民共和国农业植物新品种保护名录（第五批）

（2003 年 8 月 5 日农业部令第 32 号公布）

序号	属或者种名	学　名
1	高粱	*Sorghum bicolor*（L.）Moench
2	大麦属	*Hordeum* L.
3	苎麻属	*Boehmeria* L.
4	苹果属	*Malus* Mill.
5	柑橘属	*Citrus* L.
6	香蕉	*Musa acuminata* Colla
7	猕猴桃属	*Actinidia* Lindl.
8	葡萄属	*Vitis* L.
9	李	*Prunus salicina* Lindl. & *P. domestica* L. & *P. cerasifera* Ehrh.
10	茄子	*Solanum melongena* L.
11	非洲菊	*Gerbera jamesonii* Bolus

中华人民共和国农业植物品种保护名录（第六批）

（2005 年 5 月 20 日农业部令第 51 号公布）

序号	属或者种名	学　名
1	棉属	*Gossypium* L.
2	亚麻	*Linum usitatissimum* L.
3	桑属	*Morus* L.
4	芥菜型油菜	*Brassica juncea* Czern. et Coss.
5	蚕豆	*Vicia faba* L.
6	绿豆	*Vigna radiata*（L.）Wilczek
7	豌豆	*Pisum sativum* L.
8	菜豆	*Phaseolus vulgaris* L.
9	豇豆	*Vigna unguiculata*（L.）Walp.
10	大葱	*Allium fistulosum* L.
11	西葫芦	*Cucurbita pepo* L.
12	花椰菜	*Brassica oleracea* L. var. *botrytis* L.
13	芹菜	*Apium graveolens* L.
14	胡萝卜	*Daucus carota* L.
15	白灵侧耳	*Pleurotus nebrodensis*（Inzenga）Quél.
16	甜瓜	*Cucumis melo* L.
17	草莓	*Fragaria ananassa* Duch.
18	柱花草属	*Stylosanthes* Sw. ex Willd
19	花毛茛	*Ranunculus asiaticus* L.
20	华北八宝	*Hylotelephium tatarinowii*（Maxim.）H. Ohba
21	雁来红	*Amaranthus tricolor* L.

中华人民共和国农业植物品种保护名录（第七批）

（2008 年 4 月 21 日农业部令第 14 号公布）

序号	属或者种名	学　名
1	橡胶树	*Hevea brasiliensis*（Willd. ex A. de Juss.）Muell. Arg.
2	茶组	*Camellia* L. Section *Thea*（L.）Dyer
3	芝麻	*Sesamum indicum* L.
4	木薯	*Manihot esculenta* Crantz
5	甘蔗属	*Saccharum* L.
6	小豆	*Vigna angularis*（Willd.）Ohwi et Ohashi
7	大蒜	*Allium sativum* L.

（续）

序号	属或者种名	学　名
8	不结球白菜	*Brassica campestris* ssp. *chinensis*
9	花烛属	*Anthurium* Schott
10	果子蔓属	*Guzmania* Ruiz. & Pav.
11	龙眼	*Dimocarpus longan* Lour.
12	人参	*Panax ginseng* C. A. Mey.

中华人民共和国农业植物品种保护名录（第八批）

（2010 年 1 月 18 日农业部令第 8 号公布）

序号	属或者种名	学　名
1	莲	*Nelumbo nucifera* Gaertn.
2	蝴蝶兰属	*Phalaenopsis* Bl.
3	秋海棠属	*Begonia* L.
4	凤仙花	*Impatiens balsamina* L.
5	非洲凤仙花	*Impatiens wallerana* Hook. f.
6	新几内亚凤仙花	*Impatiens hawkeri* Bull.

中华人民共和国农业植物品种保护名录（第九批）

（2013 年 4 月 11 日农业部令第 1 号公布）

序号	属或者种名	学　名
1	芥菜	*Brassica juncea*（L.）Czern. et coss
2	芥蓝	*Brassica alboglabra Bailey* L.
3	枇杷	*Eriobotrya japonica* Lindl.
4	樱桃	*Prunus avium* L.
5	莴苣	*Lactuca sativa* L.
6	三七	*Panax notoginseng*（Burk）F. H. Chen
7	苦瓜	*Momordica charantia* L.
8	冬瓜	*Benincasa hispida* Cogn.
9	燕麦	*Avena sativa* L. & *Avena nuda* L.
10	芒果	*Mangifera indica* L.
11	万寿菊属	*Tagetes* L.
12	郁金香属	*Tulipa* L.
13	烟草	*Nicotiana tabacum* L. & *Nicotiana rustica* L.

中华人民共和国农业植物品种保护名录（第十批）

（2016 年 4 月 16 日农业部令第 1 号公布）

序号	属或者种名	学　名
1	向日葵	*Helianthus annuus* L.
2	荞麦属	*Fagopyrum* Mill.
3	白菜型油菜	*Brassica campestris* L.
4	薏苡属	*Coix* L.
5	蓖麻	*Ricinus communis* L.
6	菠菜	*Spinacia oleracea* L.
7	南瓜	*Cucurbita moschata* Duch.
8	丝瓜属	*Luffa* Mill.
9	青花菜	*Brassica oleracea* L. var. *italica* Plenck
10	洋葱	*Allium Cepa* L.
11	姜	*Zingiber officinale* Rosc.
12	茭白（菰）	*Zizania latifolia* （Griseb.） Turcz. ex Stapf.
13	芦笋（石刁柏）	*Asparagus officinalis* L.
14	山药（薯蓣）	*Dioscorea alata* L.；*Dioscorea polystachya* Turcz.；*Dioscorea japonica* Thunb.
15	菊芋	*Helianthus tuberosus* L.
16	咖啡黄葵	*Abelmoschus esculentus* （L.） Moench
17	杨梅属	*Myrica* L.
18	椰子	*Cocos nucifera* L.
19	凤梨属	*Ananas* Mill.
20	番木瓜	*Carica papaya* L.
21	木菠萝（菠萝蜜）	*Artocarpus heterophyllus* Lam.
22	无花果	*Ficus carica* L.
23	仙客来	*Cyclamen persicum* Mill.
24	一串红	*Salvia splendens* Ker-Gawler
25	三色堇	*Viola tricolor* L.
26	矮牵牛（碧冬茄）	*Petunia hybrida* Vilm.
27	马蹄莲属	*Zantedeschia* Spreng.
28	铁线莲属	*Clematis* L.
29	石斛属	*Dendrobium* Sw.
30	萱草属	*Hemerocallis* L.

（续）

序号	属或者种名	学　名
31	薰衣草属	*Lavandula* L.
32	欧报春	*Primula vulgaris* Huds.
33	水仙属	*Narcissus* L.
34	羊肚菌属	*Morchella* Dill. ex Pers.
35	香菇	*Lentinula edodes*（Berk.）Pegler
36	黑木耳	*Auricularia heimuer* F. Wu，B. K. Cui & Y. C. Dai
37	灵芝属	*Ganoderma* P. Karst.
38	双孢蘑菇	*Agaricus bisporus*（J. E. Lange）Imbach
39	枸杞属	*Lycium* L.
40	天麻	*Gastrodia elata* Bl.
41	灯盏花（短葶飞蓬）	*Erigeron breviscapus*（Vant.）Hand.-Mazz.
42	何首乌	*Fallopia multiflora*（Thunb.）Harald.
43	菘蓝	*Isatis indigotica* Fort.
44	甜菊（甜叶菊）	*Stevia rebaudiana* Bertoni.
45	结缕草	*Zoysia japonica* Steud.

中华人民共和国农业植物品种保护名录（第十一批）

（2019 年 2 月 22 日农业农村部令第 1 号公布）

序号	属或者种名	学　名
1	甜菜	*Beta vulgaris* L.
2	稷（糜子）	*Panicum miliaceum* L.
3	大麻槿（红麻）	*Hibiscus cannabinus* L.
4	可可	*Theobroma cacao* L.
5	苋属	*Amaranthus* L.
6	狗牙根属	*Cynodon* Rich.
7	鸭茅	*Dactylis glomerata* L.
8	红车轴草（红三叶）	*Trifolium pratense* L.
9	黑麦草属	*Lolium* L.
10	羊茅属	*Festuca* L.
11	狼尾草属	*Pennisetum* Rich.
12	白车轴草（白三叶）	*Trifolium repens* L.
13	魔芋属	*Amorphophallus* Bl. ex Decne.
14	芋	*Colocasia esculenta*（L.）Schott

（续）

序号	属或者种名	学　名
15	荠	*Capsella bursa-pastoris*（L.）Medic.
16	蕹菜（空心菜）	*Ipomoea aquatica* Forsk.
17	芫荽（香菜）	*Coriandrum sativum* L.
18	韭菜	*Allium tuberosum* Rottl. ex Spreng.
19	紫苏	*Perilla frutescens*（L.）Britt.
20	芭蕉属	*Musa* L.
21	量天尺属	*Hylocereus*（Berg.）Britt. et Rose
22	西番莲属	*Passiflora* L.
23	梅	*Prunus mume* Sieb. et Zucc
24	石蒜属	*Lycoris* Herb.
25	睡莲属	*Nymphaea* L.
26	天竺葵属	*Pelargonium* L' Herit. ex Ait.
27	鸢尾属	*Iris* L.
28	芍药组	*Paeonia Sect. Paeonia* DC. Prodr.
29	六出花属	*Alstroemeria* L.
30	香雪兰属	*Freesia* Klatt
31	蟹爪兰属	*Zygocactus* K. Schum.
32	朱顶红属	*Hippeastrum* Herb.
33	满天星	*Gypsophila paniculata* L.
34	金针菇	*Flammulina velutipes*（E.）Singer
35	蛹虫草	*Cordyceps militaris*（L. ex Fr.）Link.
36	长根菇	*Hymenopellis raphanipes*（Berk.）R. H. Pertersen
37	猴头菌	*Hericium erinaceum*（Bull.）Pers.
38	毛木耳	*Auricularia cornea* Ehrenb.
39	蝉花	*Isaria cicadae* Miquel
40	真姬菇	*Hypsizygus marmoreus*（Peck）H. E. Bigelow
41	平菇（糙皮侧耳、弗罗里达侧耳）	*Pleurotus ostreatus*（Jacq.）P. Kumm. & *Pleurotus floridanus* Singer
42	秀珍菇（肺形侧耳）	*Pleurotus pulmonarius*（Fr.）Quél.
43	红花	*Carthamus tinctorius* L.
44	淫羊藿属	*Epimedium* L.
45	松果菊属	*Echinacea* Moench.

（续）

序号	属或者种名	学 名
46	金银花	*Lonicera japonica* Thumb.
47	柴胡属	*Bupleurum* L.
48	黄芪属	*Astragalus* L.
49	美丽鸡血藤（牛大力）	*Callerya speciosa*（Champ. Ex Benth.）Schot
50	穿心莲	*Andrographis paniculata*（Burm. f.）Nees
51	丹参	*Salvia miltiorrhiza* Bge.
52	黄花蒿	*Artemisia annua* L.
53	砂仁	*Amomum villosum* Lour.

2. 中华人民共和国林业植物新品种保护名录

中华人民共和国植物新品种保护名录（林业部分）（第一批）

（1999 年 4 月 22 日国家林业局令第 2 号公布）

序号	种或者属名	学 名
1	毛白杨	*Populus tomentosa*
2	泡桐属	*Paulownia*
3	杉木	*Cunninghamia lanceolata*
4	木兰属	*Magnolia*
5	牡丹	*Paeonia suffruticosa*
6	梅	*Prunus mume*
7	蔷薇属	*Rosa*
8	山茶属	*Camellia*

中华人民共和国植物新品种保护名录（林业部分）（第二批）

（2000 年 2 月 2 日国家林业局令第 5 号公布）

序号	种或者属名	学 名
1	杨属	*Populus*
2	柳属	*Salix*
3	桉属	*Eucalyptus*
4	板栗	*Castanea mollissima*
5	核桃属	*Juglance*
6	枣	*Zizyphus jujuba*
7	柿	*Diospyros kaki*

（续）

序号	种或者属名	学　名
8	杏	*Prunus armeniaca*
9	银杏	*Ginkgo biloba*
10	油桐属	*Vernicia*
11	红豆杉属	*Taxus*
12	杜鹃花属	*Rhododendron*
13	桃花	*Prunus persica*
14	紫薇	*Lagerstroemia indica*
15	榆叶梅	*Prunus triloba*
16	腊梅	*Chimonanthus praecox*
17	桂花	*Osmanthus fragrans*

中华人民共和国植物新品种保护名录（林业部分）（第三批）

（2002 年 12 月 2 日国家林业局令第 6 号公布）

序号	种或者属名	学　名
1	松属	*Pinus* Linn.
2	云杉属	*Picea* Dietr.
3	落羽杉属	*Taxodium* Rich.
4	圆柏属	*Sabina* Mill.
5	鹅掌楸属	*Liriodendron* Linn.
6	木瓜属	*Chaenomeles* Lindl.
7	金合欢属	*Acacia* Willd.
8	槐属	*Sophora* Linn.
9	刺槐属	*Robinia* Linn.
10	丁香属	*Syringa* Linn.
11	连翘属	*Forsythia* Vahl
12	黄杨属	*Buxus* Linn.
13	大戟属	*Euphorbia* Linn.
14	槭属	*Acer* Linn.
15	沙棘	*Hippophae rhamnoides* Linn.
16	臭椿属	*Ailanthus* Desf.
17	簕竹属	*Bambusa* Retz. corr. Schreber
18	箬竹属	*Indocalamus* Nakai
19	刚竹属	*Phyllostachys* Sieb. et Zucc.
20	省藤属	*Calamus* Linn.
21	黄藤属	*Daemonorops* Blume

中华人民共和国植物新品种保护名录（林业部分）（第四批）

（2004 年 10 月 14 日国家林业局令第 12 号公布）

序号	种或者属名	学　　名
1	苏铁属	*Cycas* Linn.
2	崖柏属	*Thuja* Linn.
3	罗汉松属	*Podocarpus* L'Her. ex Pers.
4	桦木属	*Betula* Linn.
5	榛属	*Corylus* Linn.
6	栲属	*Castanopsis* Spach
7	榆属	*Ulmus* Linn.
8	榉属	*Zelkova* Spach
9	桑属	*Morus* Linn.
10	榕属	*Ficus* Linn.
11	芍药属	*Paeonia* Linn.
12	木莲属	*Manglietia* Blume
13	含笑属	*Michelia* Linn.
14	拟单性木兰属	*Parakmeria* Hu et Cheng
15	樟属	*Cinnamomum* Trew
16	润楠属	*Machilus* Nees
17	继木属	*Loropetalum* R. Br.
18	紫檀属	*Pterocarpus* Jacq.
19	花椒属	*Zanthoxylum* Linn.
20	黄皮属	*Clausena* Burm. f.
21	黄栌属	*Cotinus* Mill.
22	卫矛属	*Euonymus* Linn.
23	栾树属	*Koelreuteria* Laxm.
24	蛇葡萄属	*Ampelopsis* Michx.
25	爬山虎属	*Parthenocissus* Pl.
26	石榴属	*Punica* Linn.
27	常春藤属	*Hedera* Linn.
28	紫金牛属	*Ardisia* Sw.
29	白蜡树属	*Fraxinus* Linn.
30	枸杞属	*Lycium* Linn.
31	梓树属	*Catalpa* Linn.
32	忍冬属	*Lonicera* Linn.

中华人民共和国植物新品种保护名录（林业部分）（第五批）

（2013 年 1 月 22 日国家林业局令第 29 号公布）

序号	种或者属名	学　名
1	六道木属	*Abelia* R. Br.
2	冷杉属	*Abies* Mill.
3	五加属	*Acanthopanax*（Decne. et Planch.）Miq.
4	酸竹属	*Acidosasa* C. D. Chu et C. S. Chao
5	七叶树属	*Aesculus* L.
6	木通属	*Akebia* Decne.
7	合欢属	*Albizia* Durazz.
8	桤木属	*Alnus* Mill.
9	沙冬青属	*Ammopiptanthus* Cheng f.
10	紫穗槐属	*Amorpha* L.
11	桃叶珊瑚属	*Aucuba* Thunb.
12	小檗属	*Berberis* L.
13	木棉属	*Bombax* L.
14	叶子花属	*Bougainvillea* Comm. ex Juss.
15	构属	*Broussonetia* L'Hér. ex Vent.
16	醉鱼草属	*Buddleja* L.
17	紫珠属	*Callicarpa* L.
18	沙拐枣	*Calligonum mongolicum* Turcz.
19	凌霄属	*Campsis* Lour.
20	旱莲木	*Camptotheca acuminata* Decne.
21	锦鸡儿属	*Caragana* Fabr.
22	鹅耳枥属	*Carpinus* L.
23	山核桃属	*Carya* Nutt.
24	决明属	*Cassia* L.
25	栗属	*Castanea* Mill.
26	木麻黄属	*Casuarina* L.
27	雪松属	*Cedrus* Trew
28	朴属	*Celtis* L.
29	三尖杉属	*Cephalotaxus* Sieb. et Zucc.
30	紫荆属	*Cercis* L.

（续）

序号	种或者属名	学名
31	方竹属	*Chimonobambusa* Makino
32	流苏树属	*Chionanthus* L.
33	南酸枣	*Choerospondias axillaris* （Roxb.）B. L. Burtt et A. W. Hill
34	铁线莲属	*Clematis* L.
35	大青属	*Clerodendrum* L.
36	山茱萸属	*Cornus* L.
37	栒子属	*Cotoneaster* Medik.
38	山楂属	*Crataegus* L.
39	柳杉属	*Cryptomeria* D. Don
40	瑞香属	*Daphne* L.
41	珙桐属	*Davidia* Baill.
42	牡竹属	*Dendrocalamus* Nees
43	胡颓子属	*Elaeagnus* L.
44	杜英属	*Elaeocarpus* L.
45	麻黄属	*Ephedra* L.
46	杜仲	*Eucommia ulmoides* Oliv.
47	箭竹属	*Fargesia* Franch.
48	皂荚属	*Gleditsia* L.
49	梭梭属	*Haloxylon* Bunge
50	金缕梅属	*Hamamelis* L.
51	木槿属	*Hibiscus* L.
52	沙棘属	*Hippophae* L.
53	坡垒属	*Hopea* Roxb.
54	绣球属	*Hydrangea* L.
55	金丝桃属	*Hypericum* L.
56	山桐子属	*Idesia* Maxim.
57	冬青属	*Ilex* L.
58	八角属	*Illicium* L.
59	大节竹属	*Indosasa* McClure

（续）

序号	种或者属名	学　名
60	蓝花楹属	*Jacaranda* Juss.
61	素馨属	*Jasminum* L.
62	麻风树	*Jatropha curcas* L.
63	刺柏属	*Juniperus* L.
64	油杉属	*Keteleeria* Carrière
65	紫薇属	*Lagerstroemia* L.
66	落叶松属	*Larix* Mill.
67	胡枝子属	*Lespedeza* Michx.
68	女贞属	*Ligustrum* L.
69	山胡椒属	*Lindera* Thunb.
70	枫香属	*Liquidambar* L.
71	木姜子属	*Litsea* Lam.
72	滇丁香属	*Luculia* Sweet
73	苹果属（除水果外）	*Malus* Mill.（except fruits）
74	野牡丹属	*Melastoma* L.
75	楝属	*Melia* L.
76	水杉属	*Metasequoia* Miki ex Hu et W. C. Cheng
77	杨梅	*Myrica rubra* Sieb. et Zucc.
78	白刺属	*Nitraria* L.
79	红豆属	*Ormosia* Jackson
80	木犀属	*Osmanthus* Lour.
81	黄檗	*Phellodendron amurense* Rupr.
82	楠属	*Phoebe* Nees
83	石楠属	*Photinia* Lindl.
84	黄连木属	*Pistacia* L.
85	化香树属	*Platycarya* Sieb. et Zucc.
86	侧柏属	*Platycladus* Spach
87	苦竹属	*Pleioblastus* Nakai
88	金露梅	*Potentilla fruticosa* L.
89	李属（除水果外）	*Prunus* L.（except fruits）
90	枫杨属	*Pterocarya* Kunth

（续）

序号	种或者属名	学名
91	青檀属	*Pteroceltis* Maxim.
92	栎属	*Quercus* L.
93	悬钩子属	*Rubus* L.
94	接骨木属	*Sambucus* L.
95	无患子属	*Sapindus* L.
96	乌桕属	*Sapium* Jacq.
97	檫木	*Sassafras tzumu*（Hemsl.）Hemsl.
98	木荷属	*Schima* Reinw. ex Blume
99	秤锤树属	*Sinojackia* Hu
100	珍珠梅属	*Sorbaria*（DC）A. Braun
101	花楸属	*Sorbus* L.
102	火焰树属	*Spathodea* P. Beauv.
103	绣线菊属	*Spiraea* L.
104	山矾属	*Symplocos* Jacq.
105	台湾杉属	*Taiwania* Hayata
106	柽柳属	*Tamarix* L.
107	柚木	*Tectona grandis* L. f.
108	夜来香属	*Telosma* Cov.
109	厚皮香属	*Ternstroemia* Mutis ex L. f.
110	吴茱萸属	*Tetradium* Lour.
111	椴树属	*Tilia* L.
112	香椿属	*Toona* M. Roemer
113	榧树属	*Torreya* Arn.
114	越桔属	*Vaccinium* L.
115	荚蒾属	*Viburnum* L.
116	牡荆属	*Vitex* L.
117	锦带花属	*Weigela* Thunb.
118	紫藤属	*Wisteria* Nutt.
119	文冠果	*Xanthoceras sorbifolium* Bunge
120	枣属	*Ziziphus* Mill.

中华人民共和国植物新品种保护名录（林草部分）（第六批）

（2016 年 10 月 26 日国家林业局令第 43 号公布）

序号	种或者属名	学　名
1	栀子属	*Gardenia* J. Ellis
2	悬铃木属	*Platanus* L.
3	蚊母树属	*Distylium* Siebold et Zucc.
4	南天竹属	*Nandina* Thunb.
5	火棘属	*Pyracantha* M. Roem.
6	红千层属	*Callistemon* R. Br.
7	羊蹄甲属	*Bauhinia* L.
8	红花荷属	*Rhodoleia* Champ. ex Hook.

中华人民共和国植物新品种保护名录（林草部分）（第七批）

（2020 年 12 月 8 日国家林业和草原局第 22 号公布）

序号	种或者属名	学　名
1	蓍属	*Achillea* L.
2	百子莲属	*Agapanthus* L'Hér.
3	冰草属	*Agropyron* Gaertn.
4	楤木属	*Aralia* L.
5	艾	*Artemisia argyi* Lévl. & Van.
6	落新妇属	*Astilbe* Buch. -Ham. ex D. Don
7	秋海棠属	*Begonia* L.
8	秋枫属	*Bischofia* Blume
9	野海棠属	*Bredia* Blume
10	雀麦属	*Bromus* L.
11	舞春花属	*Calibrachoa* Cerv
12	夏蜡梅属	*Calycanthus* L.
13	薹草属	*Carex* L.
14	莸属	*Caryopteris* Bunge
15	卡特兰属	*Cattleya* Lindl.
16	蓝雪花属	*Ceratostigma* Bunge
17	菊属	*Chrysanthemum* L.

（续）

序号	种或者属名	学　　名
18	君子兰属	*Clivia* Lindl.
19	柏木属	*Cupressus* L.
20	青冈属	*Cyclobalanopsis* Oerst.
21	青钱柳属	*Cyclocarya* Iljinsk.
22	兰属	*Cymbidium* Sw
23	杓兰属	*Cypripedium* L.
24	大丽花属	*Dahlia* Cav.
25	石斛属	*Dendrobium* Sw.
26	溲疏属	*Deutzia* Thunb.
27	石竹属	*Dianthus* L.
28	油棕	*Elaeis gunieensis* Jacq.
29	木香薷	*Elsholtzia stauntonii* Benth.
30	披碱草属	*Elymus* L.
31	吊钟花属	*Enkianthus* Lour.
32	银钟花属	*Halesia* J. Ellis ex L.
33	向日葵属	*Helianthus* L.
34	铁筷子属	*Helleborus* L.
35	萱草属	*Hemerocallis* L.
36	刺榆属	*Hemiptelea* Planch.
37	矾根属	*Heuchera* L.
38	凤仙花属	*Impatiens* L.
39	鸢尾属	*Iris* L.
40	薰衣草属	*Lavandula* L.
41	羊草	*Leymus chinensis*（Trin.）Tzvel.
42	补血草属	*Limonium* Mill.
43	羽扇豆属	*Lupinus* L.
44	澳洲坚果	*Macadamia integrifolia* Maiden & Betche
45	十大功劳属	*Mahonia* Nutt.
46	苜蓿属	*Medicago* L.
47	陀螺果属	*Melliodendron* Hand.-Mazz.

（续）

序号	种或者属名	学　名
48	九里香属	*Murraya* J. Koenig
49	玉叶金花属	*Mussaenda* L.
50	牛至属	*Origanum* L.
51	兜兰属	*Paphiopedilum* Pfitzer
52	重楼属	*Paris* L.
53	银缕梅属	*Parrotia* C. A. Meyer
54	狼尾草属	*Pennisetum* Rich.
55	鳄梨	*Persea* americana Mill.
56	蝴蝶兰属	*Phalaenopsis* Blume
57	山梅花属	*Philadelphus* L.
58	余甘子	*Phyllanthus* emblica L.
59	风箱果属	*Physocarpus* （Cambess.）Raf.
60	马醉木属	*Pieris* D. Don
61	草地早熟禾	*Poa pratensis* L.
62	黄精属	*Polygonatum* Mill.
63	马齿苋属	*Portulaca* L.
64	报春花属	*Primula* L.
65	报春苣苔属	*Primulina* Hance
66	白辛树属	*Pterostyrax* Siebold &. Zucc.
67	棕竹属	*Rhapis* L. f. ex Aiton
68	茶藨子属	*Ribes* L.
69	鼠尾草属	*Salvia* L.
70	无忧花属	*Saraca* L
71	黄芩属	*Scutellaria* L.
72	景天属	*Sedum* L.
73	白鹤芋属	*Spathiphyllum* Schott
74	安息香属	*Styrax* L.
75	车轴草属	*Trifolium* L.
76	雷公藤	*Tripterygium wilfordii* Hook. f.
77	万代兰属	*Vanda* Jones ex R. Br.
78	结缕草属	*Zoysia* Willd.

中华人民共和国植物新品种保护名录（林草部分）（第八批）

（2021 年 11 月 5 日国家林业和草原局 2021 年第 21 号）

序号	种或者属名	学　名
1	漆树属	*Toxicodendron* Mill.
2	黄檀属	*Dalbergia* L. f.
3	猕猴桃属	*Actinidia* Lindl.
4	芦竹属	*Arundo* L.
5	黄耆属	*Astragalus* L.
6	苍术	*Atractylodes lancea*（Thunb.）DC.
7	木蓝属	*Indigofera* L.
8	独蒜兰属	*Pleione* D. Don
9	虎耳草属	*Saxifraga* L.

中华人民共和国植物新品种保护名录（林草部分）（第九批）

（2024 年 1 月 2 日国家林业和草原局 2024 年第 1 号）

序号	种或者属名	学　名
1	山姜属	*Alpinia* Roxb.
2	罗布麻属	*Apocynum* L.
3	沉香属	*Aquilaria* Lam.
4	槟榔属	*Areca* L.
5	木奶果属	*Baccaurea* Lour.
6	白及属	*Bletilla* Rchb. f.
7	橄榄属	*Canarium* L.
8	美人蕉属	*Canna* L.
9	龙血树属	*Dracaena* Vand. ex L.
10	野鸦椿属	*Euscaphis* Siebold & Zucc.
11	贝母属	*Fritillaria* L.
12	甘草属	*Glycyrrhiza* L.
13	伽蓝菜属	*Kalanchoe* Adans.
14	柯属	*Lithocarpus* Blume
15	木犀榄属	*Olea* L.
16	桔梗属	*Platycodon* A. DC.
17	地黄属	*Rehmannia* Libosch. ex Fisch. & C. A. Mey.
18	盐麸木属	*Rhus* L.
19	大岩桐属	*Sinningia* Nees
20	山香圆属	*Turpinia* Vent.

附录二 常用法律规范及司法解释

1. 中华人民共和国种子法

（2000 年 7 月 8 日第九届全国人民代表大会常务委员会第十六次会议通过，根据 2004 年 8 月 28 日第十届全国人民代表大会常务委员会第十一次会议《关于修改〈中华人民共和国种子法〉的决定》第一次修正，根据 2013 年 6 月 29 日第十二届全国人民代表大会常务委员会第三次会议《关于修改〈中华人民共和国文物保护法〉等十二部法律的决定》第二次修正，2015 年 11 月 4 日第十二届全国人民代表大会常务委员会第十七次会议修订，根据 2021 年 12 月 24 日第十三届全国人民代表大会常务委员会第三十二次会议《关于修改〈中华人民共和国种子法〉的决定》第三次修正）

第一章 总 则

第一条 为了保护和合理利用种质资源，规范品种选育、种子生产经营和管理行为，加强种业科学技术研究，鼓励育种创新，保护植物新品种权，维护种子生产经营者、使用者的合法权益，提高种子质量，发展现代种业，保障国家粮食安全，促进农业和林业的发展，制定本法。

第二条 在中华人民共和国境内从事品种选育、种子生产经营和管理等活动，适用本法。

本法所称种子，是指农作物和林木的种植材料或者繁殖材料，包括籽粒、果实、根、茎、苗、芽、叶、花等。

第三条 国务院农业农村、林业草原主管部门分别主管全国农作物种子和林木种子工作；县级以上地方人民政府农业农村、林业草原主管部门分别主管本行政区域内农作物种子和林木种子工作。

各级人民政府及其有关部门应当采取措施，加强种子执法和监督，依法惩处侵害农民权益的种子违法行为。

第四条 国家扶持种质资源保护工作和选育、生产、更新、推广使用良种，鼓励品种选育和种子生产经营相结合，奖励在种质资源保护工作和良种选育、推广等工作中成绩显著的单位和个人。

第五条　省级以上人民政府应当根据科教兴农方针和农业、林业发展的需要制定种业发展规划并组织实施。

第六条　省级以上人民政府建立种子储备制度，主要用于发生灾害时的生产需要及余缺调剂，保障农业和林业生产安全。对储备的种子应当定期检验和更新。种子储备的具体办法由国务院规定。

第七条　转基因植物品种的选育、试验、审定和推广应当进行安全性评价，并采取严格的安全控制措施。国务院农业农村、林业草原主管部门应当加强跟踪监管并及时公告有关转基因植物品种审定和推广的信息。具体办法由国务院规定。

第二章　种质资源保护

第八条　国家依法保护种质资源，任何单位和个人不得侵占和破坏种质资源。

禁止采集或者采伐国家重点保护的天然种质资源。因科研等特殊情况需要采集或者采伐的，应当经国务院或者省、自治区、直辖市人民政府的农业农村、林业草原主管部门批准。

第九条　国家有计划地普查、收集、整理、鉴定、登记、保存、交流和利用种质资源，重点收集珍稀、濒危、特有资源和特色地方品种，定期公布可供利用的种质资源目录。具体办法由国务院农业农村、林业草原主管部门规定。

第十条　国务院农业农村、林业草原主管部门应当建立种质资源库、种质资源保护区或者种质资源保护地。省、自治区、直辖市人民政府农业农村、林业草原主管部门可以根据需要建立种质资源库、种质资源保护区、种质资源保护地。种质资源库、种质资源保护区、种质资源保护地的种质资源属公共资源，依法开放利用。

占用种质资源库、种质资源保护区或者种质资源保护地的，需经原设立机关同意。

第十一条　国家对种质资源享有主权。任何单位和个人向境外提供种质资源，或者与境外机构、个人开展合作研究利用种质资源的，应当报国务院农业农村、林业草原主管部门批准，并同时提交国家共享惠益的方案。国务院农业农村、林业草原主管部门可以委托省、自治区、直辖市人民政府农业农村、林业草原主管部门接收申请材料。国务院农业农村、林业草原主管部门应当将批准情况通报国务院生态环境主管部门。

从境外引进种质资源的，依照国务院农业农村、林业草原主管部门的有关规定办理。

第三章 品种选育、审定与登记

第十二条 国家支持科研院所及高等院校重点开展育种的基础性、前沿性和应用技术研究以及生物育种技术研究，支持常规作物、主要造林树种育种和无性繁殖材料选育等公益性研究。

国家鼓励种子企业充分利用公益性研究成果，培育具有自主知识产权的优良品种；鼓励种子企业与科研院所及高等院校构建技术研发平台，开展主要粮食作物、重要经济作物育种攻关，建立以市场为导向、利益共享、风险共担的产学研相结合的种业技术创新体系。

国家加强种业科技创新能力建设，促进种业科技成果转化，维护种业科技人员的合法权益。

第十三条 由财政资金支持形成的育种发明专利权和植物新品种权，除涉及国家安全、国家利益和重大社会公共利益的外，授权项目承担者依法取得。

由财政资金支持为主形成的育种成果的转让、许可等应当依法公开进行，禁止私自交易。

第十四条 单位和个人因林业草原主管部门为选育林木良种建立测定林、试验林、优树收集区、基因库等而减少经济收入的，批准建立的林业草原主管部门应当按照国家有关规定给予经济补偿。

第十五条 国家对主要农作物和主要林木实行品种审定制度。主要农作物品种和主要林木品种在推广前应当通过国家级或者省级审定。由省、自治区、直辖市人民政府林业草原主管部门确定的主要林木品种实行省级审定。

申请审定的品种应当符合特异性、一致性、稳定性要求。

主要农作物品种和主要林木品种的审定办法由国务院农业农村、林业草原主管部门规定。审定办法应当体现公正、公开、科学、效率的原则，有利于产量、品质、抗性等的提高与协调，有利于适应市场和生活消费需要的品种的推广。在制定、修改审定办法时，应当充分听取育种者、种子使用者、生产经营者和相关行业代表意见。

第十六条 国务院和省、自治区、直辖市人民政府的农业农村、林业草原主管部门分别设立由专业人员组成的农作物品种和林木品种审定委员会。品种审定委员会承担主要农作物品种和主要林木品种的审定工作，建立包括申请文件、品种审定试验数据、种子样品、审定意见和审定结论等内容的审定档案，保证可追溯。在审定通过的品种依法公布的相关信息中应当包括审定意见情况，接受监督。

品种审定实行回避制度。品种审定委员会委员、工作人员及相关测试、试验人员应当忠于职守，公正廉洁。对单位和个人举报或者监督检查发现的上述人员的违法行为，省级以上人民政府农业农村、林业草原主管部门和有关机关应当及时依法处理。

第十七条　实行选育生产经营相结合，符合国务院农业农村、林业草原主管部门规定条件的种子企业，对其自主研发的主要农作物品种、主要林木品种可以按照审定办法自行完成试验，达到审定标准的，品种审定委员会应当颁发审定证书。种子企业对试验数据的真实性负责，保证可追溯，接受省级以上人民政府农业农村、林业草原主管部门和社会的监督。

第十八条　审定未通过的农作物品种和林木品种，申请人有异议的，可以向原审定委员会或者国家级审定委员会申请复审。

第十九条　通过国家级审定的农作物品种和林木良种由国务院农业农村、林业草原主管部门公告，可以在全国适宜的生态区域推广。通过省级审定的农作物品种和林木良种由省、自治区、直辖市人民政府农业农村、林业草原主管部门公告，可以在本行政区域内适宜的生态区域推广；其他省、自治区、直辖市属于同一适宜生态区的地域引种农作物品种、林木良种的，引种者应当将引种的品种和区域报所在省、自治区、直辖市人民政府农业农村、林业草原主管部门备案。

引种本地区没有自然分布的林木品种，应当按照国家引种标准通过试验。

第二十条　省、自治区、直辖市人民政府农业农村、林业草原主管部门应当完善品种选育、审定工作的区域协作机制，促进优良品种的选育和推广。

第二十一条　审定通过的农作物品种和林木良种出现不可克服的严重缺陷等情形不宜继续推广、销售的，经原审定委员会审核确认后，撤销审定，由原公告部门发布公告，停止推广、销售。

第二十二条　国家对部分非主要农作物实行品种登记制度。列入非主要农作物登记目录的品种在推广前应当登记。

实行品种登记的农作物范围应当严格控制，并根据保护生物多样性、保证消费安全和用种安全的原则确定。登记目录由国务院农业农村主管部门制定和调整。

申请者申请品种登记应当向省、自治区、直辖市人民政府农业农村主管部门提交申请文件和种子样品，并对其真实性负责，保证可追溯，接受监督检查。申请文件包括品种的种类、名称、来源、特性、育种过程以及特异性、一致性、稳定性测试报告等。

省、自治区、直辖市人民政府农业农村主管部门自受理品种登记申请之日起二十个工作日内，对申请者提交的申请文件进行书面审查，符合要求的，报国务院农业农村主管部门予以登记公告。

对已登记品种存在申请文件、种子样品不实的，由国务院农业农村主管部门撤销该品种登记，并将该申请者的违法信息记入社会诚信档案，向社会公布；给种子使用者和其他种子生产经营者造成损失的，依法承担赔偿责任。

对已登记品种出现不可克服的严重缺陷等情形的，由国务院农业农村主管部门撤销登记，并发布公告，停止推广。

非主要农作物品种登记办法由国务院农业农村主管部门规定。

第二十三条 应当审定的农作物品种未经审定的，不得发布广告、推广、销售。

应当审定的林木品种未经审定通过的，不得作为良种推广、销售，但生产确需使用的，应当经林木品种审定委员会认定。

应当登记的农作物品种未经登记的，不得发布广告、推广，不得以登记品种的名义销售。

第二十四条 在中国境内没有经常居所或者营业场所的境外机构、个人在境内申请品种审定或者登记的，应当委托具有法人资格的境内种子企业代理。

第四章 新品种保护

第二十五条 国家实行植物新品种保护制度。对国家植物品种保护名录内经过人工选育或者发现的野生植物加以改良，具备新颖性、特异性、一致性、稳定性和适当命名的植物品种，由国务院农业农村、林业草原主管部门授予植物新品种权，保护植物新品种权所有人的合法权益。植物新品种权的内容和归属、授予条件、申请和受理、审查与批准，以及期限、终止和无效等依照本法、有关法律和行政法规规定执行。

国家鼓励和支持种业科技创新、植物新品种培育及成果转化。取得植物新品种权的品种得到推广应用的，育种者依法获得相应的经济利益。

第二十六条 一个植物新品种只能授予一项植物新品种权。两个以上的申请人分别就同一个品种申请植物新品种权的,植物新品种权授予最先申请的人;同时申请的,植物新品种权授予最先完成该品种育种的人。

对违反法律,危害社会公共利益、生态环境的植物新品种,不授予植物新品种权。

第二十七条 授予植物新品种权的植物新品种名称,应当与相同或者相近的植物属或者种中已知品种的名称相区别。该名称经授权后即为该植物新品种的通用名称。

下列名称不得用于授权品种的命名:

(一)仅以数字表示的;

(二)违反社会公德的;

(三)对植物新品种的特征、特性或者育种者身份等容易引起误解的。

同一植物品种在申请新品种保护、品种审定、品种登记、推广、销售时只能使用同一个名称。生产推广、销售的种子应当与申请植物新品种保护、品种审定、品种登记时提供的样品相符。

第二十八条 植物新品种权所有人对其授权品种享有排他的独占权。植物新品种权所有人可以将植物新品种权许可他人实施,并按照合同约定收取许可使用费;许可使用费可以采取固定价款、从推广收益中提成等方式收取。

任何单位或者个人未经植物新品种权所有人许可,不得生产、繁殖和为繁殖而进行处理、许诺销售、销售、进口、出口以及为实施上述行为储存该授权品种的繁殖材料,不得为商业目的将该授权品种的繁殖材料重复使用于生产另一品种的繁殖材料。本法、有关法律、行政法规另有规定的除外。

实施前款规定的行为,涉及由未经许可使用授权品种的繁殖材料而获得的收获材料的,应当得到植物新品种权所有人的许可;但是,植物新品种权所有人对繁殖材料已有合理机会行使其权利的除外。

对实质性派生品种实施第二款、第三款规定行为的,应当征得原始品种的植物新品种权所有人的同意。

实质性派生品种制度的实施步骤和办法由国务院规定。

第二十九条 在下列情况下使用授权品种的,可以不经植物新品种权所有人许可,不向其支付使用费,但不得侵犯植物新品种权所有人依照本法、有关法律、行政法规享有的其他权利:

(一)利用授权品种进行育种及其他科研活动;

(二)农民自繁自用授权品种的繁殖材料。

第三十条　为了国家利益或者社会公共利益，国务院农业农村、林业草原主管部门可以作出实施植物新品种权强制许可的决定，并予以登记和公告。

取得实施强制许可的单位或者个人不享有独占的实施权，并且无权允许他人实施。

第五章　种子生产经营

第三十一条　从事种子进出口业务的种子生产经营许可证，由国务院农业农村、林业草原主管部门核发。国务院农业农村、林业草原主管部门可以委托省、自治区、直辖市人民政府农业农村、林业草原主管部门接收申请材料。

从事主要农作物杂交种子及其亲本种子、林木良种繁殖材料生产经营的，以及符合国务院农业农村主管部门规定条件的实行选育生产经营相结合的农作物种子企业的种子生产经营许可证，由省、自治区、直辖市人民政府农业农村、林业草原主管部门核发。

前两款规定以外的其他种子的生产经营许可证，由生产经营者所在地县级以上地方人民政府农业农村、林业草原主管部门核发。

只从事非主要农作物种子和非主要林木种子生产的，不需要办理种子生产经营许可证。

第三十二条　申请取得种子生产经营许可证的，应当具有与种子生产经营相适应的生产经营设施、设备及专业技术人员，以及法规和国务院农业农村、林业草原主管部门规定的其他条件。

从事种子生产的，还应当同时具有繁殖种子的隔离和培育条件，具有无检疫性有害生物的种子生产地点或者县级以上人民政府林业草原主管部门确定的采种林。

申请领取具有植物新品种权的种子生产经营许可证的，应当征得植物新品种权所有人的书面同意。

第三十三条　种子生产经营许可证应当载明生产经营者名称、地址、法定代表人、生产种子的品种、地点和种子经营的范围、有效期限、有效区域等事项。

前款事项发生变更的，应当自变更之日起三十日内，向原核发许可证机关申请变更登记。

除本法另有规定外，禁止任何单位和个人无种子生产经营许可证或者违反种子生产经营许可证的规定生产、经营种子。禁止伪造、变造、买卖、租借种子生产经营许可证。

第三十四条 种子生产应当执行种子生产技术规程和种子检验、检疫规程，保证种子符合净度、纯度、发芽率等质量要求和检疫要求。

县级以上人民政府农业农村、林业草原主管部门应当指导、支持种子生产经营者采用先进的种子生产技术，改进生产工艺，提高种子质量。

第三十五条 在林木种子生产基地内采集种子的，由种子生产基地的经营者组织进行，采集种子应当按照国家有关标准进行。

禁止抢采掠青、损坏母树，禁止在劣质林内、劣质母树上采集种子。

第三十六条 种子生产经营者应当建立和保存包括种子来源、产地、数量、质量、销售去向、销售日期和有关责任人员等内容的生产经营档案，保证可追溯。种子生产经营档案的具体载明事项，种子生产经营档案及种子样品的保存期限由国务院农业农村、林业草原主管部门规定。

第三十七条 农民个人自繁自用的常规种子有剩余的，可以在当地集贸市场上出售、串换，不需要办理种子生产经营许可证。

第三十八条 种子生产经营许可证的有效区域由发证机关在其管辖范围内确定。种子生产经营者在种子生产经营许可证载明的有效区域设立分支机构的，专门经营不再分装的包装种子的，或者受具有种子生产经营许可证的种子生产经营者以书面委托生产、代销其种子的，不需要办理种子生产经营许可证，但应当向当地农业农村、林业草原主管部门备案。

实行选育生产经营相结合，符合国务院农业农村、林业草原主管部门规定条件的种子企业的生产经营许可证的有效区域为全国。

第三十九条 销售的种子应当加工、分级、包装。但是不能加工、包装的除外。

大包装或者进口种子可以分装；实行分装的，应当标注分装单位，并对种子质量负责。

第四十条 销售的种子应当符合国家或者行业标准，附有标签和使用说明。标签和使用说明标注的内容应当与销售的种子相符。种子生产经营者对标注内容的真实性和种子质量负责。

标签应当标注种子类别、品种名称、品种审定或者登记编号、品种适宜种植区域及季节、生产经营者及注册地、质量指标、检疫证明编号、种子生产经营许可证编号和信息代码，以及国务院农业农村、林业草原主管部门规定的其他事项。

销售授权品种种子的，应当标注品种权号。

销售进口种子的，应当附有进口审批文号和中文标签。

销售转基因植物品种种子的，必须用明显的文字标注，并应当提示使用时的安全控制措施。

种子生产经营者应当遵守有关法律、法规的规定，诚实守信，向种子使用者提供种子生产者信息、种的主要性状、主要栽培措施、适应性等使用条件的说明、风险提示与有关咨询服务，不得作虚假或者引人误解的宣传。

任何单位和个人不得非法干预种子生产经营者的生产经营自主权。

第四十一条　种子广告的内容应当符合本法和有关广告的法律、法规的规定，主要性状描述等应当与审定、登记公告一致。

第四十二条　运输或者邮寄种子应当依照有关法律、行政法规的规定进行检疫。

第四十三条　种子使用者有权按照自己的意愿购买种子，任何单位和个人不得非法干预。

第四十四条　国家对推广使用林木良种造林给予扶持。国家投资或者国家投资为主的造林项目和国有林业单位造林，应当根据林业草原主管部门制定的计划使用林木良种。

第四十五条　种子使用者因种子质量问题或者因种子的标签和使用说明标注的内容不真实，遭受损失的，种子使用者可以向出售种子的经营者要求赔偿，也可以向种子生产者或者其他经营者要求赔偿。赔偿额包括购种价款、可得利益损失和其他损失。属于种子生产者或者其他经营者责任的，出售种子的经营者赔偿后，有权向种子生产者或者其他经营者追偿；属于出售种子的经营者责任的，种子生产者或者其他经营者赔偿后，有权向出售种子的经营者追偿。

第六章　种子监督管理

第四十六条　农业农村、林业草原主管部门应当加强对种子质量的监督检查。种子质量管理办法、行业标准和检验方法，由国务院农业农村、林业草原主管部门制定。

农业农村、林业草原主管部门可以采用国家规定的快速检测方法对生产经营的种子品种进行检测，检测结果可以作为行政处罚依据。被检查人对检测结果有异议的，可以申请复检，复检不得采用同一检测方法。因检测结果错误给当事人造成损失的，依法承担赔偿责任。

第四十七条　农业农村、林业草原主管部门可以委托种子质量检验机构对种子质量进行检验。

承担种子质量检验的机构应当具备相应的检测条件、能力，并经省级以上人民政府有关主管部门考核合格。

种子质量检验机构应当配备种子检验员。种子检验员应当具有中专以上有关专业学历，具备相应的种子检验技术能力和水平。

第四十八条　禁止生产经营假、劣种子。农业农村、林业草原主管部门和有关部门依法打击生产经营假、劣种子的违法行为，保护农民合法权益，维护公平竞争的市场秩序。

下列种子为假种子：

（一）以非种子冒充种子或者以此种品种种子冒充其他品种种子的；

（二）种子种类、品种与标签标注的内容不符或者没有标签的。

下列种子为劣种子：

（一）质量低于国家规定标准的；

（二）质量低于标签标注指标的；

（三）带有国家规定的检疫性有害生物的。

第四十九条　农业农村、林业草原主管部门是种子行政执法机关。种子执法人员依法执行公务时应当出示行政执法证件。农业农村、林业草原主管部门依法履行种子监督检查职责时，有权采取下列措施：

（一）进入生产经营场所进行现场检查；

（二）对种子进行取样测试、试验或者检验；

（三）查阅、复制有关合同、票据、账簿、生产经营档案及其他有关资料；

（四）查封、扣押有证据证明违法生产经营的种子，以及用于违法生产经营的工具、设备及运输工具等；

（五）查封违法从事种子生产经营活动的场所。

农业农村、林业草原主管部门依照本法规定行使职权，当事人应当协助、配合，不得拒绝、阻挠。

农业农村、林业草原主管部门所属的综合执法机构或者受其委托的种子管理机构，可以开展种子执法相关工作。

第五十条　种子生产经营者依法自愿成立种子行业协会，加强行业自律管理，维护成员合法权益，为成员和行业发展提供信息交流、技术培训、信用建设、市场营销和咨询等服务。

第五十一条 种子生产经营者可自愿向具有资质的认证机构申请种子质量认证。经认证合格的，可以在包装上使用认证标识。

第五十二条 由于不可抗力原因，为生产需要必须使用低于国家或者地方规定标准的农作物种子的，应当经用种地县级以上地方人民政府批准。

第五十三条 从事品种选育和种子生产经营以及管理的单位和个人应当遵守有关植物检疫法律、行政法规的规定，防止植物危险性病、虫、杂草及其他有害生物的传播和蔓延。

禁止任何单位和个人在种子生产基地从事检疫性有害生物接种试验。

第五十四条 省级以上人民政府农业农村、林业草原主管部门应当在统一的政府信息发布平台上发布品种审定、品种登记、新品种保护、种子生产经营许可、监督管理等信息。

国务院农业农村、林业草原主管部门建立植物品种标准样品库，为种子监督管理提供依据。

第五十五条 农业农村、林业草原主管部门及其工作人员，不得参与和从事种子生产经营活动。

第七章　种子进出口和对外合作

第五十六条 进口种子和出口种子必须实施检疫，防止植物危险性病、虫、杂草及其他有害生物传入境内和传出境外，具体检疫工作按照有关植物进出境检疫法律、行政法规的规定执行。

第五十七条 从事种子进出口业务的，应当具备种子生产经营许可证；其中，从事农作物种子进出口业务的，还应当按照国家有关规定取得种子进出口许可。

从境外引进农作物、林木种子的审定权限，农作物种子的进口审批办法，引进转基因植物品种的管理办法，由国务院规定。

第五十八条 进口种子的质量，应当达到国家标准或者行业标准。没有国家标准或者行业标准的，可以按照合同约定的标准执行。

第五十九条 为境外制种进口种子的，可以不受本法第五十七条第一款的限制，但应当具有对外制种合同，进口的种子只能用于制种，其产品不得在境内销售。

从境外引进农作物或者林木试验用种，应当隔离栽培，收获物也不得作为种子销售。

第六十条　禁止进出口假、劣种子以及属于国家规定不得进出口的种子。

第六十一条　国家建立种业国家安全审查机制。境外机构、个人投资、并购境内种子企业，或者与境内科研院所、种子企业开展技术合作，从事品种研发、种子生产经营的审批管理依照有关法律、行政法规的规定执行。

第八章　扶持措施

第六十二条　国家加大对种业发展的支持。对品种选育、生产、示范推广、种质资源保护、种子储备以及制种大县给予扶持。

国家鼓励推广使用高效、安全制种采种技术和先进适用的制种采种机械，将先进适用的制种采种机械纳入农机具购置补贴范围。

国家积极引导社会资金投资种业。

第六十三条　国家加强种业公益性基础设施建设，保障育种科研设施用地合理需求。

对优势种子繁育基地内的耕地，划入永久基本农田。优势种子繁育基地由国务院农业农村主管部门商所在省、自治区、直辖市人民政府确定。

第六十四条　对从事农作物和林木品种选育、生产的种子企业，按照国家有关规定给予扶持。

第六十五条　国家鼓励和引导金融机构为种子生产经营和收储提供信贷支持。

第六十六条　国家支持保险机构开展种子生产保险。省级以上人民政府可以采取保险费补贴等措施，支持发展种业生产保险。

第六十七条　国家鼓励科研院所及高等院校与种子企业开展育种科技人员交流，支持本单位的科技人员到种子企业从事育种成果转化活动；鼓励育种科研人才创新创业。

第六十八条　国务院农业农村、林业草原主管部门和异地繁育种子所在地的省、自治区、直辖市人民政府应当加强对异地繁育种子工作的管理和协调，交通运输部门应当优先保证种子的运输。

第九章　法律责任

第六十九条　农业农村、林业草原主管部门不依法作出行政许可决定，发现违法行为或者接到对违法行为的举报不予查处，或者有其他未依照本法规定履行职责的行为的，由本级人民政府或者上级人民政府有关部门责令改正，对负有责任的主管人员和其他直接责任人员依法给予处分。

违反本法第五十五条规定，农业农村、林业草原主管部门工作人员从事种子生产经营活动的，依法给予处分。

第七十条 违反本法第十六条规定，品种审定委员会委员和工作人员不依法履行职责，弄虚作假、徇私舞弊的，依法给予处分；自处分决定作出之日起五年内不得从事品种审定工作。

第七十一条 品种测试、试验和种子质量检验机构伪造测试、试验、检验数据或者出具虚假证明的，由县级以上人民政府农业农村、林业草原主管部门责令改正，对单位处五万元以上十万元以下罚款，对直接负责的主管人员和其他直接责任人员处一万元以上五万元以下罚款；有违法所得的，并处没收违法所得；给种子使用者和其他种子生产经营者造成损失的，与种子生产经营者承担连带责任；情节严重的，由省级以上人民政府有关主管部门取消种子质量检验资格。

第七十二条 违反本法第二十八条规定，有侵犯植物新品种权行为的，由当事人协商解决，不愿协商或者协商不成的，植物新品种权所有人或者利害关系人可以请求县级以上人民政府农业农村、林业草原主管部门进行处理，也可以直接向人民法院提起诉讼。

县级以上人民政府农业农村、林业草原主管部门，根据当事人自愿的原则，对侵犯植物新品种权所造成的损害赔偿可以进行调解。调解达成协议的，当事人应当履行；当事人不履行协议或者调解未达成协议的，植物新品种权所有人或者利害关系人可以依法向人民法院提起诉讼。

侵犯植物新品种权的赔偿数额按照权利人因被侵权所受到的实际损失确定；实际损失难以确定的，可以按照侵权人因侵权所获得的利益确定。权利人的损失或者侵权人获得的利益难以确定的，可以参照该植物新品种权许可使用费的倍数合理确定。故意侵犯植物新品种权，情节严重的，可以在按照上述方法确定数额的一倍以上五倍以下确定赔偿数额。

权利人的损失、侵权人获得的利益和植物新品种权许可使用费均难以确定的，人民法院可以根据植物新品种权的类型、侵权行为的性质和情节等因素，确定给予五百万元以下的赔偿。

赔偿数额应当包括权利人为制止侵权行为所支付的合理开支。

县级以上人民政府农业农村、林业草原主管部门处理侵犯植物新品种权案件时，为了维护社会公共利益，责令侵权人停止侵权行为，没收违法所得和种子；货值金额不足五万元的，并处一万元以上二十五万元以下罚款；货值金额五万元以上的，并处货值金额五倍以上十倍以下罚款。

假冒授权品种的，由县级以上人民政府农业农村、林业草原主管部门责令停止假冒行为，没收违法所得和种子；货值金额不足五万元的，并处一万元以上二十五万元以下罚款；货值金额五万元以上的，并处货值金额五倍以上十倍以下罚款。

第七十三条　当事人就植物新品种的申请权和植物新品种权的权属发生争议的，可以向人民法院提起诉讼。

第七十四条　违反本法第四十八条规定，生产经营假种子的，由县级以上人民政府农业农村、林业草原主管部门责令停止生产经营，没收违法所得和种子，吊销种子生产经营许可证；违法生产经营的货值金额不足二万元的，并处二万元以上二十万元以下罚款；货值金额二万元以上的，并处货值金额十倍以上二十倍以下罚款。

因生产经营假种子犯罪被判处有期徒刑以上刑罚的，种子企业或者其他单位的法定代表人、直接负责的主管人员自刑罚执行完毕之日起五年内不得担任种子企业的法定代表人、高级管理人员。

第七十五条　违反本法第四十八条规定，生产经营劣种子的，由县级以上人民政府农业农村、林业草原主管部门责令停止生产经营，没收违法所得和种子；违法生产经营的货值金额不足二万元的，并处一万元以上十万元以下罚款；货值金额二万元以上的，并处货值金额五倍以上十倍以下罚款；情节严重的，吊销种子生产经营许可证。

因生产经营劣种子犯罪被判处有期徒刑以上刑罚的，种子企业或者其他单位的法定代表人、直接负责的主管人员自刑罚执行完毕之日起五年内不得担任种子企业的法定代表人、高级管理人员。

第七十六条　违反本法第三十二条、第三十三条、第三十四条规定，有下列行为之一的，由县级以上人民政府农业农村、林业草原主管部门责令改正，没收违法所得和种子；违法生产经营的货值金额不足一万元的，并处三千元以上三万元以下罚款；货值金额一万元以上的，并处货值金额三倍以上五倍以下罚款；可以吊销种子生产经营许可证：

（一）未取得种子生产经营许可证生产经营种子的；

（二）以欺骗、贿赂等不正当手段取得种子生产经营许可证的；

（三）未按照种子生产经营许可证的规定生产经营种子的；

（四）伪造、变造、买卖、租借种子生产经营许可证的；

（五）不再具有繁殖种子的隔离和培育条件，或者不再具有无检疫性有害生物的种子生产地点或者县级以上人民政府林业草原主管部门确定的采种林，继续从事种子生产的；

（六）未执行种子检验、检疫规程生产种子的。

被吊销种子生产经营许可证的单位，其法定代表人、直接负责的主管人员自处罚决定作出之日起五年内不得担任种子企业的法定代表人、高级管理人员。

第七十七条　违反本法第二十一条、第二十二条、第二十三条规定，有下列行为之一的，由县级以上人民政府农业农村、林业草原主管部门责令停止违法行为，没收违法所得和种子，并处二万元以上二十万元以下罚款：

（一）对应当审定未经审定的农作物品种进行推广、销售的；

（二）作为良种推广、销售应当审定未经审定的林木品种的；

（三）推广、销售应当停止推广、销售的农作物品种或者林木良种的；

（四）对应当登记未经登记的农作物品种进行推广，或者以登记品种的名义进行销售的；

（五）对已撤销登记的农作物品种进行推广，或者以登记品种的名义进行销售的。

违反本法第二十三条、第四十一条规定，对应当审定未经审定或者应当登记未经登记的农作物品种发布广告，或者广告中有关品种的主要性状描述的内容与审定、登记公告不一致的，依照《中华人民共和国广告法》的有关规定追究法律责任。

第七十八条　违反本法第五十七条、第五十九条、第六十条规定，有下列行为之一的，由县级以上人民政府农业农村、林业草原主管部门责令改正，没收违法所得和种子；违法生产经营的货值金额不足一万元的，并处三千元以上三万元以下罚款；货值金额一万元以上的，并处货值金额三倍以上五倍以下罚款；情节严重的，吊销种子生产经营许可证：

（一）未经许可进出口种子的；

（二）为境外制种的种子在境内销售的；

（三）从境外引进农作物或者林木种子进行引种试验的收获物作为种子在境内销售的；

（四）进出口假、劣种子或者属于国家规定不得进出口的种子的。

第七十九条　违反本法第三十六条、第三十八条、第三十九条、第四十条规定，有下列行为之一的，由县级以上人民政府农业农村、林业草原主管部门责令改正，处二千元以上二万元以下罚款：

（一）销售的种子应当包装而没有包装的；

（二）销售的种子没有使用说明或者标签内容不符合规定的；

（三）涂改标签的；

（四）未按规定建立、保存种子生产经营档案的；

（五）种子生产经营者在异地设立分支机构、专门经营不再分装的包装种子或者受委托生产、代销种子，未按规定备案的。

第八十条　违反本法第八条规定，侵占、破坏种质资源，私自采集或者采伐国家重点保护的天然种质资源的，由县级以上人民政府农业农村、林业草原主管部门责令停止违法行为，没收种质资源和违法所得，并处五千元以上五万元以下罚款；造成损失的，依法承担赔偿责任。

第八十一条　违反本法第十一条规定，向境外提供或者从境外引进种质资源，或者与境外机构、个人开展合作研究利用种质资源的，由国务院或者省、自治区、直辖市人民政府的农业农村、林业草原主管部门没收种质资源和违法所得，并处二万元以上二十万元以下罚款。

未取得农业农村、林业草原主管部门的批准文件携带、运输种质资源出境的，海关应当将该种质资源扣留，并移送省、自治区、直辖市人民政府农业农村、林业草原主管部门处理。

第八十二条　违反本法第三十五条规定，抢采掠青、损坏母树或者在劣质林内、劣质母树上采种的，由县级以上人民政府林业草原主管部门责令停止采种行为，没收所采种子，并处所采种子货值金额二倍以上五倍以下罚款。

第八十三条　违反本法第十七条规定，种子企业有造假行为的，由省级以上人民政府农业农村、林业草原主管部门处一百万元以上五百万元以下罚款；不得再依照本法第十七条的规定申请品种审定；给种子使用者和其他种子生产经营者造成损失的，依法承担赔偿责任。

第八十四条　违反本法第四十四条规定，未根据林业草原主管部门制定的计划使用林木良种的，由同级人民政府林业草原主管部门责令限期改正；逾期未改正的，处三千元以上三万元以下罚款。

第八十五条　违反本法第五十三条规定，在种子生产基地进行检疫性有害生物接种试验的，由县级以上人民政府农业农村、林业草原主管部门责令停止试验，处五千元以上五万元以下罚款。

第八十六条　违反本法第四十九条规定，拒绝、阻挠农业农村、林业草原主管部门依法实施监督检查的，处二千元以上五万元以下罚款，可以责令停产停业整顿；构成违反治安管理行为的，由公安机关依法给予治安管理处罚。

第八十七条 违反本法第十三条规定，私自交易育种成果，给本单位造成经济损失的，依法承担赔偿责任。

第八十八条 违反本法第四十三条规定，强迫种子使用者违背自己的意愿购买、使用种子，给使用者造成损失的，应当承担赔偿责任。

第八十九条 违反本法规定，构成犯罪的，依法追究刑事责任。

第十章 附　则

第九十条 本法下列用语的含义是：

（一）种质资源是指选育植物新品种的基础材料，包括各种植物的栽培种、野生种的繁殖材料以及利用上述繁殖材料人工创造的各种植物的遗传材料。

（二）品种是指经过人工选育或者发现并经过改良，形态特征和生物学特性一致，遗传性状相对稳定的植物群体。

（三）主要农作物是指稻、小麦、玉米、棉花、大豆。

（四）主要林木由国务院林业草原主管部门确定并公布；省、自治区、直辖市人民政府林业草原主管部门可以在国务院林业草原主管部门确定的主要林木之外确定其他八种以下的主要林木。

（五）林木良种是指通过审定的主要林木品种，在一定的区域内，其产量、适应性、抗性等方面明显优于当前主栽材料的繁殖材料和种植材料。

（六）新颖性是指申请植物新品种权的品种在申请日前，经申请权人自行或者同意销售、推广其种子，在中国境内未超过一年；在境外，木本或者藤本植物未超过六年，其他植物未超过四年。

本法施行后新列入国家植物品种保护名录的植物的属或者种，从名录公布之日起一年内提出植物新品种权申请的，在境内销售、推广该品种种子未超过四年的，具备新颖性。

除销售、推广行为丧失新颖性外，下列情形视为已丧失新颖性：

1. 品种经省、自治区、直辖市人民政府农业农村、林业草原主管部门依据播种面积确认已经形成事实扩散的；

2. 农作物品种已审定或者登记两年以上未申请植物新品种权的。

（七）特异性是指一个植物品种有一个以上性状明显区别于已知品种。

（八）一致性是指一个植物品种的特性除可预期的自然变异外，群体内个体间相关的特征或者特性表现一致。

（九）稳定性是指一个植物品种经过反复繁殖后或者在特定繁殖周期结束时，其主要性状保持不变。

（十）实质性派生品种是指由原始品种实质性派生，或者由该原始品种的实质性派生品种派生出来的品种，与原始品种有明显区别，并且除派生引起的性状差异外，在表达由原始品种基因型或者基因型组合产生的基本性状方面与原始品种相同。

（十一）已知品种是指已受理申请或者已通过品种审定、品种登记、新品种保护，或者已经销售、推广的植物品种。

（十二）标签是指印制、粘贴、固定或者附着在种子、种子包装物表面的特定图案及文字说明。

第九十一条　国家加强中药材种质资源保护，支持开展中药材育种科学技术研究。

草种、烟草种、中药材种、食用菌菌种的种质资源管理和选育、生产经营、管理等活动，参照本法执行。

第九十二条　本法自 2016 年 1 月 1 日起施行。

2. 中华人民共和国进出境动植物检疫法

（1991 年 10 月 30 日第七届全国人民代表大会常务委员会第二十二次会议通过，1991 年 10 月 30 日中华人民共和国主席令第五十三号公布，自 1992 年 4 月 1 日起施行）

第一章　总　　则

第一条　为防止动物传染病、寄生虫病和植物危险性病、虫、杂草以及其他有害生物（以下简称病虫害）传入、传出国境，保护农、林、牧、渔业生产和人体健康，促进对外经济贸易的发展，制定本法。

第二条　进出境的动植物、动植物产品和其他检疫物，装载动植物、动植物产品和其他检疫物的装载容器、包装物，以及来自动植物疫区的运输工具，依照本法规定实施检疫。

第三条　国务院设立动植物检疫机关（以下简称国家动植物检疫机关），统一管理全国进出境动植物检疫工作。国家动植物检疫机关在对外开放的口岸和进出境动植物检疫业务集中的地点设立的口岸动植物检疫机关，依照本法规定实施进出境动植物检疫。

贸易性动物产品出境的检疫机关，由国务院根据情况规定。

国务院农业行政主管部门主管全国进出境动植物检疫工作。

第四条　口岸动植物检疫机关在实施检疫时可以行使下列职权：

（一）依照本法规定登船、登车、登机实施检疫；

（二）进入港口、机场、车站、邮局以及检疫物的存放、加工、养殖、种植场所实施检疫，并依照规定采样；

（三）根据检疫需要，进入有关生产、仓库等场所，进行疫情监测、调查和检疫监督管理；

（四）查阅、复制、摘录与检疫物有关的运行日志、货运单、合同、发票及其他单证。

第五条　国家禁止下列各物进境：

（一）动植物病原体（包括菌种、毒种等）、害虫及其他有害生物；

（二）动植物疫情流行的国家和地区的有关动植物、动植物产品和其他检疫物；

（三）动物尸体；

（四）土壤。

口岸动植物检疫机关发现有前款规定的禁止进境物的，作退回或者销毁处理。

因科学研究等特殊需要引进本条第一款规定的禁止进境物的，必须事先提出申请，经国家动植物检疫机关批准。

本条第一款第二项规定的禁止进境物的名录，由国务院农业行政主管部门制定并公布。

第六条　国外发生重大动植物疫情并可能传入中国时，国务院应当采取紧急预防措施，必要时可以下令禁止来自动植物疫区的运输工具进境或者封锁有关口岸；受动植物疫情威胁地区的地方人民政府和有关口岸动植物检疫机关，应当立即采取紧急措施，同时向上级人民政府和国家动植物检疫机关报告。

邮电、运输部门对重大动植物疫情报告和送检材料应当优先传送。

第七条　国家动植物检疫机关和口岸动植物检疫机关对进出境动植物、动植物产品的生产、加工、存放过程，实行检疫监督制度。

第八条　口岸动植物检疫机关在港口、机场、车站、邮局执行检疫任务时，海关、交通、民航、铁路、邮电等有关部门应当配合。

第九条　动植物检疫机关检疫人员必须忠于职守，秉公执法。

动植物检疫机关检疫人员依法执行公务，任何单位和个人不得阻挠。

第二章　进境检疫

第十条　输入动物、动物产品、植物种子、种苗及其他繁殖材料的，必须事先提出申请，办理检疫审批手续。

第十一条　通过贸易、科技合作、交换、赠送、援助等方式输入动植物、动植物产品和其他检疫物的，应当在合同或者协议中订明中国法定的检疫要求，并订明必须附有输出国家或者地区政府动植物检疫机关出具的检疫证书。

第十二条　货主或者其代理人应当在动植物、动植物产品和其他检疫物进境前或者进境时持输出国家或者地区的检疫证书、贸易合同等单证，向进境口岸动植物检疫机关报检。

第十三条　装载动物的运输工具抵达口岸时，口岸动植物检疫机关应当采取现场预防措施，对上下运输工具或者接近动物的人员、装载动物的运输工具和被污染的场地作防疫消毒处理。

第十四条　输入动植物、动植物产品和其他检疫物，应当在进境口岸实施检疫。未经口岸动植物检疫机关同意，不得卸离运输工具。

输入动植物，需隔离检疫的，在口岸动植物检疫机关指定的隔离场所检疫。

因口岸条件限制等原因，可以由国家动植物检疫机关决定将动植物、动植物产品和其他检疫物运往指定地点检疫。在运输、装卸过程中，货主或者其代理人应当采取防疫措施。指定的存放、加工和隔离饲养或者隔离种植的场所，应当符合动植物检疫和防疫的规定。

第十五条　输入动植物、动植物产品和其他检疫物，经检疫合格的，准予进境；海关凭口岸动植物检疫机关签发的检疫单证或者在报关单上加盖的印章验放。

输入动植物、动植物产品和其他检疫物，需调离海关监管区检疫的，海关凭口岸动植物检疫机关签发的《检疫调离通知单》验放。

第十六条　输入动物，经检疫不合格的，由口岸动植物检疫机关签发《检疫处理通知单》，通知货主或者其代理人作如下处理：

（一）检出一类传染病、寄生虫病的动物，连同其同群动物全群退回或者全群扑杀并销毁尸体；

（二）检出二类传染病、寄生虫病的动物，退回或者扑杀，同群其他动物在隔离场或者其他指定地点隔离观察。

输入动物产品和其他检疫物经检疫不合格的，由口岸动植物检疫机关签发《检疫处理通知单》，通知货主或者其代理人作除害、退回或者销毁处理。经除害处理合格的，准予进境。

第十七条 输入植物、植物产品和其他检疫物，经检疫发现有植物危险性病、虫、杂草的，由口岸动植物检疫机关签发《检疫处理通知单》，通知货主或者其代理人作除害、退回或者销毁处理。经除害处理合格的，准予进境。

第十八条 本法第十六条第一款第一项、第二项所称一类、二类动物传染病、寄生虫病的名录和本法第十七条所称植物危险性病、虫、杂草的名录，由国务院农业行政主管部门制定并公布。

第十九条 输入动植物、动植物产品和其他检疫物，经检疫发现有本法第十八条规定的名录之外，对农、林、牧、渔业有严重危害的其他病虫害的，由口岸动植物检疫机关依照国务院农业行政主管部门的规定，通知货主或者其代理人作除害、退回或者销毁处理。经除害处理合格的，准予进境。

第三章　出境检疫

第二十条 货主或者其代理人在动植物、动植物产品和其他检疫物出境前，向口岸动植物检疫机关报检。

出境前需经隔离检疫的动物，在口岸动植物检疫机关指定的隔离场所检疫。

第二十一条 输出动植物、动植物产品和其他检疫物，由口岸动植物检疫机关实施检疫，经检疫合格或者经除害处理合格的，准予出境；海关凭口岸动植物检疫机关签发的检疫证书或者在报关单上加盖的印章验放。检疫不合格又无有效方法作除害处理的，不准出境。

第二十二条 经检疫合格的动植物、动植物产品和其他检疫物，有下列情形之一的，货主或者其代理人应当重新报检：

（一）更改输入国家或者地区，更改后的输入国家或者地区又有不同检疫要求的；

（二）改换包装或者原未拼装后来拼装的；

（三）超过检疫规定有效期限的。

第四章　过境检疫

第二十三条 要求运输动物过境的，必须事先商得中国国家动植物检疫机关同意，并按照指定的口岸和路线过境。

装载过境动物的运输工具、装载容器、饲料和铺垫材料，必须符合中国动植物检疫的规定。

第二十四条　运输动植物、动植物产品和其他检疫物过境的，由承运人或者押运人持货运单和输出国家或者地区政府动植物检疫机关出具的检疫证书，在进境时向口岸动植物检疫机关报检，出境口岸不再检疫。

第二十五条　过境的动物经检疫合格的，准予过境；发现有本法第十八条规定的名录所列的动物传染病、寄生虫病的，全群动物不准过境。

过境动物的饲料受病虫害污染的，作除害、不准过境或者销毁处理。

过境的动物的尸体、排泄物、铺垫材料及其他废弃物，必须按照动植物检疫机关的规定处理，不得擅自抛弃。

第二十六条　对过境植物、动植物产品和其他检疫物，口岸动植物检疫机关检查运输工具或者包装，经检疫合格的，准予过境；发现有本法第十八条规定的名录所列的病虫害的，作除害处理或者不准过境。

第二十七条　动植物、动植物产品和其他检疫物过境期间，未经动植物检疫机关批准，不得开拆包装或者卸离运输工具。

第五章　携带、邮寄物检疫

第二十八条　携带、邮寄植物种子、种苗及其他繁殖材料进境的，必须事先提出申请，办理检疫审批手续。

第二十九条　禁止携带、邮寄进境的动植物、动植物产品和其他检疫物的名录，由国务院农业行政主管部门制定并公布。

携带、邮寄前款规定的名录所列的动植物、动植物产品和其他检疫物进境的，作退回或者销毁处理。

第三十条　携带本法第二十九条规定的名录以外的动植物、动植物产品和其他检疫物进境的，在进境时向海关申报并接受口岸动植物检疫机关检疫。

携带动物进境的，必须持有输出国家或者地区的检疫证书等证件。

第三十一条　邮寄本法第二十九条规定的名录以外的动植物、动植物产品和其他检疫物进境的，由口岸动植物检疫机关在国际邮件互换局实施检疫，必要时可以取回口岸动植物检疫机关检疫；未经检疫不得运递。

第三十二条　邮寄进境的动植物、动植物产品和其他检疫物，经检疫或者除害处理合格后放行；经检疫不合格又无有效方法作除害处理的，作退回或者销毁处理,并签发《检疫处理通知单》。

第三十三条 携带、邮寄出境的动植物、动植物产品和其他检疫物,物主有检疫要求的,由口岸动植物检疫机关实施检疫。

第六章 运输工具检疫

第三十四条 来自动植物疫区的船舶、飞机、火车抵达口岸时,由口岸动植物检疫机关实施检疫。发现有本法第十八条规定的名录所列的病虫害的,作不准带离运输工具、除害、封存或者销毁处理。

第三十五条 进境的车辆,由口岸动植物检疫机关作防疫消毒处理。

第三十六条 进出境运输工具上的泔水、动植物性废弃物,依照口岸动植物检疫机关的规定处理,不得擅自抛弃。

第三十七条 装载出境的动植物、动植物产品和其他检疫物的运输工具,应当符合动植物检疫和防疫的规定。

第三十八条 进境供拆船用的废旧船舶,由口岸动植物检疫机关实施检疫,发现有本法第十八条规定的名录所列的病虫害的,作除害处理。

第七章 法律责任

第三十九条 违反本法规定,有下列行为之一的,由口岸动植物检疫机关处以罚款:

(一)未报检或者未依法办理检疫审批手续的;

(二)未经口岸动植物检疫机关许可擅自将进境动植物、动植物产品或者其他检疫物卸离运输工具或者运递的;

(三)擅自调离或者处理在口岸动植物检疫机关指定的隔离场所中隔离检疫的动植物的。

第四十条 报检的动植物、动植物产品或者其他检疫物与实际不符的,由口岸动植物检疫机关处以罚款;已取得检疫单证的,予以吊销。

第四十一条 违反本法规定,擅自开拆过境动植物、动植物产品或者其他检疫物的包装的,擅自将过境动植物、动植物产品或者其他检疫物卸离运输工具的,擅自抛弃过境动物的尸体、排泄物、铺垫材料或者其他废弃物的,由动植物检疫机关处以罚款。

第四十二条 违反本法规定,引起重大动植物疫情的,依照刑法有关规定追究刑事责任。

第四十三条 伪造、变造检疫单证、印章、标志、封识，依照刑法有关规定追究刑事责任。

第四十四条 当事人对动植物检疫机关的处罚决定不服的，可以在接到处罚通知之日起十五日内向作出处罚决定的机关的上一级机关申请复议；当事人也可以在接到处罚通知之日起十五日内直接向人民法院起诉。

复议机关应当在接到复议申请之日起六十日内作出复议决定。当事人对复议决定不服的，可以在接到复议决定之日起十五日内向人民法院起诉。复议机关逾期不作出复议决定的，当事人可以在复议期满之日起十五日内向人民法院起诉。

当事人逾期不申请复议也不向人民法院起诉、又不履行处罚决定的，作出处罚决定的机关可以申请人民法院强制执行。

第四十五条 动植物检疫机关检疫人员滥用职权，徇私舞弊，伪造检疫结果，或者玩忽职守，延误检疫出证，构成犯罪的，依法追究刑事责任；不构成犯罪的，给予行政处分。

第八章 附 则

第四十六条 本法下列用语的含义是：

（一）"动物"是指饲养、野生的活动物，如畜、禽、兽、蛇、龟、鱼、虾、蟹、贝、蚕、蜂等；

（二）"动物产品"是指来源于动物未经加工或者虽经加工但仍有可能传播疫病的产品，如生皮张、毛类、肉类、脏器、油脂、动物水产品、奶制品、蛋类、血液、精液、胚胎、骨、蹄、角等；

（三）"植物"是指栽培植物、野生植物及其种子、种苗及其他繁殖材料等；

（四）"植物产品"是指来源于植物未经加工或者虽经加工但仍有可能传播病虫害的产品，如粮食、豆、棉花、油、麻、烟草、籽仁、干果、鲜果、蔬菜、生药材、木材、饲料等；

（五）"其他检疫物"是指动物疫苗、血清、诊断液、动植物性废弃物等。

第四十七条 中华人民共和国缔结或者参加的有关动植物检疫的国际条约与本法有不同规定的，适用该国际条约的规定。但是，中华人民共和国声明保留的条款除外。

第四十八条 口岸动植物检疫机关实施检疫依照规定收费。收费办法由国务院农业行政主管部门会同国务院物价等有关主管部门制定。

第四十九条　国务院根据本法制定实施条例。

第五十条　本法自 1992 年 4 月 1 日起施行。1982 年 6 月 4 日国务院发布的《中华人民共和国进出口动植物检疫条例》同时废止。

3. 中华人民共和国反不正当竞争法

(1993 年 9 月 2 日第八届全国人民代表大会常务委员会第三次会议通过，2017 年 11 月 4 日第十二届全国人民代表大会常务委员会第三十次会议修订，根据 2019 年 4 月 23 日第十三届全国人民代表大会常务委员会第十次会议《关于修改〈中华人民共和国建筑法〉等八部法律的决定》修正)

第一章　总　　则

第一条　为了促进社会主义市场经济健康发展，鼓励和保护公平竞争，制止不正当竞争行为，保护经营者和消费者的合法权益，制定本法。

第二条　经营者在生产经营活动中，应当遵循自愿、平等、公平、诚信的原则，遵守法律和商业道德。

本法所称的不正当竞争行为，是指经营者在生产经营活动中，违反本法规定，扰乱市场竞争秩序，损害其他经营者或者消费者的合法权益的行为。

本法所称的经营者，是指从事商品生产、经营或者提供服务（以下所称商品包括服务）的自然人、法人和非法人组织。

第三条　各级人民政府应当采取措施，制止不正当竞争行为，为公平竞争创造良好的环境和条件。

国务院建立反不正当竞争工作协调机制，研究决定反不正当竞争重大政策，协调处理维护市场竞争秩序的重大问题。

第四条　县级以上人民政府履行工商行政管理职责的部门对不正当竞争行为进行查处；法律、行政法规规定由其他部门查处的，依照其规定。

第五条　国家鼓励、支持和保护一切组织和个人对不正当竞争行为进行社会监督。

国家机关及其工作人员不得支持、包庇不正当竞争行为。

行业组织应当加强行业自律，引导、规范会员依法竞争，维护市场竞争秩序。

第二章　不正当竞争行为

第六条　经营者不得实施下列混淆行为，引人误认为是他人商品或者与他人存在特定联系：

（一）擅自使用与他人有一定影响的商品名称、包装、装潢等相同或者近似的标识；

（二）擅自使用他人有一定影响的企业名称（包括简称、字号等）、社会组织名称（包括简称等）、姓名（包括笔名、艺名、译名等）；

（三）擅自使用他人有一定影响的域名主体部分、网站名称、网页等；

（四）其他足以引人误认为是他人商品或者与他人存在特定联系的混淆行为。

第七条　经营者不得采用财物或者其他手段贿赂下列单位或者个人，以谋取交易机会或者竞争优势：

（一）交易相对方的工作人员；

（二）受交易相对方委托办理相关事务的单位或者个人；

（三）利用职权或者影响力影响交易的单位或者个人。

经营者在交易活动中，可以以明示方式向交易相对方支付折扣，或者向中间人支付佣金。经营者向交易相对方支付折扣、向中间人支付佣金的，应当如实入账。接受折扣、佣金的经营者也应当如实入账。

经营者的工作人员进行贿赂的，应当认定为经营者的行为；但是，经营者有证据证明该工作人员的行为与为经营者谋取交易机会或者竞争优势无关的除外。

第八条　经营者不得对其商品的性能、功能、质量、销售状况、用户评价、曾获荣誉等作虚假或者引人误解的商业宣传，欺骗、误导消费者。

经营者不得通过组织虚假交易等方式，帮助其他经营者进行虚假或者引人误解的商业宣传。

第九条　经营者不得实施下列侵犯商业秘密的行为：

（一）以盗窃、贿赂、欺诈、胁迫、电子侵入或者其他不正当手段获取权利人的商业秘密；

（二）披露、使用或者允许他人使用以前项手段获取的权利人的商业秘密；

（三）违反保密义务或者违反权利人有关保守商业秘密的要求，披露、使用或者允许他人使用其所掌握的商业秘密；

（四）教唆、引诱、帮助他人违反保密义务或者违反权利人有关保守商业秘密的要求，获取、披露、使用或者允许他人使用权利人的商业秘密。

经营者以外的其他自然人、法人和非法人组织实施前款所列违法行为的，视为侵犯商业秘密。

第三人明知或者应知商业秘密权利人的员工、前员工或者其他单位、个人实施本条第一款所列违法行为，仍获取、披露、使用或者允许他人使用该商业秘密的，视为侵犯商业秘密。

本法所称的商业秘密，是指不为公众所知悉、具有商业价值并经权利人采取相应保密措施的技术信息、经营信息等商业信息。

第十条　经营者进行有奖销售不得存在下列情形：

（一）所设奖的种类、兑奖条件、奖金金额或者奖品等有奖销售信息不明确，影响兑奖；

（二）采用谎称有奖或者故意让内定人员中奖的欺骗方式进行有奖销售；

（三）抽奖式的有奖销售，最高奖的金额超过五万元。

第十一条　经营者不得编造、传播虚假信息或者误导性信息，损害竞争对手的商业信誉、商品声誉。

第十二条　经营者利用网络从事生产经营活动，应当遵守本法的各项规定。

经营者不得利用技术手段，通过影响用户选择或者其他方式，实施下列妨碍、破坏其他经营者合法提供的网络产品或者服务正常运行的行为：

（一）未经其他经营者同意，在其合法提供的网络产品或者服务中，插入链接、强制进行目标跳转；

（二）误导、欺骗、强迫用户修改、关闭、卸载其他经营者合法提供的网络产品或者服务；

（三）恶意对其他经营者合法提供的网络产品或者服务实施不兼容；

（四）其他妨碍、破坏其他经营者合法提供的网络产品或者服务正常运行的行为。

第三章　对涉嫌不正当竞争行为的调查

第十三条　监督检查部门调查涉嫌不正当竞争行为，可以采取下列措施：

（一）进入涉嫌不正当竞争行为的经营场所进行检查；

（二）询问被调查的经营者、利害关系人及其他有关单位、个人，要求其说明有关情况或者提供与被调查行为有关的其他资料；

（三）查询、复制与涉嫌不正当竞争行为有关的协议、账簿、单据、文件、记录、业务函电和其他资料；

（四）查封、扣押与涉嫌不正当竞争行为有关的财物；

（五）查询涉嫌不正当竞争行为的经营者的银行账户。

采取前款规定的措施，应当向监督检查部门主要负责人书面报告，并经批准。采取前款第四项、第五项规定的措施，应当向设区的市级以上人民政府监督检查部门主要负责人书面报告，并经批准。

监督检查部门调查涉嫌不正当竞争行为，应当遵守《中华人民共和国行政强制法》和其他有关法律、行政法规的规定，并应当将查处结果及时向社会公开。

第十四条　监督检查部门调查涉嫌不正当竞争行为，被调查的经营者、利害关系人及其他有关单位、个人应当如实提供有关资料或者情况。

第十五条　监督检查部门及其工作人员对调查过程中知悉的商业秘密负有保密义务。

第十六条　对涉嫌不正当竞争行为，任何单位和个人有权向监督检查部门举报，监督检查部门接到举报后应当依法及时处理。

监督检查部门应当向社会公开受理举报的电话、信箱或者电子邮件地址，并为举报人保密。对实名举报并提供相关事实和证据的，监督检查部门应当将处理结果告知举报人。

第四章　法律责任

第十七条　经营者违反本法规定，给他人造成损害的，应当依法承担民事责任。

经营者的合法权益受到不正当竞争行为损害的，可以向人民法院提起诉讼。

因不正当竞争行为受到损害的经营者的赔偿数额，按照其因被侵权所受到的实际损失确定；实际损失难以计算的，按照侵权人因侵权所获得的利益确定。经营者恶意实施侵犯商业秘密行为，情节严重的，可以在按照上述方法确定数额的一倍以上五倍以下确定赔偿数额。赔偿数额还应当包括经营者为制止侵权行为所支付的合理开支。

经营者违反本法第六条、第九条规定，权利人因被侵权所受到的实际损失、侵权人因侵权所获得的利益难以确定的，由人民法院根据侵权行为的情节判决给予权利人五百万元以下的赔偿。

第十八条 经营者违反本法第六条规定实施混淆行为的，由监督检查部门责令停止违法行为，没收违法商品。违法经营额五万元以上的，可以并处违法经营额五倍以下的罚款；没有违法经营额或者违法经营额不足五万元的，可以并处二十五万元以下的罚款。情节严重的，吊销营业执照。

经营者登记的企业名称违反本法第六条规定的，应当及时办理名称变更登记；名称变更前，由原企业登记机关以统一社会信用代码代替其名称。

第十九条 经营者违反本法第七条规定贿赂他人的，由监督检查部门没收违法所得，处十万元以上三百万元以下的罚款。情节严重的，吊销营业执照。

第二十条 经营者违反本法第八条规定对其商品作虚假或者引人误解的商业宣传，或者通过组织虚假交易等方式帮助其他经营者进行虚假或者引人误解的商业宣传的，由监督检查部门责令停止违法行为，处二十万元以上一百万元以下的罚款；情节严重的，处一百万元以上二百万元以下的罚款，可以吊销营业执照。

经营者违反本法第八条规定，属于发布虚假广告的，依照《中华人民共和国广告法》的规定处罚。

第二十一条 经营者以及其他自然人、法人和非法人组织违反本法第九条规定侵犯商业秘密的，由监督检查部门责令停止违法行为，没收违法所得，处十万元以上一百万元以下的罚款；情节严重的，处五十万元以上五百万元以下的罚款。

第二十二条 经营者违反本法第十条规定进行有奖销售的，由监督检查部门责令停止违法行为，处五万元以上五十万元以下的罚款。

第二十三条 经营者违反本法第十一条规定损害竞争对手商业信誉、商品声誉的，由监督检查部门责令停止违法行为、消除影响，处十万元以上五十万元以下的罚款；情节严重的，处五十万元以上三百万元以下的罚款。

第二十四条 经营者违反本法第十二条规定妨碍、破坏其他经营者合法提供的网络产品或者服务正常运行的，由监督检查部门责令停止违法行为，处十万元以上五十万元以下的罚款；情节严重的，处五十万元以上三百万元以下的罚款。

第二十五条 经营者违反本法规定从事不正当竞争，有主动消除或者减轻违法行为危害后果等法定情形的，依法从轻或者减轻行政处罚；违法行为轻微并及时纠正，没有造成危害后果的，不予行政处罚。

第二十六条　经营者违反本法规定从事不正当竞争，受到行政处罚的，由监督检查部门记入信用记录，并依照有关法律、行政法规的规定予以公示。

第二十七条　经营者违反本法规定，应当承担民事责任、行政责任和刑事责任，其财产不足以支付的，优先用于承担民事责任。

第二十八条　妨害监督检查部门依照本法履行职责，拒绝、阻碍调查的，由监督检查部门责令改正，对个人可以处五千元以下的罚款，对单位可以处五万元以下的罚款，并可以由公安机关依法给予治安管理处罚。

第二十九条　当事人对监督检查部门作出的决定不服的，可以依法申请行政复议或者提起行政诉讼。

第三十条　监督检查部门的工作人员滥用职权、玩忽职守、徇私舞弊或者泄露调查过程中知悉的商业秘密的，依法给予处分。

第三十一条　违反本法规定，构成犯罪的，依法追究刑事责任。

第三十二条　在侵犯商业秘密的民事审判程序中，商业秘密权利人提供初步证据，证明其已经对所主张的商业秘密采取保密措施，且合理表明商业秘密被侵犯，涉嫌侵权人应当证明权利人所主张的商业秘密不属于本法规定的商业秘密。

商业秘密权利人提供初步证据合理表明商业秘密被侵犯，且提供以下证据之一的，涉嫌侵权人应当证明其不存在侵犯商业秘密的行为：

（一）有证据表明涉嫌侵权人有渠道或者机会获取商业秘密，且其使用的信息与该商业秘密实质上相同；

（二）有证据表明商业秘密已经被涉嫌侵权人披露、使用或者有被披露、使用的风险；

（三）有其他证据表明商业秘密被涉嫌侵权人侵犯。

第五章　附　　则

第三十三条　本法自 2018 年 1 月 1 日起施行。

4. 中华人民共和国刑法（节选）

（1979 年 7 月 1 日第五届全国人民代表大会第二次会议通过，1997 年 3 月 14 日第八届全国人民代表大会第五次会议修订，根据 1998 年 12 月 29 日第九届全国人民代表大会常务委员会第六次会议通过的《全国人民代表大会常务委员会关于惩治骗购外汇、逃汇和非法买卖外汇犯罪的决定》、1999 年 12 月 25 日第九届全国人民代表大会常务委员会第十三次会议通过的《中华人民共和国刑法修正案》、2001 年 8 月 31 日第九届全国人民代表大会常务委员会第二十三次会议通过的《中华人民共和国刑法修正案（二）》、2001 年 12 月 29 日第九届全国人民代表大会常务委员会第二十五次会议通过的《中华人民共和国刑法修正案（三）》、2002 年 12 月 28 日第九届全国人民代表大会常务委员会第三十一次会议通过的《中华人民共和国刑法修正案（四）》、2005 年 2 月 28 日第十届全国人民代表大会常务委员会第十四次会议通过的《中华人民共和国刑法修正案（五）》、2006 年 6 月 29 日第十届全国人民代表大会常务委员会第二十二次会议通过的《中华人民共和国刑法修正案（六）》、2009 年 2 月 28 日第十一届全国人民代表大会常务委员会第七次会议通过的《中华人民共和国刑法修正案（七）》、2009 年 8 月 27 日第十一届全国人民代表大会常务委员会第十次会议通过的《全国人民代表大会常务委员会关于修改部分法律的决定》、2011 年 2 月 25 日第十一届全国人民代表大会常务委员会第十九次会议通过的《中华人民共和国刑法修正案（八）》、2015 年 8 月 29 日第十二届全国人民代表大会常务委员会第十六次会议通过的《中华人民共和国刑法修正案（九）》、2017 年 11 月 4 日第十二届全国人民代表大会常务委员会第三十次会议通过的《中华人民共和国刑法修正案（十）》和 2020 年 12 月 26 日第十三届全国人民代表大会常务委员会第二十四次会议通过的《中华人民共和国刑法修正案（十一）》修正）

第三章　破坏社会主义市场经济秩序罪

第一节　生产、销售伪劣商品罪

第一百四十条　【生产、销售伪劣产品罪】生产者、销售者在产品中掺杂、掺假，以假充真，以次充好或者以不合格产品冒充合格产品，销售金额五万元以上不满二十万元的，处二年以下有期徒刑或者拘役，并处或者单处销售金额百分之五十以上二倍以下罚金；销售金额二十万元以上不满五十万元的，处二年以上七年以下有期徒刑，并处销售金额百分之五十以上二倍以下罚金；销售金额五十万元以上不满二百万元的，处七年以上有期徒刑，并处销售金额百分之五十以上二倍以下罚金；销售金额二百万元以上的，处十五年有期徒刑或者无期徒刑，并处销售金额百分之五十以上二倍以下罚金或者没收财产。

第一百四十三条　【生产、销售不符合安全标准的食品罪】生产、销售不符合食品安全标准的食品，足以造成严重食物中毒事故或者其他严重食源性疾病的，处三年以下有期徒刑或者拘役，并处罚金；对人体健康造成严重危害或者有其他严重情节的，处三年以上七年以下有期徒刑，并处罚金；后果特别严重的，处七年以上有期徒刑或者无期徒刑，并处罚金或者没收财产。

第一百四十四条　【生产、销售有毒、有害食品罪】在生产、销售的食品中掺入有毒、有害的非食品原料的，或者销售明知掺有有毒、有害的非食品原料的食品的，处五年以下有期徒刑，并处罚金；对人体健康造成严重危害或者有其他严重情节的，处五年以上十年以下有期徒刑，并处罚金；致人死亡或者有其他特别严重情节的，依照本法第一百四十一条的规定处罚。

第一百四十六条　【生产、销售不符合安全标准的产品罪】生产不符合保障人身、财产安全的国家标准、行业标准的电器、压力容器、易燃易爆产品或者其他不符合保障人身、财产安全的国家标准、行业标准的产品，或者销售明知是以上不符合保障人身、财产安全的国家标准、行业标准的产品，造成严重后果的，处五年以下有期徒刑，并处销售金额百分之五十以上二倍以下罚金；后果特别严重的，处五年以上有期徒刑，并处销售金额百分之五十以上二倍以下罚金。

第一百四十七条　【生产、销售伪劣农药、兽药、化肥、种子罪】生产假农药、假兽药、假化肥，销售明知是假的或者失去使用效能的农药、兽药、化肥、种子，或者生产者、销售者以不合格的农药、兽药、化肥、种子冒充合格的农药、兽药、化肥、种子，使生产遭受较大损失的，处三年以下有期徒刑或者拘役，并处或者单处销售金额百分之五十以上二倍以下罚金；使生产遭受重大损失的，处三年以上七年以下有期徒刑，并处销售金额百分之五十以上二倍以下罚金；使生产遭受特别重大损失的，处七年以上有期徒刑或者无期徒刑，并处销售金额百分之五十以上二倍以下罚金或者没收财产。

第一百四十九条　【对生产、销售伪劣商品行为的法条适用】生产、销售本节第一百四十一条至第一百四十八条所列产品，不构成各该条规定的犯罪，但是销售金额在五万元以上的，依照本节第一百四十条的规定定罪处罚。

生产、销售本节第一百四十一条至第一百四十八条所列产品，构成各该条规定的犯罪，同时又构成本节第一百四十条规定之罪的，依照处罚较重的规定定罪处罚。

第一百五十条　【单位犯本节规定之罪的处理】单位犯本节第一百四十条

至第一百四十八条规定之罪的，对单位判处罚金，并对其直接负责的主管人员和其他直接责任人员，依照各该条的规定处罚。

第七节　侵犯知识产权罪

第二百一十九条 【侵犯商业秘密罪】有下列侵犯商业秘密行为之一，情节严重的，处三年以下有期徒刑，并处或者单处罚金；情节特别严重的，处三年以上十年以下有期徒刑，并处罚金：

（一）以盗窃、贿赂、欺诈、胁迫、电子侵入或者其他不正当手段获取权利人的商业秘密的；

（二）披露、使用或者允许他人使用以前项手段获取的权利人的商业秘密的；

（三）违反保密义务或者违反权利人有关保守商业秘密的要求，披露、使用或者允许他人使用其所掌握的商业秘密的。

明知前款所列行为，获取、披露、使用或者允许他人使用该商业秘密的，以侵犯商业秘密论。

本条所称权利人，是指商业秘密的所有人和经商业秘密所有人许可的商业秘密使用人。

第二百一十九条之一 【为境外窃取、刺探、收买、非法提供商业秘密罪】为境外的机构、组织、人员窃取、刺探、收买、非法提供商业秘密的，处五年以下有期徒刑，并处或者单处罚金；情节严重的，处五年以上有期徒刑，并处罚金。

第二百二十条 【单位犯侵犯知识产权罪的处罚规定】单位犯本节第二百一十三条至第二百一十九条之一规定之罪的，对单位判处罚金，并对其直接负责的主管人员和其他直接责任人员，依照本节各该条的规定处罚。

5. 中华人民共和国植物新品种保护条例

（1997年3月20日中华人民共和国国务院令第213号公布，根据2013年1月31日《国务院关于修改〈中华人民共和国植物新品种保护条例〉的决定》第一次修订，根据2014年7月29日《国务院关于修改部分行政法规的决定》第二次修订）

第一章　总　则

第一条　为了保护植物新品种权，鼓励培育和使用植物新品种，促进农业、林业的发展，制定本条例。

第二条 本条例所称植物新品种，是指经过人工培育的或者对发现的野生植物加以开发，具备新颖性、特异性、一致性和稳定性并有适当命名的植物品种。

第三条 国务院农业、林业行政部门（以下统称审批机关）按照职责分工共同负责植物新品种权申请的受理和审查并对符合本条例规定的植物新品种授予植物新品种权（以下称品种权）。

第四条 完成关系国家利益或者公共利益并有重大应用价值的植物新品种育种的单位或者个人，由县级以上人民政府或者有关部门给予奖励。

第五条 生产、销售和推广被授予品种权的植物新品种（以下称授权品种），应当按照国家有关种子的法律、法规的规定审定。

第二章 品种权的内容和归属

第六条 完成育种的单位或者个人对其授权品种，享有排他的独占权。任何单位或者个人未经品种权所有人（以下称品种权人）许可，不得为商业目的生产或者销售该授权品种的繁殖材料，不得为商业目的将该授权品种的繁殖材料重复使用于生产另一品种的繁殖材料；但是，本条例另有规定的除外。

第七条 执行本单位的任务或者主要是利用本单位的物质条件所完成的职务育种，植物新品种的申请权属于该单位；非职务育种，植物新品种的申请权属于完成育种的个人。申请被批准后，品种权属于申请人。

委托育种或者合作育种，品种权的归属由当事人在合同中约定；没有合同约定的，品种权属于受委托完成或者共同完成育种的单位或者个人。

第八条 一个植物新品种只能授予一项品种权。两个以上的申请人分别就同一个植物新品种申请品种权的，品种权授予最先申请的人；同时申请的，品种权授予最先完成该植物新品种育种的人。

第九条 植物新品种的申请权和品种权可以依法转让。

中国的单位或者个人就其在国内培育的植物新品种向外国人转让申请权或者品种权的，应当经审批机关批准。

国有单位在国内转让申请权或者品种权的，应当按照国家有关规定报经有关行政主管部门批准。

转让申请权或者品种权的，当事人应当订立书面合同，并向审批机关登记，由审批机关予以公告。

第十条 在下列情况下使用授权品种的，可以不经品种权人许可，不向其支付使用费，但是不得侵犯品种权人依照本条例享有的其他权利：

（一）利用授权品种进行育种及其他科研活动；

（二）农民自繁自用授权品种的繁殖材料。

第十一条 为了国家利益或者公共利益，审批机关可以作出实施植物新品种强制许可的决定，并予以登记和公告。

取得实施强制许可的单位或者个人应当付给品种权人合理的使用费，其数额由双方商定；双方不能达成协议的，由审批机关裁决。

品种权人对强制许可决定或者强制许可使用费的裁决不服的，可以自收到通知之日起 3 个月内向人民法院提起诉讼。

第十二条 不论授权品种的保护期是否届满，销售该授权品种应当使用其注册登记的名称。

第三章　授予品种权的条件

第十三条 申请品种权的植物新品种应当属于国家植物品种保护名录中列举的植物的属或者种。植物品种保护名录由审批机关确定和公布。

第十四条 授予品种权的植物新品种应当具备新颖性。新颖性，是指申请品种权的植物新品种在申请日前该品种繁殖材料未被销售，或者经育种者许可，在中国境内销售该品种繁殖材料未超过 1 年；在中国境外销售藤本植物、林木、果树和观赏树木品种繁殖材料未超过 6 年，销售其他植物品种繁殖材料未超过 4 年。

第十五条 授予品种权的植物新品种应当具备特异性。特异性，是指申请品种权的植物新品种应当明显区别于在递交申请以前已知的植物品种。

第十六条 授予品种权的植物新品种应当具备一致性。一致性，是指申请品种权的植物新品种经过繁殖，除可以预见的变异外，其相关的特征或者特性一致。

第十七条 授予品种权的植物新品种应当具备稳定性。稳定性，是指申请品种权的植物新品种经过反复繁殖后或者在特定繁殖周期结束时，其相关的特征或者特性保持不变。

第十八条 授予品种权的植物新品种应当具备适当的名称，并与相同或者相近的植物属或者种中已知品种的名称相区别。该名称经注册登记后即为该植物新品种的通用名称。

下列名称不得用于品种命名：

（一）仅以数字组成的；

（二）违反社会公德的；

（三）对植物新品种的特征、特性或者育种者的身份等容易引起误解的。

第四章　品种权的申请和受理

第十九条　中国的单位和个人申请品种权的，可以直接或者委托代理机构向审批机关提出申请。

中国的单位和个人申请品种权的植物新品种涉及国家安全或者重大利益需要保密的，应当按照国家有关规定办理。

第二十条　外国人、外国企业或者外国其他组织在中国申请品种权的，应当按其所属国和中华人民共和国签订的协议或者共同参加的国际条约办理，或者根据互惠原则，依照本条例办理。

第二十一条　申请品种权的，应当向审批机关提交符合规定格式要求的请求书、说明书和该品种的照片。

申请文件应当使用中文书写。

第二十二条　审批机关收到品种权申请文件之日为申请日；申请文件是邮寄的，以寄出的邮戳日为申请日。

第二十三条　申请人自在外国第一次提出品种权申请之日起 12 个月内，又在中国就该植物新品种提出品种权申请的，依照该外国同中华人民共和国签订的协议或者共同参加的国际条约，或者根据相互承认优先权的原则，可以享有优先权。

申请人要求优先权的，应当在申请时提出书面说明，并在 3 个月内提交经原受理机关确认的第一次提出的品种权申请文件的副本；未依照本条例规定提出书面说明或者提交申请文件副本的，视为未要求优先权。

第二十四条　对符合本条例第二十一条规定的品种权申请，审批机关应当予以受理，明确申请日、给予申请号，并自收到申请之日起 1 个月内通知申请人缴纳申请费。

对不符合或者经修改仍不符合本条例第二十一条规定的品种权申请，审批机关不予受理，并通知申请人。

第二十五条　申请人可以在品种权授予前修改或者撤回品种权申请。

第二十六条　中国的单位或者个人将国内培育的植物新品种向国外申请品

种权的，应当按照职责分工向省级人民政府农业、林业行政部门登记。

第五章　品种权的审查与批准

第二十七条　申请人缴纳申请费后①，审批机关对品种权申请的下列内容进行初步审查：

（一）是否属于植物品种保护名录列举的植物属或者种的范围；

（二）是否符合本条例第二十条的规定；

（三）是否符合新颖性的规定；

（四）植物新品种的命名是否适当。

第二十八条　审批机关应当自受理品种权申请之日起 6 个月内完成初步审查。对经初步审查合格的品种权申请，审批机关予以公告，并通知申请人在 3 个月内缴纳审查费。

对经初步审查不合格的品种权申请，审批机关应当通知申请人在 3 个月内陈述意见或者予以修正；逾期未答复或者修正后仍然不合格的，驳回申请。

第二十九条　申请人按照规定缴纳审查费后，审批机关对品种权申请的特异性、一致性和稳定性进行实质审查。

申请人未按照规定缴纳审查费的，品种权申请视为撤回。

第三十条　审批机关主要依据申请文件和其他有关书面材料进行实质审查。审批机关认为必要时，可以委托指定的测试机构进行测试或者考察业已完成的种植或者其他试验的结果。

因审查需要，申请人应当根据审批机关的要求提供必要的资料和该植物新品种的繁殖材料。

第三十一条　对经实质审查符合本条例规定的品种权申请，审批机关应当作出授予品种权的决定，颁发品种权证书，并予以登记和公告。

对经实质审查不符合本条例规定的品种权申请，审批机关予以驳回，并通知申请人。

第三十二条　审批机关设立植物新品种复审委员会。

对审批机关驳回品种权申请的决定不服的，申请人可以自收到通知之日起 3 个月内，向植物新品种复审委员会请求复审。植物新品种复审委员会应当自

---

① 根据《财政部国家发展改革委关于清理规范一批行政事业性收费有关政策的通知》（财税〔2017〕20 号）要求，自 2017 年 4 月 1 日起，停征植物新品种保护权申请费、审查费和年费。

收到复审请求书之日起 6 个月内作出决定，并通知申请人。

申请人对植物新品种复审委员会的决定不服的，可以自接到通知之日起 15 日内向人民法院提起诉讼。

第三十三条　品种权被授予后，在自初步审查合格公告之日起至被授予品种权之日止的期间，对未经申请人许可，为商业目的生产或者销售该授权品种的繁殖材料的单位和个人，品种权人享有追偿的权利。

第六章　期限、终止和无效

第三十四条　品种权的保护期限，自授权之日起，藤本植物、林木、果树和观赏树木为 20 年，其他植物为 15 年。

第三十五条　品种权人应当自被授予品种权的当年开始缴纳年费，并且按照审批机关的要求提供用于检测的该授权品种的繁殖材料。

第三十六条　有下列情形之一的，品种权在其保护期限届满前终止：

（一）品种权人以书面声明放弃品种权的；

（二）品种权人未按照规定缴纳年费的；

（三）品种权人未按照审批机关的要求提供检测所需的该授权品种的繁殖材料的；

（四）经检测该授权品种不再符合被授予品种权时的特征和特性的。

品种权的终止，由审批机关登记和公告。

第三十七条　自审批机关公告授予品种权之日起，植物新品种复审委员会可以依据职权或者依据任何单位或者个人的书面请求，对不符合本条例第十四条、第十五条、第十六条和第十七条规定的，宣告品种权无效；对不符合本条例第十八条规定的，予以更名。宣告品种权无效或者更名的决定，由审批机关登记和公告，并通知当事人。

对植物新品种复审委员会的决定不服的，可以自收到通知之日起 3 个月内向人民法院提起诉讼。

第三十八条　被宣告无效的品种权视为自始不存在。

宣告品种权无效的决定，对在宣告前人民法院作出并已执行的植物新品种侵权的判决、裁定，省级以上人民政府农业、林业行政部门作出并已执行的植物新品种侵权处理决定，以及已经履行的植物新品种实施许可合同和植物新品种权转让合同，不具有追溯力；但是，因品种权人的恶意给他人造成损失的，应当给予合理赔偿。

依照前款规定，品种权人或者品种权转让人不向被许可实施人或者受让人返还使用费或者转让费，明显违反公平原则的，品种权人或者品种权转让人应当向被许可实施人或者受让人返还全部或者部分使用费或者转让费。

第七章　罚　则

第三十九条　未经品种权人许可，以商业目的生产或者销售授权品种的繁殖材料的，品种权人或者利害关系人可以请求省级以上人民政府农业、林业行政部门依据各自的职权进行处理，也可以直接向人民法院提起诉讼。

省级以上人民政府农业、林业行政部门依据各自的职权，根据当事人自愿的原则，对侵权所造成的损害赔偿可以进行调解。调解达成协议的，当事人应当履行；调解未达成协议的，品种权人或者利害关系人可以依照民事诉讼程序向人民法院提起诉讼。

省级以上人民政府农业、林业行政部门依据各自的职权处理品种权侵权案件时，为维护社会公共利益，可以责令侵权人停止侵权行为，没收违法所得和植物品种繁殖材料；货值金额5万元以上的，可处货值金额1倍以上5倍以下的罚款；没有货值金额或者货值金额5万元以下的，根据情节轻重，可处25万元以下的罚款。

第四十条　假冒授权品种的，由县级以上人民政府农业、林业行政部门依据各自的职权责令停止假冒行为，没收违法所得和植物品种繁殖材料；货值金额5万元以上的，处货值金额1倍以上5倍以下的罚款；没有货值金额或者货值金额5万元以下的，根据情节轻重，处25万元以下的罚款；情节严重，构成犯罪的，依法追究刑事责任。

第四十一条　省级以上人民政府农业、林业行政部门依据各自的职权在查处品种权侵权案件和县级以上人民政府农业、林业行政部门依据各自的职权在查处假冒授权品种案件时，根据需要，可以封存或者扣押与案件有关的植物品种的繁殖材料，查阅、复制或者封存与案件有关的合同、账册及有关文件。

第四十二条　销售授权品种未使用其注册登记的名称的，由县级以上人民政府农业、林业行政部门依据各自的职权责令限期改正，可以处1000元以下的罚款。

第四十三条　当事人就植物新品种的申请权和品种权的权属发生争议的，可以向人民法院提起诉讼。

第四十四条　县级以上人民政府农业、林业行政部门的及有关部门的工作人员滥用职权、玩忽职守、徇私舞弊、索贿受贿，构成犯罪的，依法追究刑事责任；尚不构成犯罪的，依法给予行政处分。

第八章 附　　则

第四十五条　审批机关可以对本条例施行前首批列入植物品种保护名录的和本条例施行后新列入植物品种保护名录的植物属或者种的新颖性要求作出变通性规定。

第四十六条　本条例自 1997 年 10 月 1 日起施行。

6. 中华人民共和国植物新品种保护条例实施细则（农业部分）

（2007 年 9 月 19 日农业部令 2007 年第 5 号公布，根据 2011 年 12 月 31 日农业部令 2011 年第 4 号修订，根据 2014 年 4 月 25 日农业部令 2014 年第 3 号修订）

第一章 总　　则

第一条　根据《中华人民共和国植物新品种保护条例》（以下简称《条例》），制定本细则。

第二条　农业植物新品种包括粮食、棉花、油料、麻类、糖料、蔬菜（含西甜瓜）、烟草、桑树、茶树、果树（干果除外）、观赏植物（木本除外）、草类、绿肥、草本药材、食用菌、藻类和橡胶树等植物的新品种。

第三条　依据《条例》第三条的规定，农业部为农业植物新品种权的审批机关，依照《条例》规定授予农业植物新品种权（以下简称品种权）。

农业部植物新品种保护办公室（以下简称品种保护办公室），承担品种权申请的受理、审查等事务，负责植物新品种测试和繁殖材料保藏的组织工作。

第四条　对危害公共利益、生态环境的植物新品种不授予品种权。

第二章 品种权的内容和归属

第五条　《条例》所称繁殖材料是指可繁殖植物的种植材料或植物体的其他部分，包括籽粒、果实和根、茎、苗、芽、叶等。

第六条　申请品种权的单位或者个人统称为品种权申请人；获得品种权的单位或者个人统称为品种权人。

第七条　《条例》第七条所称执行本单位任务所完成的职务育种是指下列

情形之一：

（一）在本职工作中完成的育种；

（二）履行本单位交付的本职工作之外的任务所完成的育种；

（三）退职、退休或者调动工作后，3 年内完成的与其在原单位承担的工作或者原单位分配的任务有关的育种。

《条例》第七条所称本单位的物质条件是指本单位的资金、仪器设备、试验场地以及单位所有的尚未允许公开的育种材料和技术资料等。

第八条 《条例》第八条所称完成新品种育种的人是指完成新品种育种的单位或者个人（以下简称育种者）。

第九条 完成新品种培育的人员（以下简称培育人）是指对新品种培育作出创造性贡献的人。仅负责组织管理工作、为物质条件的利用提供方便或者从事其他辅助工作的人不能被视为培育人。

第十条 一个植物新品种只能被授予一项品种权。

一个植物新品种由两个以上申请人分别于同一日内提出品种权申请的，由申请人自行协商确定申请权的归属；协商不能达成一致意见的，品种保护办公室可以要求申请人在指定期限内提供证据，证明自己是最先完成该新品种育种的人。逾期未提供证据的，视为撤回申请；所提供证据不足以作为判定依据的，品种保护办公室驳回申请。

第十一条 中国的单位或者个人就其在国内培育的新品种向外国人转让申请权或者品种权的，应当向农业部申请审批。

转让申请权或者品种权的，当事人应当订立书面合同，向农业部登记，由农业部予以公告，并自公告之日起生效。

第十二条 有下列情形之一的，农业部可以作出实施品种权的强制许可决定：

（一）为了国家利益或者公共利益的需要；

（二）品种权人无正当理由自己不实施，又不许可他人以合理条件实施的；

（三）对重要农作物品种，品种权人虽已实施，但明显不能满足国内市场需求，又不许可他人以合理条件实施的。

申请强制许可的，应当向农业部提交强制许可请求书，说明理由并附具有关证明文件各一式两份。

农业部自收到请求书之日起 20 个工作日内作出决定。需要组织专家调查论证的，调查论证时间不得超过 3 个月。同意强制许可请求的，由农业部通知品种权人和强制许可请求人，并予以公告；不同意强制许可请求的，通知请求人并说明理由。

第十三条 依照《条例》第十一条第二款规定，申请农业部裁决使用费数额的，当事人应当提交裁决申请书，并附具未能达成协议的证明文件。农业部自收到申请书之日起3个月内作出裁决并通知当事人。

第三章 授予品种权的条件

第十四条 依照《条例》第四十五条的规定，列入植物新品种保护名录的植物属或者种，从名录公布之日起1年内提出的品种权申请，凡经过育种者许可，申请日前在中国境内销售该品种的繁殖材料未超过4年，符合《条例》规定的特异性、一致性和稳定性及命名要求的，农业部可以授予品种权。

第十五条 具有下列情形之一的，属于《条例》第十四条规定的销售：

（一）以买卖方式将申请品种的繁殖材料转移他人；

（二）以易货方式将申请品种的繁殖材料转移他人；

（三）以入股方式将申请品种的繁殖材料转移他人；

（四）以申请品种的繁殖材料签订生产协议；

（五）以其他方式销售的情形。

具有下列情形之一的，视为《条例》第十四条规定的育种者许可销售：

（一）育种者自己销售；

（二）育种者内部机构销售；

（三）育种者的全资或者参股企业销售；

（四）农业部规定的其他情形。

第十六条 《条例》第十五条所称"已知的植物品种"，包括品种权申请初审合格公告、通过品种审定或者已推广应用的品种。

第十七条 《条例》第十六条、第十七条所称"相关的特征或者特性"是指至少包括用于特异性、一致性和稳定性测试的性状或者授权时进行品种描述的性状。

第十八条 有下列情形之一的，不得用于新品种命名：

（一）仅以数字组成的；

（二）违反国家法律或者社会公德或者带有民族歧视性的；

（三）以国家名称命名的；

（四）以县级以上行政区划的地名或者公众知晓的外国地名命名的；

（五）同政府间国际组织或者其他国际国内知名组织及标识名称相同或者近似的；

（六）对植物新品种的特征、特性或者育种者的身份等容易引起误解的；

（七）属于相同或相近植物属或者种的已知名称的；

（八）夸大宣传的。

已通过品种审定的品种，或获得《农业转基因生物安全证书（生产应用）》的转基因植物品种，如品种名称符合植物新品种命名规定，申请品种权的品种名称应当与品种审定或农业转基因生物安全审批的品种名称一致。

第四章　品种权的申请和受理

第十九条　中国的单位和个人申请品种权的，可以直接或者委托代理机构向品种保护办公室提出申请。

在中国没有经常居所的外国人、外国企业或其他外国组织，向品种保护办公室提出品种权申请的，应当委托代理机构办理。

申请人委托代理机构办理品种权申请等相关事务时，应当与代理机构签订委托书，明确委托办理事项与权责。代理机构在向品种保护办公室提交申请时，应当同时提交申请人委托书。品种保护办公室在上述申请的受理与审查程序中，直接与代理机构联系。

第二十条　申请品种权的，申请人应当向品种保护办公室提交请求书、说明书和品种照片各一式两份，同时提交相应的请求书和说明书的电子文档。

请求书、说明书按照品种保护办公室规定的统一格式填写。

第二十一条　申请人提交的说明书应当包括下列内容：

（一）申请品种的暂定名称，该名称应当与请求书的名称一致；

（二）申请品种所属的属或者种的中文名称和拉丁文名称；

（三）育种过程和育种方法，包括系谱、培育过程和所使用的亲本或者其他繁殖材料来源与名称的详细说明；

（四）有关销售情况的说明；

（五）选择的近似品种及理由；

（六）申请品种特异性、一致性和稳定性的详细说明；

（七）适于生长的区域或者环境以及栽培技术的说明；

（八）申请品种与近似品种的性状对比表。

前款第（五）、（八）项所称近似品种是指在所有已知植物品种中，相关特征或者特性与申请品种最为相似的品种。

第二十二条　申请人提交的照片应当符合以下要求：

（一）照片有利于说明申请品种的特异性；

（二）申请品种与近似品种的同一种性状对比应在同一张照片上；

（三）照片应为彩色，必要时，品种保护办公室可以要求申请人提供黑白照片；

（四）照片规格为 8.5 厘米×12.5 厘米或者 10 厘米×15 厘米；

（五）关于照片的简要文字说明。

第二十三条　品种权申请文件有下列情形之一的，品种保护办公室不予受理：

（一）未使用中文的；

（二）缺少请求书、说明书或者照片之一的；

（三）请求书、说明书和照片不符合本细则规定格式的；

（四）文件未打印的；

（五）字迹不清或者有涂改的；

（六）缺少申请人和联系人姓名（名称）、地址、邮政编码的或者不详的；

（七）委托代理但缺少代理委托书的。

第二十四条　中国的单位或者个人将国内培育的植物新品种向国外申请品种权的，应当向所在地省级人民政府农业行政主管部门申请登记。

第二十五条　申请人依照《条例》第二十三条的规定要求优先权的，应当在申请中写明第一次提出品种权申请的申请日、申请号和受理该申请的国家或组织；未写明的，视为未要求优先权。申请人提交的第一次品种权申请文件副本应当经原受理机关确认。

第二十六条　在中国没有经常居所或者营业所的外国人、外国企业和外国其他组织，申请品种权或者要求优先权的，品种保护办公室认为必要时，可以要求其提供下列文件：

（一）申请人是个人的，其国籍证明；

（二）申请人是企业或者其他组织的，其营业所或者总部所在地的证明；

（三）外国人、外国企业、外国其他组织的所属国，承认中国单位和个人可以按照该国国民的同等条件，在该国享有品种申请权、优先权和其他与品种权有关的权利的证明文件。

第二十七条　申请人在向品种保护办公室提出品种权申请 12 个月内，又向国外申请品种权的，依照该国或组织同中华人民共和国签订的协议或者共同参加的国际条约，或者根据相互承认优先权的原则，可以请求品种保护办公室出具优先权证明文件。

第二十八条　依照《条例》第十九条第二款规定，中国的单位和个人申请品种权的植物新品种涉及国家安全或者重大利益需要保密的，申请人应当在申请文件中说明，品种保护办公室经过审查后作出是否按保密申请处理的决定，并通知申请人；品种保护办公室认为需要保密而申请人未注明的，仍按保密申请处理，并通知申请人。

第二十九条　申请人送交的申请品种繁殖材料应当与品种权申请文件中所描述的繁殖材料相一致，并符合下列要求：

（一）未遭受意外损害；

（二）未经过药物处理；

（三）无检疫性的有害生物；

（四）送交的繁殖材料为籽粒或果实的，籽粒或果实应当是最近收获的。

第三十条　品种保护办公室认为必要的，申请人应当送交申请品种和近似品种的繁殖材料，用于申请品种的审查和检测。申请品种属于转基因品种的，应当附具生产性试验阶段的《农业转基因生物安全审批书》或《农业转基因生物安全证书（生产应用）》复印件。

申请人应当自收到品种保护办公室通知之日起 3 个月内送交繁殖材料。送交繁殖材料为籽粒或果实的，应当送至品种保护办公室植物新品种保藏中心（以下简称保藏中心）；送交种苗、种球、块茎、块根等无性繁殖材料的，应当送至品种保护办公室指定的测试机构。

申请人送交的繁殖材料数量少于品种保护办公室规定的，保藏中心或者测试机构应当通知申请人，申请人应自收到通知之日起 1 个月内补足。特殊情况下，申请人送交了规定数量的繁殖材料后仍不能满足测试或者检测需要时，品种保护办公室有权要求申请人补交。

第三十一条　繁殖材料应当依照有关规定实施植物检疫。检疫不合格或者未经检疫的，保藏中心或者测试机构不予接收。

保藏中心或者测试机构收到申请人送交的繁殖材料后应当出具书面证明，并在收到繁殖材料之日起 20 个工作日内（有休眠期的植物除外）完成生活力等内容的检测。检测合格的，应当向申请人出具书面检测合格证明；检测不合格的，应当通知申请人自收到通知之日起 1 个月内重新送交繁殖材料并取回检测不合格的繁殖材料，申请人到期不取回的，保藏中心或者测试机构应当销毁。

申请人未按规定送交繁殖材料的，视为撤回申请。

第三十二条　保藏中心和测试机构对申请品种的繁殖材料负有保密的责任，应当防止繁殖材料丢失、被盗等事故的发生，任何人不得更换检验合格的繁殖材料。发生繁殖材料丢失、被盗、更换的，依法追究有关人员的责任。

第五章　品种权的审查与批准

第三十三条　在初步审查、实质审查、复审和无效宣告程序中进行审查和复审人员有下列情形之一的，应当自行回避，当事人或者其他利害关系人可以要求其回避：

（一）是当事人或者其代理人近亲属的；

（二）与品种权申请或者品种权有直接利害关系的；

（三）与当事人或者其代理人有其他关系，可能影响公正审查和审理的。

审查人员的回避由品种保护办公室决定，复审人员的回避由植物新品种复审委员会主任决定。

第三十四条　一件植物品种权申请包括两个以上新品种的，品种保护办公室应当要求申请人提出分案申请。申请人在指定期限内对其申请未进行分案修正或者期满未答复的，视为撤回申请。

申请人按照品种保护办公室要求提出的分案申请，可以保留原申请日；享有优先权的，可保留优先权日。但不得超出原申请文件已有内容的范围。

分案申请应当依照《条例》及本细则的规定办理相关手续。

分案申请的请求书中应当写明原申请的申请号和申请日。原申请享有优先权的，应当提交原申请的优先权文件副本。

第三十五条　品种保护办公室对品种权申请的下列内容进行初步审查：

（一）是否符合《条例》第二十七条规定；

（二）选择的近似品种是否适当；申请品种的亲本或其他繁殖材料来源是否公开。

品种保护办公室应当将审查意见通知申请人。品种保护办公室有疑问的，可要求申请人在指定期限内陈述意见或者补正；申请人期满未答复的，视为撤回申请。申请人陈述意见或者补正后，品种保护办公室认为仍然不符合规定的，应当驳回其申请。

第三十六条 除品种权申请文件外，任何人向品种保护办公室提交的与品种权申请有关的材料，有下列情形之一的，视为未提出：

（一）未使用规定的格式或者填写不符合要求的；

（二）未按照规定提交证明材料的。

当事人当面提交材料的，受理人员应当当面说明材料存在的缺陷后直接退回；通过邮局提交的，品种保护办公室应当将视为未提出的审查意见和原材料一起退回；邮寄地址不清的，采用公告方式退回。

第三十七条 自品种权申请之日起至授予品种权之日前，任何人均可以对不符合《条例》第八条、第十三至第十八条以及本细则第四条规定的品种权申请，向品种保护办公室提出异议，并提供相关证据和说明理由。未提供相关证据的，品种保护办公室不予受理。

第三十八条 未经品种保护办公室批准，申请人在品种权授予前不得修改申请文件的下列内容：

（一）申请品种的名称、申请品种的亲本或其他繁殖材料名称、来源以及申请品种的育种方法；

（二）申请品种的最早销售时间；

（三）申请品种的特异性、一致性和稳定性内容。

品种权申请文件的修改部分，除个别文字修改或者增删外，应当按照规定格式提交替换页。

第三十九条 品种保护办公室负责对品种权申请进行实质审查，并将审查意见通知申请人。品种保护办公室可以根据审查的需要，要求申请人在指定期限内陈述意见或者补正。申请人期满未答复的，视为撤回申请。

第四十条 依照《条例》和本细则的规定，品种权申请经实质审查应当予以驳回的情形是指：

（一）不符合《条例》第八条、第十三条至第十七条规定之一的；

（二）属于本细则第四条规定的；

（三）不符合命名规定，申请人又不按照品种保护办公室要求修改的；

（四）申请人陈述意见或者补正后，品种保护办公室认为仍不符合规定的。

第四十一条 品种保护办公室发出办理授予品种权手续的通知后，申请人应当自收到通知之日起2个月内办理相关手续和缴纳第1年年费。对按期办理的，农业部授予品种权，颁发品种权证书，并予以公告。品种权自授权公告之日起生效。

期满未办理的，视为放弃取得品种权的权利。

第四十二条 农业部植物新品种复审委员会，负责审理驳回品种权申请的复审案件、品种权无效宣告案件和授权品种更名案件。具体规定由农业部另行制定。

第六章 文件的提交、送达和期限

第四十三条 依照《条例》和本细则规定提交的各种文件应当使用中文，并采用国家统一规定的科学技术术语和规范词。外国人名、地名和科学技术术语没有统一中文译文的，应当注明原文。

依照《条例》和本细则规定提交的各种证件和证明文件是外文的，应当附送中文译文；未附送的，视为未提交该证明文件。

第四十四条 当事人向品种保护办公室提交的各种文件应当打印或者印刷，字迹呈黑色，并整齐清晰。申请文件的文字部分应当横向书写，纸张只限单面使用。

第四十五条 当事人提交的各种文件和办理的其他手续，应当由申请人、品种权人、其他利害关系人或者其代表人签字或者盖章；委托代理机构的，由代理机构盖章。请求变更培育人姓名、品种权申请人和品种权人的姓名或者名称、国籍、地址、代理机构的名称和代理人姓名的，应当向品种保护办公室办理著录事项变更手续，并附具变更理由的证明材料。

第四十六条 当事人提交各种材料时，可以直接提交，也可以邮寄。邮寄时，应当使用挂号信函，不得使用包裹，一件信函中应当只包含同一申请的相关材料。邮寄的，以寄出的邮戳日为提交日。信封上寄出的邮戳日不清晰的，除当事人能够提供证明外，以品种保护办公室的收到日期为提交日。

品种保护办公室的各种文件，可以通过邮寄、直接送交或者以公告的方式送达当事人。当事人委托代理机构的，文件送交代理机构；未委托代理机构的，文件送交请求书中收件人地址及收件人或者第一署名人或者代表人。当事人拒绝接收文件的，该文件视为已经送达。

品种保护办公室邮寄的各种文件，自文件发出之日起满15日，视为当事人收到文件之日。

根据规定应当直接送交的文件，以交付日为送达日。文件送达地址不清，无法邮寄的，可以通过公告的方式送达当事人。自公告之日起满2个月，该文件视为已经送达。

第四十七条 《条例》和本细则规定的各种期限的第一日不计算在期限内。期限以年或者月计算的，以其最后一月的相应日为期限届满日；该月无相应日的，以该月最后一日为期限届满日。期限届满日是法定节假日的，以节假日后的第一个工作日为期限届满日。

第四十八条 当事人因不可抗力而耽误《条例》或者本细则规定的期限或者品种保护办公室指定的期限，导致其权利丧失的，自障碍消除之日起2个月内，最迟自期限届满之日起2年内，可以向品种保护办公室说明理由并附具有关证明文件，请求恢复其权利。

当事人因正当理由而耽误《条例》或者本细则规定的期限或者品种保护办公室指定的期限，造成其权利丧失的，可以自收到通知之日起2个月内向品种保护办公室说明理由，请求恢复其权利。

当事人请求延长品种保护办公室指定期限的，应当在期限届满前，向品种保护办公室说明理由并办理有关手续。

本条第一款和第二款的规定不适用《条例》第十四条、第二十三条、第三十二条第二、三款、第三十四条、第三十七条第二款规定的期限。

第四十九条 除《条例》第二十二条的规定外，《条例》所称申请日，有优先权的，指优先权日。

第七章　费用和公报

第五十条 申请品种权和办理其他手续时，应当按照国家有关规定向农业部缴纳申请费、审查费、年费。

第五十一条 《条例》和本细则规定的各种费用，可以直接缴纳，也可以通过邮局或者银行汇付。

通过邮局或者银行汇付的，应当注明品种名称，同时将汇款凭证的复印件传真或者邮寄至品种保护办公室，并说明该费用的申请号或者品种权号、申请人或者品种权人的姓名或名称、费用名称。

通过邮局或者银行汇付的，以汇出日为缴费日。

第五十二条 依照《条例》第二十四条的规定，申请人可以在提交品种权申请的同时缴纳申请费，但最迟自申请之日起1个月内缴纳申请费，期满未缴纳或者未缴足的，视为撤回申请。

第五十三条 经初步审查合格的品种权申请，申请人应当按照品种保护办公室的通知，在规定的期限内缴纳审查费。期满未缴纳或者未缴足的，视为撤回申请。

第五十四条 申请人在领取品种权证书前，应当缴纳授予品种权第 1 年的年费。以后的年费应当在前 1 年度期满前 1 个月内预缴。

第五十五条 品种权人未按时缴纳授予品种权第 1 年以后的年费，或者缴纳的数额不足的，品种保护办公室应当通知申请人自应当缴纳年费期满之日起 6 个月内补缴；期满未缴纳的，自应当缴纳年费期满之日起，品种权终止。

第五十六条 品种保护办公室定期发布植物新品种保护公报，公告品种权有关内容。

第八章 附 则

第五十七条 《条例》第四十条、第四十一条所称的假冒授权品种行为是指下列情形之一：

（一）印制或者使用伪造的品种权证书、品种权申请号、品种权号或者其他品种权申请标记、品种权标记；

（二）印制或者使用已经被驳回、视为撤回或者撤回的品种权申请的申请号或者其他品种权申请标记；

（三）印制或者使用已经被终止或者被宣告无效的品种权的品种权证书、品种权号或者其他品种权标记；

（四）生产或者销售本条第（一）项、第（二）项和第（三）项所标记的品种；

（五）生产或销售冒充品种权申请或者授权品种名称的品种；

（六）其他足以使他人将非品种权申请或者非授权品种误认为品种权申请或者授权品种的行为。

第五十八条 农业行政部门根据《条例》第四十一条的规定对封存或者扣押的植物品种繁殖材料，应当在 30 日内做出处理；情况复杂的，经农业行政部门负责人批准可以延长，延长期限不超过 30 日。

第五十九条 当事人因品种申请权或者品种权发生纠纷，向人民法院提起诉讼并且人民法院已受理的，可以向品种保护办公室请求中止有关程序。

依照前款规定申请中止有关程序的，应当向品种保护办公室提交申请书，并附具人民法院的有关受理文件副本。

在人民法院作出的判决生效后，当事人应当向品种保护办公室请求恢复有关程序。自请求中止之日起 1 年内，有关品种申请权或者品种权归属的纠纷未能结案，需要继续中止有关程序的，请求人应当在该期限内请求延长中止。期满未请求延长的，品种保护办公室可以自行恢复有关程序。

第六十条 已被视为撤回、驳回和主动撤回的品种权申请的案卷，自该品种权申请失效之日起满 2 年后不予保存。

已被宣告无效的品种权案卷自该品种权无效宣告之日起，终止的品种权案卷自该品种权失效之日起满 3 年后不予保存。

第六十一条 本细则自 2008 年 1 月 1 日起施行。1999 年 6 月 16 日农业部发布的《中华人民共和国植物新品种保护条例实施细则（农业部分）》同时废止。

7. 中华人民共和国植物新品种保护条例实施细则（林业部分）

（1999 年 8 月 10 日国家林业局令第 3 号发布，2011 年 1 月 25 日国家林业局令第 26 号修改）

第一章　总　　则

第一条 根据《中华人民共和国植物新品种保护条例》（以下简称《条例》），制定本细则。

第二条 本细则所称植物新品种，是指符合《条例》第二条规定的林木、竹、木质藤本、木本观赏植物（包括木本花卉）、果树（干果部分）及木本油料、饮料、调料、木本药材等植物品种。

植物品种保护名录由国家林业局确定和公布。

第三条 国家林业局依照《条例》和本细则规定受理、审查植物新品种权的申请并授予植物新品种权（以下简称品种权）。

国家林业局植物新品种保护办公室（以下简称植物新品种保护办公室），负责受理和审查本细则第二条规定的植物新品种的品种权申请，组织与植物新品种保护有关的测试、保藏等业务，按国家有关规定承办与植物新品种保护有关的国际事务等具体工作。

第二章　品种权的内容和归属

第四条 《条例》所称的繁殖材料，是指整株植物（包括苗木）、种子（包括根、茎、叶、花、果实等）以及构成植物体的任何部分（包括组织、细胞）。

第五条 《条例》第七条所称的职务育种是指：

（一）在本职工作中完成的育种；

（二）履行本单位分配的本职工作之外的任务所完成的育种；

（三）离开原单位后3年内完成的与其在原单位承担的本职工作或者分配的任务有关的育种；

（四）利用本单位的资金、仪器设备、试验场地、育种资源和其他繁殖材料及不对外公开的技术资料等所完成的育种。

除前款规定情形之外的，为非职务育种。

第六条 《条例》所称完成植物新品种育种的人、品种权申请人、品种权人，均包括单位或者个人。

第七条 两个以上申请人就同一个植物新品种在同一日分别提出品种权申请的，植物新品种保护办公室可以要求申请人自行协商确定申请权的归属；协商达不成一致意见的，植物新品种保护办公室可以要求申请人在规定的期限内提供证明自己是最先完成该植物新品种育种的证据；逾期不提供证据的，视为放弃申请。

第八条 中国的单位或者个人就其在国内培育的植物新品种向外国人转让申请权或者品种权的，应当报国家林业局批准。

转让申请权或者品种权的，当事人应当订立书面合同，向国家林业局登记，并由国家林业局予以公告。

转让申请权或者品种权的，自登记之日起生效。

第九条 依照《条例》第十一条规定，有下列情形之一的，国家林业局可以作出或者依当事人的请求作出实施植物新品种强制许可的决定：

（一）为满足国家利益或者公共利益等特殊需要；

（二）品种权人无正当理由自己不实施或者实施不完全，又不许可他人以合理条件实施的。

请求植物新品种强制许可的单位或者个人，应当向国家林业局提出强制许可请求书，说明理由并附具有关证明材料各一式两份。

第十条 按照《条例》第十一条第二款规定，请求国家林业局裁决植物新品种强制许可使用费数额的，当事人应当提交裁决请求书，并附具不能达成协议的有关材料。国家林业局自收到裁决请求书之日起3个月内作出裁决并通知有关当事人。

第三章　授予品种权的条件

第十一条　授予品种权的，应当符合《条例》第十三条、第十四条、第十五条、第十六条、第十七条、第十八条和本细则第二条的规定。

第十二条　依照《条例》第四十五条的规定，对《条例》施行前首批列入植物品种保护名录的和《条例》施行后新列入植物品种保护名录的属或者种的植物品种，自名录公布之日起一年内提出的品种权申请，经育种人许可，在中国境内销售该品种的繁殖材料不超过 4 年的，视为具有新颖性。

第十三条　除《条例》第十八条规定的以外，有下列情形之一的，不得用于植物新品种命名：

（一）违反国家法律、行政法规规定或者带有民族歧视性的；

（二）以国家名称命名的；

（三）以县级以上行政区划的地名或者公众知晓的外国地名命名的；

（四）同政府间国际组织或者其他国际知名组织的标识名称相同或者近似的；

（五）属于相同或者相近植物属或者种的已知名称的。

第四章　品种权的申请和受理

第十四条　中国的单位和个人申请品种权的，可以直接或者委托代理机构向国家林业局提出申请。

第十五条　中国的单位和个人申请品种权的植物品种，如涉及国家安全或者重大利益需要保密的，申请人应当在请求书中注明，植物新品种保护办公室应当按国家有关保密的规定办理，并通知申请人；植物新品种保护办公室认为需要保密而申请人未注明的，按保密申请办理，并通知有关当事人。

第十六条　外国人、外国企业或者其他外国组织向国家林业局提出品种权申请和办理其他品种权事务的，应当委托代理机构办理。

第十七条　申请人委托代理机构向国家林业局申请品种权或者办理其他有关事务的，应当提交委托书，写明委托权限。

申请人为两个以上而未委托代理机构代理的，应当书面确定一方为代表人。

第十八条　申请人申请品种权时，应当向植物新品种保护办公室提交国家林业局规定格式的请求书、说明书以及符合本细则第十九条规定的照片各一式两份。

第十九条 《条例》第二十一条所称的照片，应当符合以下要求：

（一）有利于说明申请品种权的植物品种的特异性；

（二）一种性状的对比应在同一张照片上；

（三）照片应为彩色；

（四）照片规格为 8.5 厘米×12.5 厘米或者 10 厘米×15 厘米。

照片应当附有简要文字说明；必要时，植物新品种保护办公室可以要求申请人提供黑白照片。

第二十条 品种权的申请文件有下列情形之一的，植物新品种保护办公室不予受理：

（一）内容不全或者不符合规定格式的；

（二）字迹不清或者有严重涂改的；

（三）未使用中文的。

第二十一条 植物新品种保护办公室可以要求申请人送交申请品种权的植物品种和对照品种的繁殖材料，用于审查和检测。

第二十二条 申请人应当自收到植物新品种保护办公室通知之日起 3 个月内送交繁殖材料。送交种子的，申请人应当送至植物新品种保护办公室指定的保藏机构；送交无性繁殖材料的，申请人应当送至植物新品种办公室指定的测试机构。

申请人逾期不送交繁殖材料的，视为放弃申请。

第二十三条 申请人送交的繁殖材料应当依照国家有关规定进行检疫；应检疫而未检疫或者检疫不合格的，保藏机构或者测试机构不予接收。

第二十四条 申请人送交的繁殖材料不能满足测试或者检测需要以及不符合要求的，植物新品种保护办公室可以要求申请人补交。

申请人三次补交繁殖材料仍不符合规定的，视为放弃申请。

第二十五条 申请人送交的繁殖材料应当符合下列要求：

（一）与品种权申请文件中所描述的该植物品种的繁殖材料相一致；

（二）最新收获或者采集的；

（三）无病虫害；

（四）未进行药物处理。

申请人送交的繁殖材料已经进行了药物处理，应当附有使用药物的名称、使用的方法和目的。

第二十六条 保藏机构或者测试机构收到申请人送交的繁殖材料的，应当向申请人出具收据。

保藏机构或者测试机构对申请人送交的繁殖材料经检测合格的，应当出具检验合格证明，并报告植物新品种保护办公室；经检测不合格的，应当报告植物新品种保护办公室，由其按照有关规定处理。

第二十七条 保藏机构或者测试机构对申请人送交的繁殖材料，在品种权申请的审查期间和品种权的有效期限内，应当保密和妥善保管。

第二十八条 在中国没有经常居所或者营业所的外国人、外国企业或者其他外国组织申请品种权或者要求优先权的，植物新品种保护办公室可以要求其提供下列文件：

（一）国籍证明；

（二）申请人是企业或者其他组织的，其营业所或者总部所在地的证明文件；

（三）外国人、外国企业、外国其他组织的所属国承认中国的单位和个人可以按照该国国民的同等条件，在该国享有植物新品种的申请权、优先权和其他与品种权有关的证明文件。

第二十九条 申请人向国家林业局提出品种权申请之后，又向外国申请品种权的，可以请求植物新品种保护办公室出具优先权证明文件；符合条件的，植物新品种保护办公室应当出具优先权证明文件。

第三十条 申请人撤回品种权申请的，应当向国家林业局提出撤回申请，写明植物品种名称、申请号和申请日。

第三十一条 中国的单位和个人将在国内培育的植物新品种向国外申请品种权的，应当向国家林业局登记。

第五章　品种权的审查批准

第三十二条 国家林业局对品种权申请进行初步审查时，可以要求申请人就有关问题在规定的期限内提出陈述意见或者予以修正。

第三十三条 一件品种权申请包括二个以上品种权申请的，在实质审查前，植物新品种保护办公室应当要求申请人在规定的期限内提出分案申请；申请人在规定的期限内对其申请未进行分案修正或者期满未答复的，该申请视为放弃。

第三十四条 依照本细则第三十三条规定提出的分案申请，可以保留原申请日；享有优先权的，可保留优先权日，但不得超出原申请的范围。

分案申请应当依照《条例》及本细则的有关规定办理各种手续。

分案申请的请求书中应当写明原申请的申请号和申请日。原申请享有优先权的，应当提交原申请的优先权文件副本。

第三十五条 经初步审查符合《条例》和本细则规定条件的品种权申请，由国家林业局予以公告。

自品种权申请公告之日起至授予品种权之日前，任何人均可以对不符合《条例》和本细则规定的品种权申请向国家林业局提出异议，并说明理由。

第三十六条 品种权申请文件的修改部分，除个别文字修改或者增删外，应当按照规定格式提交替换页。

第三十七条 经实质审查后，符合《条例》规定的品种权申请，由国家林业局作出授予品种权的决定，向品种权申请人颁发品种权证书，予以登记和公告。

品种权人应当自收到领取品种权证书通知之日起 3 个月内领取品种权证书，并按照国家有关规定缴纳第一年年费。逾期未领取品种权证书并未缴纳年费的，视为放弃品种权，有正当理由的除外。

品种权自作出授予品种权的决定之日起生效。

第三十八条 国家林业局植物新品种复审委员会（以下简称复审委员会）由植物育种专家、栽培专家、法律专家和有关行政管理人员组成。

复审委员会主任委员由国家林业局主要负责人指定。

植物新品种保护办公室根据复审委员会的决定办理复审的有关事宜。

第三十九条 依照《条例》第三十二条第二款的规定向复审委员会请求复审的，应当提交符合国家林业局规定格式的复审请求书，并附具有关的证明材料。复审请求书和证明材料应当各一式两份。

申请人请求复审时，可以修改被驳回的品种权申请文件，但修改仅限于驳回申请的决定所涉及的部分。

第四十条 复审请求不符合规定要求的，复审请求人可以在复审委员会指定的期限内补正；期满未补正或者补正后仍不符合规定要求的，该复审请求视为放弃。

第四十一条 复审请求人在复审委员会作出决定前，可以撤回其复审请求。

第六章　品种权的终止和无效

第四十二条　依照《条例》第三十六条规定，品种权在其保护期限届满前终止的，其终止日期为：

（一）品种权人以书面声明放弃品种权的，自声明之日起终止；

（二）品种权人未按照有关规定缴纳年费的，自补缴年费期限届满之日起终止；

（三）品种权人未按照要求提供检测所需的该授权品种的繁殖材料或者送交的繁殖材料不符合要求的，国家林业局予以登记，其品种权自登记之日起终止；

（四）经检测该授权品种不再符合被授予品种权时的特征和特性的，自国家林业局登记之日起终止。

第四十三条　依照《条例》第三十七条第一款的规定，任何单位或者个人请求宣告品种权无效的，应当向复审委员会提交国家林业局规定格式的品种权无效宣告请求书和有关材料各一式两份，并说明所依据的事实和理由。

第四十四条　已授予的品种权不符合《条例》第十四条、第十五条、第十六条和第十七条规定的，由复审委员会依据职权或者任何单位或者个人的书面请求宣告品种权无效。

宣告品种权无效，由国家林业局登记和公告，并由植物新品种保护办公室通知当事人。

第四十五条　品种权无效宣告请求书中未说明所依据的事实和理由，或者复审委员会就一项品种权无效宣告请求已审理并决定仍维持品种权的，请求人又以同一事实和理由请求无效宣告的，复审委员会不予受理。

第四十六条　复审委员会应当自收到无效宣告请求书之日起 15 日内将品种权无效宣告请求书副本和有关材料送达品种权人。品种权人应当在收到后 3 个月内提出陈述意见；逾期未提出的，不影响复审委员会审理。

第四十七条　复审委员会对授权品种作出更名决定的，由国家林业局登记和公告，并由植物新品种保护办公室通知品种权人，更换品种权证书。

授权品种更名后，不得再使用原授权品种名称。

第四十八条　复审委员会对无效宣告的请求作出决定前，无效宣告请求人可以撤回其请求。

第七章　文件的递交、送达和期限

第四十九条　《条例》和本细则规定的各种事项，应当以书面形式办理。

第五十条　按照《条例》和本细则规定提交的各种文件应当使用中文，并采用国家统一规定的科技术语。

外国人名、地名和没有统一中文译文的科技术语，应当注明原文。

依照《条例》和本细则规定提交的证明文件是外文的，应当附送中文译文；未附送的，视为未提交证明文件。

第五十一条　当事人提交的各种文件可以打印，也可以使用钢笔或者毛笔书写，但要整齐清晰，纸张只限单面使用。

第五十二条　依照《条例》和本细则规定，提交各种文件和有关材料的，当事人可以直接提交，也可以邮寄。邮寄时，以寄出的邮戳日为提交日。寄出的邮戳日不清晰的，除当事人能够提供证明外，以收到日为提交日。

依照《条例》和本细则规定，向当事人送达的各种文件和有关材料的，可以直接送交、邮寄或者以公告的方式送达。当事人委托代理机构的，送达代理机构；未委托代理机构的，送达当事人。

依本条第二款规定直接送达的，以交付日为送达日；邮寄送达的，自寄出之日起满 15 日，视为送达；公告送达的，自公告之日起满 2 个月，视为送达。

第五十三条　《条例》和本细则规定的各种期限，以年或者月计算的，以其最后一月的相应日为期限届满日；该月无相应日的，以该月最后一日为期限届满日；期限届满日是法定节假日的，以节假日后的第一个工作日为期限届满日。

第五十四条　当事人因不可抗力或者特殊情况耽误《条例》和本细则规定的期限，造成其权利丧失的，自障碍消除之日起 2 个月内，但是最多不得超过自期限届满之日起 2 年，可以向国家林业局说明理由并附具有关证明材料，请求恢复其权利。

第五十五条　《条例》和本细则所称申请日，有优先权的，指优先权日。

第八章　费用和公报

第五十六条　申请品种权的，应当按照规定缴纳申请费、审查费；需要测试的，应当缴纳测试费。授予品种权的，应当缴纳年费。

第五十七条　当事人缴纳本细则第五十六条规定费用的，可以向植物新品种保护办公室直接缴纳，也可以通过邮局或者银行汇付，但不得使用电汇。

通过邮局或者银行汇付的，应当注明申请号或者品种权证书号、申请人或者品种权人的姓名或者名称、费用名称以及授权品种名称。

通过邮局或者银行汇付时，以汇出日为缴费日。

第五十八条　依照《条例》第二十四条的规定，申请人可以在提交品种权申请的同时缴纳申请费，也可以在收到缴费通知之日起1个月内缴纳；期满未缴纳或者未缴足的，其申请视为撤回。

按照规定应当缴纳测试费的，自收到缴费通知之日起1个月内缴纳；期满未缴纳或者未缴足的，其申请视为放弃。

第五十九条　第一次年费应当于领取品种权证书时缴纳，以后的年费应当在前一年度期满前1个月内预缴。

第六十条　品种权人未按时缴纳第一年以后的年费或者缴纳数额不足的，植物新品种保护办公室应当通知品种权人自应当缴纳年费期满之日起6个月内补缴，同时缴纳金额为年费的25％的滞纳金。

第六十一条　自本细则施行之日起3年内，当事人缴纳本细则第五十六条规定的费用确有困难的，经申请并由国家林业局批准，可以减缴或者缓缴。

第六十二条　国家林业局定期出版植物新品种保护公报，公告品种权申请、授予、转让、继承、终止等有关事项。

植物新品种保护办公室设置品种权登记簿，登记品种权申请、授予、转让、继承、终止等有关事项。

第九章　附　　则

第六十三条　县级以上林业主管部门查处《条例》规定的行政处罚案件时，适用林业行政处罚程序的规定。

第六十四条　《条例》所称的假冒授权品种，是指：

（一）使用伪造的品种权证书、品种权号的；

（二）使用已经被终止或者被宣告无效品种权的品种权证书、品种权号的；

（三）以非授权品种冒充授权品种的；

（四）以此种授权品种冒充他种授权品种的；

（五）其他足以使他人将非授权品种误认为授权品种的。

第六十五条　当事人因植物新品种的申请权或者品种权发生纠纷，已向人民法院提起诉讼并受理的，应当向国家林业局报告并附具人民法院已受理的证明材料。国家林业局按照有关规定作出中止或者终止的决定。

第六十六条　在初步审查、实质审查、复审和无效宣告程序中进行审查和复审的人员，有下列情形之一的，应当申请回避；当事人或者其他有利害关系人也可以要求其回避：

（一）是当事人或者其代理人近亲属的；

（二）与品种权申请或者品种权有直接利害关系的；

（三）与当事人或者其他代理人有其他可能影响公正审查和审理关系的。

审查人员的回避，由植物新品种保护办公室决定；复审委员会人员的回避，由国家林业局决定。在回避申请未被批准前，审查和复审人员不得终止履行职责。

第六十七条　任何人经植物新品种保护办公室同意，可以查阅或者复制已经公告的品种权申请的案卷和品种权登记簿。

依照《条例》和本细则的规定，已被驳回、撤回或者视为放弃品种权申请的材料和已被放弃、无效宣告或者终止品种权的材料，由植物新品种保护办公室予以销毁。

第六十八条　请求变更品种权申请人和品种权人的，应当向植物新品种保护办公室办理著录事项变更手续，并提出变更理由和证明材料。

第六十九条　本细则由国家林业局负责解释。

第七十条　本细则自发布之日起施行。

8. 主要农作物品种审定办法

（2016年7月8日农业部令2016年第4号公布，2019年4月25日农业农村部令2019年第2号、2022年1月21日农业农村部令2022年第2号修订）

第一章　总　　则

第一条　为科学、公正、及时地审定主要农作物品种，根据《中华人民共和国种子法》（以下简称《种子法》），制定本办法。

第二条　在中华人民共和国境内的主要农作物品种审定，适用本办法。

第三条　本办法所称主要农作物，是指稻、小麦、玉米、棉花、大豆。

第四条　省级以上人民政府农业农村主管部门应当采取措施，加强品种审定工作监督管理。省级人民政府农业农村主管部门应当完善品种选育、审定工作的区域协作机制，促进优良品种的选育和推广。

第二章 品种审定委员会

第五条 农业农村部设立国家农作物品种审定委员会，负责国家级农作物品种审定工作。省级人民政府农业农村主管部门设立省级农作物品种审定委员会，负责省级农作物品种审定工作。

农作物品种审定委员会建立包括申请文件、品种审定试验数据、种子样品、审定意见和审定结论等内容的审定档案，保证可追溯。

第六条 品种审定委员会由科研、教学、生产、推广、管理、使用等方面的专业人员组成。委员应当具有高级专业技术职称或处级以上职务，年龄一般在 55 岁以下。每届任期 5 年，连任不得超过两届。

品种审定委员会设主任 1 名，副主任 2～5 名。

第七条 品种审定委员会设立办公室，负责品种审定委员会的日常工作，设主任 1 名，副主任 1～2 名。

第八条 品种审定委员会按作物种类设立专业委员会，各专业委员会由 9～23 人的单数组成，设主任 1 名，副主任 1～2 名。

省级品种审定委员会对本辖区种植面积小的主要农作物，可以合并设立专业委员会。

第九条 品种审定委员会设立主任委员会，由品种审定委员会主任和副主任、各专业委员会主任、办公室主任组成。

第三章 申请和受理

第十条 申请品种审定的单位、个人（以下简称申请者），可以直接向国家农作物品种审定委员会或省级农作物品种审定委员会提出申请。

申请转基因主要农作物（不含棉花）品种审定的，应当直接向国家农作物品种审定委员会提出申请。

在中国境内没有经常居所或者营业场所的境外机构和个人在境内申请品种审定的，应当委托具有法人资格的境内种子企业代理。

第十一条 申请者可以单独申请国家级审定或省级审定，也可以同时申请国家级审定和省级审定，还可以同时向几个省、自治区、直辖市申请审定。

第十二条 申请审定的品种应当具备下列条件：

（一）人工选育或发现并经过改良；

（二）与现有品种（已审定通过或本级品种审定委员会已受理的其他品种）

有明显区别；

（三）形态特征和生物学特性一致；

（四）遗传性状稳定；

（五）具有符合《农业植物品种命名规定》的名称；

（六）已完成同一生态类型区 2 个生产周期以上、多点的品种比较试验。其中，申请国家级品种审定的，稻、小麦、玉米品种比较试验每年不少于 20 个点，棉花、大豆品种比较试验每年不少于 10 个点，或具备省级品种审定试验结果报告；申请省级品种审定的，品种比较试验每年不少于 5 个点。

第十三条 申请品种审定的，应当向品种审定委员会办公室提交以下材料：

（一）申请表，包括作物种类和品种名称，申请者名称、地址、邮政编码、联系人、电话号码、传真、国籍，品种选育的单位或者个人（以下简称育种者）等内容；

（二）品种选育报告，包括亲本组合以及杂交种的亲本血缘关系、选育方法、世代和特性描述；品种（含杂交种亲本）特征特性描述、标准图片，建议的试验区域和栽培要点；品种主要缺陷及应当注意的问题；

（三）品种比较试验报告，包括试验品种、承担单位、抗性表现、品质、产量结果及各试验点数据、汇总结果等；

（四）品种和申请材料真实性承诺书。

转基因主要农作物品种，除应当提交前款规定的材料外，还应当提供以下材料：

（一）转化体相关信息，包括目的基因、转化体特异性检测方法；

（二）转化体所有者许可协议；

（三）依照《农业转基因生物安全管理条例》第十六条规定取得的农业转基因生物安全证书；

（四）有检测条件和能力的技术检测机构出具的转基因目标性状与转化体特征特性一致性检测报告；

（五）非受体品种育种者申请品种审定的，还应当提供受体品种权人许可或者合作协议。

第十四条 品种审定委员会办公室在收到申请材料 45 日内作出受理或不予受理的决定，并书面通知申请者。

对于符合本办法第十二条、第十三条规定的，应当受理，并通知申请者在

30 日内提供试验种子。对于提供试验种子的，由办公室安排品种试验。逾期不提供试验种子的，视为撤回申请。

对于不符合本办法第十二条、第十三条规定的，不予受理。申请者可以在接到通知后 30 日内陈述意见或者对申请材料予以修正，逾期未陈述意见或者修正的，视为撤回申请；修正后仍然不符合规定的，驳回申请。

第十五条 品种审定委员会办公室应当在申请者提供的试验种子中留取标准样品，交农业农村部指定的植物品种标准样品库保存。

第四章　品种试验

第十六条 品种试验包括以下内容：

（一）区域试验；

（二）生产试验；

（三）品种特异性、一致性和稳定性测试（以下简称 DUS 测试）。

第十七条 国家级品种区域试验、生产试验由全国农业技术推广服务中心组织实施，省级品种区域试验、生产试验由省级种子管理机构组织实施。

品种试验组织实施单位应当充分听取品种审定申请人和专家意见，合理设置试验组别，优化试验点布局，建立健全管理制度，科学制定试验实施方案，并向社会公布。

第十八条 区域试验应当对品种丰产性、稳产性、适应性、抗逆性等进行鉴定，并进行品质分析、DNA 指纹检测等。对非转基因品种进行转基因成分检测；对转基因品种进行转化体真实性检测，并对转基因目标性状与转化体特征特性一致性检测报告进行验证。

每一个品种的区域试验，试验时间不少于两个生产周期，田间试验设计采用随机区组或间比法排列。同一生态类型区试验点，国家级不少于 10 个，省级不少于 5 个。

第十九条 生产试验在区域试验完成后，在同一生态类型区，按照当地主要生产方式，在接近大田生产条件下对品种的丰产性、稳产性、适应性、抗逆性等进一步验证。

每一个品种的生产试验点数量不少于区域试验点，每一个品种在一个试验点的种植面积不少于 300 平方米，不大于 3 000 平方米，试验时间不少于一个生产周期。

第一个生产周期综合性状突出的品种，生产试验可与第二个生产周期的区域试验同步进行。

第二十条 区域试验、生产试验对照品种应当是同一生态类型区同期生产上推广应用的已审定品种，具备良好的代表性。

对照品种由品种试验组织实施单位提出，品种审定委员会相关专业委员会确认，并根据农业生产发展的需要适时更换。

省级农作物品种审定委员会应当将省级区域试验、生产试验对照品种报国家农作物品种审定委员会备案。

第二十一条 区域试验、生产试验、DUS测试承担单位应当具备独立法人资格，具有稳定的试验用地、仪器设备、技术人员。

品种试验技术人员应当具有相关专业大专以上学历或中级以上专业技术职称、品种试验相关工作经历，并定期接受相关技术培训。

抗逆性鉴定由品种审定委员会指定的鉴定机构承担，品质检测、DNA指纹检测、转基因检测由具有资质的检测机构承担。

品种试验、测试、鉴定承担单位与个人应当对数据的真实性负责。

转基因品种试验承担单位应当依照《农业转基因生物安全管理条例》及相关法律、行政法规和部门规章等的规定，采取相应的安全管理、防范措施。

第二十二条 品种试验组织实施单位应当会同品种审定委员会办公室，定期组织开展品种试验考察，检查试验质量、鉴评试验品种表现，并形成考察报告，对田间表现出严重缺陷的品种保留现场图片资料。

第二十三条 品种试验组织实施单位应当在每个生产周期结束后45日内召开品种试验总结会议。品种审定委员会专业委员会根据试验汇总结果、试验考察情况，确定品种是否终止试验、继续试验、提交审定，由品种审定委员会办公室将品种处理结果及时通知申请者。

第二十四条 申请者具备试验能力并且试验品种是自有品种的，可以按照下列要求自行开展品种试验：

（一）在国家级或省级品种区域试验基础上，自行开展生产试验；

（二）自有品种属于特殊用途品种的，自行开展区域试验、生产试验，生产试验可与第二个生产周期区域试验合并进行。特殊用途品种的范围、试验要求由同级品种审定委员会确定；

（三）申请者属于企业联合体、科企联合体和科研单位联合体的，组织开展相应区组的品种试验。联合体成员数量应当不少于5家，并且签订相关合作协议，按照同权同责原则，明确责任义务。一个法人单位在同一试验区组内只能参加一个试验联合体。

前款规定自行开展品种试验的实施方案应当在播种前 30 日内报国家级或省级品种试验组织实施单位，符合条件的纳入国家级或省级品种试验统一管理。

第二十五条 申请审定的转基因品种，除目标性状外，其他特征特性与受体品种无变化，受体品种已通过审定且未撤销审定，按以下两种情形进行品种试验：

（一）申请审定的适宜种植区域在受体品种适宜种植区域范围内，可简化试验程序，只需开展一年的生产试验；

（二）申请审定的适宜种植区域不在受体品种适宜种植区域范围内的，应当开展两年区域试验、一年生产试验。

对于转育的新品种，应当开展两年区域试验、一年生产试验和 DUS 测试。

第二十六条 DUS 测试由申请者自主或委托农业农村部授权的测试机构开展，接受农业农村部科技发展中心指导。

申请者自主测试的，应当在播种前 30 日内，按照审定级别将测试方案报农业农村部科技发展中心或省级种子管理机构。农业农村部科技发展中心、省级种子管理机构分别对国家级审定、省级审定 DUS 测试过程进行监督检查，对样品和测试报告的真实性进行抽查验证。

DUS 测试所选择近似品种应当为特征特性最为相似的品种，DUS 测试依据相应主要农作物 DUS 测试指南进行。测试报告应当由法人代表或法人代表授权签字。

第二十七条 符合农业农村部规定条件、获得选育生产经营相结合许可证的种子企业（以下简称育繁推一体化种子企业），对其自主研发的主要农作物非转基因品种可以在相应生态区自行开展品种试验，完成试验程序后提交申请材料。

试验实施方案应当在播种前 30 日内报国家级或省级品种试验组织实施单位备案。

育繁推一体化种子企业应当建立包括品种选育过程、试验实施方案、试验原始数据等相关信息的档案，并对试验数据的真实性负责，保证可追溯，接受省级以上人民政府农业农村主管部门和社会的监督。

第五章 审定与公告

第二十八条 对于完成试验程序的品种，申请者、品种试验组织实施单位、育繁推一体化种子企业应当在 2 月底和 9 月底前分别将稻、玉米、棉花、大豆品种和小麦品种各试验点数据、汇总结果、DNA 指纹检测报告、DUS 测试报告、转化体真实性检测报告等提交品种审定委员会办公室。

品种审定委员会办公室在 30 日内提交品种审定委员会相关专业委员会初审，专业委员会应当在 30 日内完成初审。

第二十九条 初审品种时，各专业委员会应当召开全体会议，到会委员达到该专业委员会委员总数三分之二以上的，会议有效。对品种的初审，根据审定标准，采用无记名投票表决，赞成票数达到该专业委员会委员总数二分之一以上的品种，通过初审。

专业委员会对育繁推一体化种子企业提交的品种试验数据等材料进行审核，达到审定标准的，通过初审。

第三十条 初审实行回避制度。专业委员会主任的回避，由品种审定委员会办公室决定；其他委员的回避，由专业委员会主任决定。

第三十一条 初审通过的品种，由品种审定委员会办公室在 30 日内将初审意见及各试点试验数据、汇总结果，在同级农业农村主管部门官方网站公示，公示期不少于 30 日。

第三十二条 公示期满后，品种审定委员会办公室应当将初审意见、公示结果，提交品种审定委员会主任委员会审核。主任委员会应当在 30 日内完成审核。审核同意的，通过审定。

育繁推一体化种子企业自行开展自主研发品种试验，品种通过初审后，应当在公示期内将品种标准样品提交至农业农村部指定的植物品种标准样品库保存。

第三十三条 审定通过的品种，由品种审定委员会编号、颁发证书，同级农业农村主管部门公告。

省级审定的农作物品种在公告前，应当由省级人民政府农业农村主管部门将品种名称等信息报农业农村部公示，公示期为 15 个工作日。

第三十四条 审定编号为审定委员会简称、作物种类简称、年号、序号，其中序号为四位数。

第三十五条 审定公告内容包括：审定编号、品种名称、申请者、育种者、品种来源、形态特征、生育期（组）、产量、品质、抗逆性、栽培技术要点、适宜种植区域及注意事项等。

转基因品种还应当包括转化体所有者、转化体名称、农业转基因生物安全证书编号、转基因目标性状等。

省级品种审定公告,应当在发布后 30 日内报国家农作物品种审定委员会备案。

审定公告公布的品种名称为该品种的通用名称。禁止在生产、经营、推广过程中擅自更改该品种的通用名称。

第三十六条 审定证书内容包括:审定编号、品种名称、申请者、育种者、品种来源、审定意见、公告号、证书编号。

转基因品种还应当包括转化体所有者、转化体名称、农业转基因生物安全证书编号。

第三十七条 审定未通过的品种,由品种审定委员会办公室在 30 日内书面通知申请者。申请者对审定结果有异议的,可以自接到通知之日起 30 日内,向原品种审定委员会或者国家级品种审定委员会申请复审。品种审定委员会应当在下一次审定会议期间对复审理由、原审定文件和原审定程序进行复审。对病虫害鉴定结果提出异议的,品种审定委员会认为有必要的,安排其他单位再次鉴定。

品种审定委员会办公室应当在复审后 30 日内将复审结果书面通知申请者。

第三十八条 品种审定标准,由同级农作物品种审定委员会制定。审定标准应当有利于产量、品质、抗性等的提高与协调,有利于适应市场和生活消费需要的品种的推广。

省级品种审定标准,应当在发布后 30 日内报国家农作物品种审定委员会备案。

制定品种审定标准,应当公开征求意见。

第六章 引种备案

第三十九条 省级人民政府农业农村主管部门应当建立同一适宜生态区省际间品种试验数据共享互认机制,开展引种备案。

第四十条 通过省级审定的品种,其他省、自治区、直辖市属于同一适宜生态区的地域引种的,引种者应当报所在省、自治区、直辖市人民政府农业农村主管部门备案。

备案时,引种者应当填写引种备案表,包括作物种类、品种名称、引种者名称、联系方式、审定品种适宜种植区域、拟引种区域等信息。

第四十一条 引种者应当在拟引种区域开展不少于 1 年的适应性、抗病性试验，对品种的真实性、安全性和适应性负责。具有植物新品种权的品种，还应当经过品种权人的同意。

第四十二条　省、自治区、直辖市人民政府农业农村主管部门及时发布引种备案公告，公告内容包括品种名称、引种者、育种者、审定编号、引种适宜种植区域等内容。公告号格式为：（X）引种〔X〕第 X 号，其中，第一个"X"为省、自治区、直辖市简称，第二个"X"为年号，第三个"X"为序号。

第四十三条　国家审定品种同一适宜生态区，由国家农作物品种审定委员会确定。省级审定品种同一适宜生态区，由省级农作物品种审定委员会依据国家农作物品种审定委员会确定的同一适宜生态区具体确定。

第七章　撤销审定

第四十四条　审定通过的品种，有下列情形之一的，应当撤销审定：

（一）在使用过程中出现不可克服严重缺陷的；

（二）种性严重退化或失去生产利用价值的；

（三）未按要求提供品种标准样品或者标准样品不真实的；

（四）以欺骗、伪造试验数据等不正当方式通过审定的。

（五）农业转基因生物安全证书已过期的。

第四十五条　拟撤销审定的品种，由品种审定委员会办公室在书面征求品种审定申请者意见后提出建议，经专业委员会初审后，在同级农业农村主管部门官方网站公示，公示期不少于 30 日。

公示期满后，品种审定委员会办公室应当将初审意见、公示结果，提交品种审定委员会主任委员会审核，主任委员会应当在 30 日内完成审核。审核同意撤销审定的，由同级农业农村主管部门予以公告。

第四十六条　公告撤销审定的品种，自撤销审定公告发布之日起停止生产、广告，自撤销审定公告发布一个生产周期后停止推广、销售。品种审定委员会认为有必要的，可以决定自撤销审定公告发布之日起停止推广、销售。

省级品种撤销审定公告，应当在发布后 30 日内报国家农作物品种审定委员会备案。

第八章　监督管理

第四十七条　农业农村部建立全国农作物品种审定数据信息系统，实现国家和省两级品种试验与审定网上申请、受理、审核、发布，品种试验数据、审定通过品种、撤销审定品种、引种备案品种、标准样品、转化体等信息互联共享，审定证书网上统一打印。审定证书格式由国家农作物品种审定委员会统一制定。

省级以上人民政府农业农村主管部门应当在统一的政府信息发布平台上发布品种审定、撤销审定、引种备案、监督管理等信息，接受监督。

第四十八条 品种试验、审定单位及工作人员，对在试验、审定过程中获知的申请者的商业秘密负有保密义务，不得对外提供申请品种审定的种子或者谋取非法利益。

第四十九条 品种审定委员会委员和工作人员应当忠于职守，公正廉洁。品种审定委员会委员、工作人员不依法履行职责，弄虚作假、徇私舞弊的，依法给予处分；自处分决定作出之日起五年内不得从事品种审定工作。

第五十条 申请者在申请品种审定过程中有欺骗、贿赂等不正当行为的，三年内不受理其申请。

联合体成员单位弄虚作假的，终止联合体品种试验审定程序；弄虚作假成员单位三年内不得申请品种审定，不得再参加联合体试验；其他成员单位应当承担连带责任，三年内不得参加其他联合体试验。

第五十一条 品种测试、试验、鉴定机构伪造试验数据或者出具虚假证明的，按照《种子法》第七十二条及有关法律行政法规的规定进行处罚。

第五十二条 育繁推一体化种子企业自行开展品种试验和申请审定有造假行为的，由省级以上人民政府农业农村主管部门处一百万元以上五百万元以下罚款；不得再自行开展品种试验；给种子使用者和其他种子生产经营者造成损失的，依法承担赔偿责任。

第五十三条 农业农村部对省级人民政府农业农村主管部门的品种审定工作进行监督检查，未依法开展品种审定、引种备案、撤销审定的，责令限期改正，依法给予处分。

第五十四条 违反本办法规定，构成犯罪的，依法追究刑事责任。

第九章 附 则

第五十五条 农作物品种审定所需工作经费和品种试验经费，列入同级农业农村主管部门财政专项经费预算。

第五十六条 育繁推一体化企业自行开展试验的品种和联合体组织开展试

验的品种，不再参加国家级和省级试验组织实施单位组织的相应区组品种试验。

第五十七条　本办法自 2016 年 8 月 15 日起施行，农业部 2001 年 2 月 26 日发布、2007 年 11 月 8 日和 2014 年 2 月 1 日修订的《主要农作物品种审定办法》，以及 2001 年 2 月 26 日发布的《主要农作物范围规定》同时废止。

9. 非主要农作物品种登记办法

（2017 年 3 月 30 日农业部令 2017 年第 1 号公布）

第一章　总　　则

第一条　为了规范非主要农作物品种管理，科学、公正、及时地登记非主要农作物品种，根据《中华人民共和国种子法》（以下简称《种子法》），制定本办法。

第二条　在中华人民共和国境内的非主要农作物品种登记，适用本办法。

法律、行政法规和农业部规章对非主要农作物品种管理另有规定的，依照其规定。

第三条　本办法所称非主要农作物，是指稻、小麦、玉米、棉花、大豆五种主要农作物以外的其他农作物。

第四条　列入非主要农作物登记目录的品种，在推广前应当登记。

应当登记的农作物品种未经登记的，不得发布广告、推广，不得以登记品种的名义销售。

第五条　农业部主管全国非主要农作物品种登记工作，制定、调整非主要农作物登记目录和品种登记指南，建立全国非主要农作物品种登记信息平台（以下简称品种登记平台），具体工作由全国农业技术推广服务中心承担。

第六条　省级人民政府农业主管部门负责品种登记的具体实施和监督管理，受理品种登记申请，对申请者提交的申请文件进行书面审查。

省级以上人民政府农业主管部门应当采取有效措施，加强对已登记品种的监督检查，履行好对申请者和品种测试、试验机构的监管责任，保证消费安全和用种安全。

第七条　申请者申请品种登记，应当对申请文件和种子样品的合法性、真实性负责，保证可追溯，接受监督检查。给种子使用者和其他种子生产经营者造成损失的，依法承担赔偿责任。

第二章 申请、受理与审查

第八条 品种登记申请实行属地管理。一个品种只需要在一个省份申请登记。

第九条 两个以上申请者分别就同一个品种申请品种登记的，优先受理最先提出的申请；同时申请的，优先受理该品种育种者的申请。

第十条 申请者应当在品种登记平台上实名注册，可以通过品种登记平台提出登记申请，也可以向住所地的省级人民政府农业主管部门提出书面登记申请。

第十一条 在中国境内没有经常居所或者营业场所的境外机构、个人在境内申请品种登记的，应当委托具有法人资格的境内种子企业代理。

第十二条 申请登记的品种应当具备下列条件：

（一）人工选育或发现并经过改良；

（二）具备特异性、一致性、稳定性；

（三）具有符合《农业植物品种命名规定》的品种名称。

申请登记具有植物新品种权的品种，还应当经过品种权人的书面同意。

第十三条 对新培育的品种，申请者应当按照品种登记指南的要求提交以下材料：

（一）申请表；

（二）品种特性、育种过程等的说明材料；

（三）特异性、一致性、稳定性测试报告；

（四）种子、植株及果实等实物彩色照片；

（五）品种权人的书面同意材料；

（六）品种和申请材料合法性、真实性承诺书。

第十四条 本办法实施前已审定或者已销售种植的品种，申请者可以按照品种登记指南的要求，提交申请表、品种生产销售应用情况或者品种特异性、一致性、稳定性说明材料，申请品种登记。

第十五条 省级人民政府农业主管部门对申请者提交的材料，应当根据下列情况分别作出处理：

（一）申请品种不需要品种登记的，即时告知申请者不予受理；

（二）申请材料存在错误的，允许申请者当场更正；

（三）申请材料不齐全或者不符合法定形式的，应当当场或者在五个工作日内一次告知申请者需要补正的全部内容，逾期不告知的，自收到申请材料之日起即为受理；

（四）申请材料齐全、符合法定形式，或者申请者按照要求提交全部补正材料的，予以受理。

第十六条　省级人民政府农业主管部门自受理品种登记申请之日起二十个工作日内，对申请者提交的申请材料进行书面审查，符合要求的，将审查意见报农业部，并通知申请者提交种子样品。经审查不符合要求的，书面通知申请者并说明理由。

申请者应当在接到通知后按照品种登记指南要求提交种子样品；未按要求提供的，视为撤回申请。

第十七条　省级人民政府农业主管部门在二十个工作日内不能作出审查决定的，经本部门负责人批准，可以延长十个工作日，并将延长期限理由告知申请者。

第三章　登记与公告

第十八条　农业部自收到省级人民政府农业主管部门的审查意见之日起二十个工作日内进行复核。对符合规定并按规定提交种子样品的，予以登记，颁发登记证书；不予登记的，书面通知申请者并说明理由。

第十九条　登记证书内容包括：登记编号、作物种类、品种名称、申请者、育种者、品种来源、适宜种植区域及季节等。

第二十条　农业部将品种登记信息进行公告，公告内容包括：登记编号、作物种类、品种名称、申请者、育种者、品种来源、特征特性、品质、抗性、产量、栽培技术要点、适宜种植区域及季节等。

登记编号格式为：GPD＋作物种类＋（年号）＋2 位数字的省份代号＋4位数字顺序号。

第二十一条　登记证书载明的品种名称为该品种的通用名称，禁止在生产、销售、推广过程中擅自更改。

第二十二条　已登记品种，申请者要求变更登记内容的，应当向原受理的省级人民政府农业主管部门提出变更申请，并提交相关证明材料。

原受理的省级人民政府农业主管部门对申请者提交的材料进行书面审查，符合要求的，报农业部予以变更并公告，不再提交种子样品。

第四章　监督管理

第二十三条　农业部推进品种登记平台建设，逐步实行网上办理登记申请与受理，在统一的政府信息发布平台上发布品种登记、变更、撤销、监督管理等信息。

第二十四条　农业部对省级人民政府农业主管部门开展品种登记工作情况进行监督检查，及时纠正违法行为，责令限期改正，对有关责任人员依法给予处分。

第二十五条　省级人民政府农业主管部门发现已登记品种存在申请文件、种子样品不实，或者已登记品种出现不可克服的严重缺陷等情形的，应当向农业部提出撤销该品种登记的意见。

农业部撤销品种登记的，应当公告，停止推广；对于登记品种申请文件、种子样品不实的，按照规定将申请者的违法信息记入社会诚信档案，向社会公布。

第二十六条　申请者在申请品种登记过程中有欺骗、贿赂等不正当行为的，三年内不受理其申请。

第二十七条　品种测试、试验机构伪造测试、试验数据或者出具虚假证明的，省级人民政府农业主管部门应当依照《种子法》第七十二条规定，责令改正，对单位处五万元以上十万元以下罚款，对直接负责的主管人员和其他直接责任人员处一万元以上五万元以下罚款；有违法所得的，并处没收违法所得；给种子使用者和其他种子生产经营者造成损失的，与种子生产经营者承担连带责任。情节严重的，依法取消品种测试、试验资格。

第二十八条　有下列行为之一的，由县级以上人民政府农业主管部门依照《种子法》第七十八条规定，责令停止违法行为，没收违法所得和种子，并处二万元以上二十万元以下罚款：

（一）对应当登记未经登记的农作物品种进行推广，或者以登记品种的名义进行销售的；

（二）对已撤销登记的农作物品种进行推广，或者以登记品种的名义进行销售的。

第二十九条　品种登记工作人员应当忠于职守，公正廉洁，对在登记过程中获知的申请者的商业秘密负有保密义务，不得擅自对外提供登记品种的种子样品或者谋取非法利益。不依法履行职责，弄虚作假、徇私舞弊的，依法给予处分；自处分决定作出之日起五年内不得从事品种登记工作。

第五章　附　　则

第三十条　品种适应性、抗性鉴定以及特异性、一致性、稳定性测试，申请者可以自行开展，也可以委托其他机构开展。

第三十一条　本办法自 2017 年 5 月 1 日起施行。

10. 最高人民法院关于审理植物新品种纠纷案件若干问题的解释

（2000 年 12 月 25 日最高人民法院审判委员会第 1 154 次会议通过，根据 2020 年 12 月 23 日最高人民法院审判委员会第 1 823 次会议通过的《最高人民法院关于修改〈最高人民法院关于审理侵犯专利权纠纷案件应用法律若干问题的解释（二）〉等十八件知识产权类司法解释的决定》修正）

为依法受理和审判植物新品种纠纷案件，根据《中华人民共和国民法典》《中华人民共和国种子法》《中华人民共和国民事诉讼法》《中华人民共和国行政诉讼法》《全国人民代表大会常务委员会关于在北京、上海、广州设立知识产权法院的决定》和《全国人民代表大会常务委员会关于专利等知识产权案件诉讼程序若干问题的决定》的有关规定，现就有关问题解释如下：

第一条　人民法院受理的植物新品种纠纷案件主要包括以下几类：

（一）植物新品种申请驳回复审行政纠纷案件；

（二）植物新品种权无效行政纠纷案件；

（三）植物新品种权更名行政纠纷案件；

（四）植物新品种权强制许可纠纷案件；

（五）植物新品种权实施强制许可使用费纠纷案件；

（六）植物新品种申请权权属纠纷案件；

（七）植物新品种权权属纠纷案件；

（八）植物新品种申请权转让合同纠纷案件；

（九）植物新品种权转让合同纠纷案件；

（十）侵害植物新品种权纠纷案件；

（十一）假冒他人植物新品种权纠纷案件；

（十二）植物新品种培育人署名权纠纷案件；

（十三）植物新品种临时保护期使用费纠纷案件；

（十四）植物新品种行政处罚纠纷案件；

（十五）植物新品种行政复议纠纷案件；

（十六）植物新品种行政赔偿纠纷案件；

（十七）植物新品种行政奖励纠纷案件；

（十八）其他植物新品种权纠纷案件。

第二条 人民法院在依法审查当事人涉及植物新品种权的起诉时，只要符合《中华人民共和国民事诉讼法》第一百一十九条、《中华人民共和国行政诉讼法》第四十九条规定的民事案件或者行政案件的起诉条件，均应当依法予以受理。

第三条 本解释第一条所列第一至五类案件，由北京知识产权法院作为第一审人民法院审理；第六至十八类案件，由知识产权法院，各省、自治区、直辖市人民政府所在地和最高人民法院指定的中级人民法院作为第一审人民法院审理。

当事人对植物新品种纠纷民事、行政案件第一审判决、裁定不服，提起上诉的，由最高人民法院审理。

第四条 以侵权行为地确定人民法院管辖的侵害植物新品种权的民事案件，其所称的侵权行为地，是指未经品种权所有人许可，生产、繁殖或者销售该授权植物新品种的繁殖材料的所在地，或者为商业目的将该授权品种的繁殖材料重复使用于生产另一品种的繁殖材料的所在地。

第五条 关于植物新品种申请驳回复审行政纠纷案件、植物新品种权无效或者更名行政纠纷案件，应当以植物新品种审批机关为被告；关于植物新品种强制许可纠纷案件，应当以植物新品种审批机关为被告；关于实施强制许可使用费纠纷案件，应当根据原告所请求的事项和所起诉的当事人确定被告。

第六条 人民法院审理侵害植物新品种权纠纷案件，被告在答辩期间内向植物新品种审批机关请求宣告该植物新品种权无效的，人民法院一般不中止诉讼。

11. 最高人民法院关于审理侵害植物新品种权纠纷案件具体应用法律问题的若干规定

法释〔2020〕19 号

（2006 年 12 月 25 日由最高人民法院审判委员会第 1 411 次会议通过，根据 2020 年 12 月 23 日最高人民法院审判委员会第 1 823 次会议通过的《最高人民法院关于修改〈最高人民法院关于审理侵犯专利权纠纷案件应用法律若干问题的解释（二）〉等十八件知识产权类司法解释的决定》修正）

为正确处理侵害植物新品种权纠纷案件，根据《中华人民共和国民法典》

《中华人民共和国种子法》《中华人民共和国民事诉讼法》《全国人民代表大会常务委员会关于在北京、上海、广州设立知识产权法院的决定》和《全国人民代表大会常务委员会关于专利等知识产权案件诉讼程序若干问题的决定》等有关规定，结合侵害植物新品种权纠纷案件的审判经验和实际情况，就具体应用法律的若干问题规定如下：

第一条　植物新品种权所有人（以下称品种权人）或者利害关系人认为植物新品种权受到侵害的，可以依法向人民法院提起诉讼。

前款所称利害关系人，包括植物新品种实施许可合同的被许可人、品种权财产权利的合法继承人等。

独占实施许可合同的被许可人可以单独向人民法院提起诉讼；排他实施许可合同的被许可人可以和品种权人共同起诉，也可以在品种权人不起诉时，自行提起诉讼；普通实施许可合同的被许可人经品种权人明确授权，可以提起诉讼。

第二条　未经品种权人许可，生产、繁殖或者销售授权品种的繁殖材料，或者为商业目的将授权品种的繁殖材料重复使用于生产另一品种的繁殖材料的，人民法院应当认定为侵害植物新品种权。

被诉侵权物的特征、特性与授权品种的特征、特性相同，或者特征、特性的不同是因非遗传变异所致的，人民法院一般应当认定被诉侵权物属于生产、繁殖或者销售授权品种的繁殖材料。

被诉侵权人重复以授权品种的繁殖材料为亲本与其他亲本另行繁殖的，人民法院一般应当认定属于为商业目的将授权品种的繁殖材料重复使用于生产另一品种的繁殖材料。

第三条　侵害植物新品种权纠纷案件涉及的专门性问题需要鉴定的，由双方当事人协商确定的有鉴定资格的鉴定机构、鉴定人鉴定；协商不成的，由人民法院指定的有鉴定资格的鉴定机构、鉴定人鉴定。

没有前款规定的鉴定机构、鉴定人的，由具有相应品种检测技术水平的专业机构、专业人员鉴定。

第四条　对于侵害植物新品种权纠纷案件涉及的专门性问题可以采取田间观察检测、基因指纹图谱检测等方法鉴定。

对采取前款规定方法作出的鉴定意见，人民法院应当依法质证，认定其证明力。

第五条　品种权人或者利害关系人向人民法院提起侵害植物新品种权诉讼

前，可以提出行为保全或者证据保全请求，人民法院经审查作出裁定。

人民法院采取证据保全措施时，可以根据案件具体情况，邀请有关专业技术人员按照相应的技术规程协助取证。

第六条 人民法院审理侵害植物新品种权纠纷案件，应当依照民法典第一百七十九条、第一千一百八十五条、种子法第七十三条的规定，结合案件具体情况，判决侵权人承担停止侵害、赔偿损失等民事责任。

人民法院可以根据权利人的请求，按照权利人因被侵权所受实际损失或者侵权人因侵权所得利益确定赔偿数额。权利人的损失或者侵权人获得的利益难以确定的，可以参照该植物新品种权许可使用费的倍数合理确定。权利人为制止侵权行为所支付的合理开支应当另行计算。

依照前款规定难以确定赔偿数额的，人民法院可以综合考虑侵权的性质、期间、后果，植物新品种权许可使用费的数额，植物新品种实施许可的种类、时间、范围及权利人调查、制止侵权所支付的合理费用等因素，在 300 万元以下确定赔偿数额。

故意侵害他人植物新品种权，情节严重的，可以按照第二款确定数额的一倍以上三倍以下确定赔偿数额。

第七条 权利人和侵权人均同意将侵权物折价抵扣权利人所受损失的，人民法院应当准许。权利人或者侵权人不同意折价抵扣的，人民法院依照当事人的请求，责令侵权人对侵权物作消灭活性等使其不能再被用作繁殖材料的处理。

侵权物正处于生长期或者销毁侵权物将导致重大不利后果的，人民法院可以不采取责令销毁侵权物的方法，而判令其支付相应的合理费用。但法律、行政法规另有规定的除外。

第八条 以农业或者林业种植为业的个人、农村承包经营户接受他人委托代为繁殖侵害品种权的繁殖材料，不知道代繁物是侵害品种权的繁殖材料并说明委托人的，不承担赔偿责任。

12. 最高人民法院关于审理侵害植物新品种权纠纷案件具体应用法律问题的若干规定（二）

法释〔2021〕14 号

（2021 年 6 月 29 日最高人民法院审判委员会第 1 843 次会议通过）

为正确审理侵害植物新品种权纠纷案件，根据《中华人民共和国民法典》《中华人民共和国种子法》《中华人民共和国民事诉讼法》等法律规定，结合审判实践，制定本规定。

第一条　植物新品种权（以下简称品种权）或者植物新品种申请权的共有人对权利行使有约定的，人民法院按照其约定处理。没有约定或者约定不明的，共有人主张其可以单独实施或者以普通许可方式许可他人实施的，人民法院应予支持。

共有人单独实施该品种权，其他共有人主张该实施收益在共有人之间分配的，人民法院不予支持，但是其他共有人有证据证明其不具备实施能力或者实施条件的除外。

共有人之一许可他人实施该品种权，其他共有人主张收取的许可费在共有人之间分配的，人民法院应予支持。

第二条　品种权转让未经国务院农业、林业主管部门登记、公告，受让人以品种权人名义提起侵害品种权诉讼的，人民法院不予受理。

第三条　受品种权保护的繁殖材料应当具有繁殖能力，且繁殖出的新个体与该授权品种的特征、特性相同。

前款所称的繁殖材料不限于以品种权申请文件所描述的繁殖方式获得的繁殖材料。

第四条　以广告、展陈等方式作出销售授权品种的繁殖材料的意思表示的，人民法院可以以销售行为认定处理。

第五条　种植授权品种的繁殖材料的，人民法院可以根据案件具体情况，以生产、繁殖行为认定处理。

第六条　品种权人或者利害关系人（以下合称权利人）举证证明被诉侵权品种繁殖材料使用的名称与授权品种相同的，人民法院可以推定该被诉侵权品种繁殖材料属于授权品种的繁殖材料；有证据证明不属于该授权品种的繁殖材料的，人民法院可以认定被诉侵权人构成假冒品种行为，并参照假冒注册商标行为的有关规定确定民事责任。

第七条　受托人、被许可人超出与品种权人约定的规模或者区域生产、繁殖授权品种的繁殖材料，或者超出与品种权人约定的规模销售授权品种的繁殖材料，品种权人请求判令受托人、被许可人承担侵权责任的，人民法院依法予以支持。

第八条　被诉侵权人知道或者应当知道他人实施侵害品种权的行为，仍然提供收购、存储、运输、以繁殖为目的的加工处理等服务或者提供相关证明材料等条件的，人民法院可以依据民法典第一千一百六十九条的规定认定为帮助他人实施侵权行为。

第九条　被诉侵权物既可以作为繁殖材料又可以作为收获材料，被诉侵权人主张被诉侵权物系作为收获材料用于消费而非用于生产、繁殖的，应当承担相应的举证责任。

第十条　授权品种的繁殖材料经品种权人或者经其许可的单位、个人售出后，权利人主张他人生产、繁殖、销售该繁殖材料构成侵权的，人民法院一般不予支持，但是下列情形除外：

（一）对该繁殖材料生产、繁殖后获得的繁殖材料进行生产、繁殖、销售；

（二）为生产、繁殖目的将该繁殖材料出口到不保护该品种所属植物属或者种的国家或者地区。

第十一条　被诉侵权人主张对授权品种进行的下列生产、繁殖行为属于科研活动的，人民法院应予支持：

（一）利用授权品种培育新品种；

（二）利用授权品种培育形成新品种后，为品种权申请、品种审定、品种登记需要而重复利用授权品种的繁殖材料。

第十二条　农民在其家庭农村土地承包经营合同约定的土地范围内自繁自用授权品种的繁殖材料，权利人对此主张构成侵权的，人民法院不予支持。

对前款规定以外的行为，被诉侵权人主张其行为属于种子法规定的农民自繁自用授权品种的繁殖材料的，人民法院应当综合考虑被诉侵权行为的目的、规模、是否营利等因素予以认定。

第十三条　销售不知道也不应当知道是未经品种权人许可而售出的被诉侵权品种繁殖材料，且举证证明具有合法来源的，人民法院可以不判令销售者承担赔偿责任，但应当判令其停止销售并承担权利人为制止侵权行为所支付的合理开支。

对于前款所称合法来源，销售者一般应当举证证明购货渠道合法、价格合理、存在实际的具体供货方、销售行为符合相关生产经营许可制度等。

第十四条　人民法院根据已经查明侵害品种权的事实，认定侵权行为成立的，可以先行判决停止侵害，并可以依据当事人的请求和具体案情，责令采取消灭活性等阻止被诉侵权物扩散、繁殖的措施。

第十五条　人民法院为确定赔偿数额，在权利人已经尽力举证，而与侵权行为相关的账簿、资料主要由被诉侵权人掌握的情况下，可以责令被诉侵权人提供与侵权行为相关的账簿、资料；被诉侵权人不提供或者提供虚假账簿、资料的，人民法院可以参考权利人的主张和提供的证据判定赔偿数额。

第十六条　被诉侵权人有抗拒保全或者擅自拆封、转移、毁损被保全物等举证妨碍行为，致使案件相关事实无法查明的，人民法院可以推定权利人就该证据所涉证明事项的主张成立。构成民事诉讼法第一百一十一条规定情形的，依法追究法律责任。

第十七条　除有关法律和司法解释规定的情形以外，以下情形也可以认定为侵权行为情节严重：

（一）因侵权被行政处罚或者法院裁判承担责任后，再次实施相同或者类似侵权行为；

（二）以侵害品种权为业；

（三）伪造品种权证书；

（四）以无标识、标签的包装销售授权品种；

（五）违反种子法第七十七条第一款第一项、第二项、第四项的规定；

（六）拒不提供被诉侵权物的生产、繁殖、销售和储存地点。

存在前款第一项至第五项情形的，在依法适用惩罚性赔偿时可以按照计算基数的二倍以上确定惩罚性赔偿数额。

第十八条　品种权终止后依法恢复权利，权利人要求实施品种权的单位或者个人支付终止期间实施品种权的费用的，人民法院可以参照有关品种权实施许可费，结合品种类型、种植时间、经营规模、当时的市场价值等因素合理确定。

第十九条　他人未经许可，自品种权初步审查合格公告之日起至被授予品种权之日止，生产、繁殖或者销售该授权品种的繁殖材料，或者为商业目的将该授权品种的繁殖材料重复使用于生产另一品种的繁殖材料，权利人对此主张追偿利益损失的，人民法院可以按照临时保护期使用费纠纷处理，并参照有关品种权实施许可费，结合品种类型、种植时间、经营规模、当时的市场价值等因素合理确定该使用费数额。

前款规定的被诉行为延续到品种授权之后，权利人对品种权临时保护期使用费和侵权损害赔偿均主张权利的，人民法院可以合并审理，但应当分别计算处理。

第二十条　侵害品种权纠纷案件涉及的专门性问题需要鉴定的，由当事人在相关领域鉴定人名录或者国务院农业、林业主管部门向人民法院推荐的鉴定人中协商确定；协商不成的，由人民法院从中指定。

第二十一条 对于没有基因指纹图谱等分子标记检测方法进行鉴定的品种，可以采用行业通用方法对授权品种与被诉侵权物的特征、特性进行同一性判断。

第二十二条 对鉴定意见有异议的一方当事人向人民法院申请复检、补充鉴定或者重新鉴定，但未提出合理理由和证据的，人民法院不予准许。

第二十三条 通过基因指纹图谱等分子标记检测方法进行鉴定，待测样品与对照样品的差异位点小于但接近临界值，被诉侵权人主张二者特征、特性不同的，应当承担举证责任；人民法院也可以根据当事人的申请，采取扩大检测位点进行加测或者提取授权品种标准样品进行测定等方法，并结合其他相关因素作出认定。

第二十四条 田间观察检测与基因指纹图谱等分子标记检测的结论不同的，人民法院应当以田间观察检测结论为准。

第二十五条 本规定自 2021 年 7 月 7 日起施行。本院以前发布的相关司法解释与本规定不一致的，按照本规定执行。

13. 最高人民法院关于进一步加强涉种子刑事审判工作的指导意见

法〔2022〕66 号

为深入贯彻落实中央关于种业振兴决策部署，依法惩治涉种子犯罪，全面净化种业市场，维护国家种源安全，加快种业振兴，根据有关法律规定，制定本意见。

一、切实提高政治站位，深刻认识进一步加强涉种子刑事审判工作的重要意义。农业现代化，种子是基础。党中央高度重视种业发展，把种源安全提升到关系国家安全的战略高度。种子制假售假和套牌侵权等违法犯罪，严重扰乱种业市场秩序，妨害种业健康发展，危害国家种源安全。各级人民法院要提高思想认识，不断增强工作责任感，提高涉种子刑事审判能力水平，提升案件审判质效。

二、充分发挥刑事审判职能作用，坚持依法从严惩处的基本要求。要依法加大对制假售假、套牌侵权和破坏种质资源等涉种子犯罪的惩处力度，重拳出击，形成震慑，有效维护种子生产经营者、使用者的合法权益，净化种业市场，维护国家种源安全，为种业健康发展提供有力刑事司法保障。

三、准确适用法律，依法严惩种子制假售假犯罪。对销售明知是假的或者失去使用效能的种子，或者生产者、销售者以不合格的种子冒充合格的种子，使生产遭受较大损失的，依照刑法第一百四十七条的规定以生产、销售伪劣种子罪定罪处罚。

对实施生产、销售伪劣种子行为，因无法认定使生产遭受较大损失等原因，不构成生产、销售伪劣种子罪，但是销售金额在五万元以上的，依照刑法第一百四十条的规定以生产、销售伪劣产品罪定罪处罚。同时构成假冒注册商标罪等其他犯罪的，依照处罚较重的规定定罪处罚。

四、立足现有罪名，依法严惩种子套牌侵权相关犯罪。假冒品种权以及未经许可或者超出委托规模生产、繁殖授权品种种子对外销售等种子套牌侵权行为，经常伴随假冒注册商标、侵犯商业秘密等其他犯罪行为。审理此类案件时要把握这一特点，立足刑法现有规定，通过依法适用与种子套牌侵权密切相关的假冒注册商标罪，销售假冒注册商标的商品罪，非法制造、销售非法制造的注册商标标识罪，侵犯商业秘密罪，为境外窃取、刺探、收买、非法提供商业秘密罪等罪名，实现对种子套牌侵权行为的依法惩处。同时，应当将种子套牌侵权行为作为从重处罚情节，加大对此类犯罪的惩处力度。

五、保护种质资源，依法严惩破坏种质资源犯罪。非法采集或者采伐天然种质资源，符合刑法第三百四十四条规定的，以危害国家重点保护植物罪定罪处罚。

在种质资源库、种质资源保护区或者种质资源保护地实施上述行为的，应当酌情从重处罚。

六、贯彻落实宽严相济的刑事政策，确保裁判效果。实施涉种子犯罪，具有下列情形之一的，应当酌情从重处罚：针对稻、小麦、玉米、棉花、大豆等主要农作物种子实施的，曾因涉种子犯罪受过刑事处罚的，二年内曾因涉种子违法行为受过行政处罚的，其他应当酌情从重处罚的情形。

对受雇佣或者受委托参与种子生产、繁殖的，要综合考虑社会危害程度、在共同犯罪中的地位作用、认罪悔罪表现等情节，准确适用刑罚。犯罪情节轻微的，可以依法免予刑事处罚；情节显著轻微危害不大的，不以犯罪论处。

七、依法解决鉴定难问题，准确认定伪劣种子。对是否属于假的、失去使用效能的或者不合格的种子，或者使生产遭受的损失难以确定的，可以依据具有法定资质的种子质量检验机构出具的鉴定意见、检验报告，农业农村、林业和草原主管部门出具的书面意见，农业农村主管部门所属的种子管理机构组织出具的田间现场鉴定书等，结合其他证据作出认定。

八、坚持多措并举，健全完善工作机制。各级人民法院要加强与农业农村主管部门、林业和草原主管部门、公安机关、检察机关等部门的协作配合，推动构建专业咨询和信息互通渠道，建立健全涉种子行政执法与刑事司法衔接长效工作机制，有效解决伪劣种子的认定，涉案物品的保管、移送和处理，案件信息共享等问题。

　　各级人民法院要延伸审判职能，参与综合治理。对涉种子刑事审判中发现的监管问题、违法犯罪线索，应当及时向有关单位进行通报，必要时应当发送司法建议，形成有效合力，实现源头治理，全面净化种业市场，积极推动种业健康发展。

　　植物新品种权的维权尤其是无性繁殖作物的品种权维权是个难题。

　　笔者在 2009 年接触植物新品种权的维护与应用，此后一直在该领域深耕、开展实务工作，至今已经 14 年。在此期间，笔者见证了我国植物新品种保护事业从刚刚起步到日渐成熟，也见证了我国品种权维护与应用的发展与创新。于笔者而言，人生最好的年华都在为植物新品种权保护事业而奋斗。

　　2012 年，笔者开始创业，并成立了一知农业咨询（北京）有限公司。自 2016 年起，笔者就希望将品种权维权过程中的故事、遇到的问题和收获的经验分享给农林业从业者们。但考虑到很多案件涉及育种家和农林企业的商业秘密，暂且不宜公开叙述，想法就被搁置了。相关案件结案后，笔者重新开始整理、记录。

　　10 年前，笔者和杜邦先锋维权团队从新疆石河子一路开车到酒泉，全程大约 1 600 公里，只为了追踪侵害'先玉 335'玉米种子的运输车辆（这也是笔者接触的第一起侵犯植物新品种权的纠纷，后来该案以和解结案）。8 年前，笔者一夜驱车 800 公里，从张掖途经兰州，最终在巴彦淖尔协助执法部门查扣侵权种子。7 年前，笔者在河南新乡与焦点访谈记者一起协助相关部门捣毁侵权"黑窝点"。2019 年在欧洲考察时发现，在保护无性繁殖作物方面，我国还没有品种权维权成功的案例。回国后，笔者在这 4 年内陆续成功维护'丹霞红''苏翠 1 号''鲁丽''瑞香红''中柑所 5 号''龙回红'等果树作物的品种权。4 年来，一知农业咨询（北京）有限公司通过行政投诉手段打击了上百个侵权自然人及法人，铲除销毁了数十万株侵权果苗，在三百多起案件中获得司法判决的支持。这些努力极大地震慑了侵权者，同时扭转了国内果树领域从业者对植物新品种权的错误认知，也增加了无性繁殖作物育种家们打击侵权的信心，树立了我国在国际无性繁殖新品种权保护领域的形象。

11年来，一知农业咨询（北京）有限公司处理过近1 500件涉及植物新品种权纠纷和种苗知识产权纠纷的案件，已经成了国内种业知识产权维护应用的服务商中的佼佼者，与国内外近155家种子企业、高等院校和科研院所达成知识产权维护与应用管理的合作。一知农业咨询（北京）有限公司建立了流水式的维权体系，公司账目透明；公司员工年轻有活力，有责任心，有担当，重视商业信誉，调查、取证、检测、投诉、律师、客户支持各自分工明确，全部员工签署了严格的商业秘密保护协议保护合作伙伴商业秘密，全员签署反商业贿赂承诺书，避免公司任何环节的纰漏对合作伙伴产生负面影响。

笔者一心回报社会，推动种苗产业发展和进步，维护品种权人的合法权利，让育种家更受尊重，使植物新品种更有价值，让种植者获益更多。2023年以来，笔者参加了多场涉及种子、种苗和无性繁殖作物的国际大会，拜访了上百个国外独立育种家、种苗企业、协会工作人员，向种苗和园艺作物产业人员分享了笔者直接参与的300多个案件，阐述了中国有关品种权维权的发展变化和维权策略，表明了中国政府对新品种权保护的重视。通过这些交流，增强了其他国家相关产业人员将新品种在中国推广的信心，促进了多项中外新品种权保护方面的合作。

未来，笔者将继续不遗余力地推动新品种保护事业的进步，面向国际开展业务，让更多从业者了解中国对于新品种权的保护进展。

阙旭强

于北京飞往纽约调研途中

2023年12月4日